改变，从阅读开始

漢唐陽光·HTYG

孤燈下的記憶

赵絪 著

山西出版传媒集团
山西人民出版社

图书在版编目（CIP）数据

孤灯下的记忆 / 赵絪著 . -- 太原 ：山西人民出版社，2017.4

ISBN 978-7-203-09932-1

Ⅰ. ①孤… Ⅱ. ①赵… Ⅲ. ①回忆录－中国－当代 Ⅳ. ①I251

中国版本图书馆CIP数据核字(2016)第074783号

孤灯下的记忆

著　　者：赵　絪

责任编辑：柳承旭

选题策划：北京汉唐阳光

出 版 者：山西出版传媒集团 · 山西人民出版社

地　　址：太原市建设南路21号

邮　　编：030012

发行营销：010-62142290

0351-4922220　4955996　4956039

0351-4922127（传真）　4956038（邮购）

E－mail：sxskcb@163.com（发行部）

sxskcb@163.com（总编室）

网　　址：www.sxskcb.com

经 销 者：山西出版传媒集团 · 山西新华书店集团有限公司

承 印 者：北京玺诚印务有限公司

开　　本：880mm × 1230mm　1/32

印　　张：12

字　　数：203千字

印　　数：1-8000册

版　　次：2017年4月第1版

印　　次：2017年4月第1次印刷

书　　号：ISBN 978-7-203-09932-1

定　　价：48.00元

谨以此书献给我的父母

赵俪生、高昭一先生

百年诞辰

目 录

第三辑　谈艺

代序

乔幼梅

本书作者赵絪女士是已故著名史学家赵俪生先生之女。二十世纪五十年代赵先生在山东大学历史系执教时我有幸承沐教泽，故我与作者一直以师姐妹相称，彼此比较熟悉。师妹以自己和父母的亲身经历为素材，记述了两代知识分子自二十世纪五十年代至今半个多世纪所经历的“反右”、上山下乡、“文化大革命”等运动的冲击、涤荡和社会地位的升降沉浮。由于是同时代人，又有相似的经历，读来尤感亲切。

当年沦为“狗崽”的师妹只读到初中毕业便辍学在家，不久又赶上了上山下乡运动，被迫去了甘肃河西农场劳动，到恢复高考时，她已结婚生子、人到中年，无法圆自己的大学梦了。而她的四个兄弟姐妹则先后得到了深造，所以师妹经常自嘲是“扫盲班”出身。先师心疼此女未能得到正规教育，又感其有一定的文学、绘画天赋，于是便为师妹开了“小灶”，亲自指点她读一些传统典籍和国画技艺，在先师的耳提面命下，师妹不仅得以浏览中外名著，而且笔耕不辍，每有习作画稿即呈交老父批改。先师是学贯中西、融通古今的学者，在山东大学和兰州大学均是最受学生拥戴的优秀教师，曾培养出多位高水平的学者。师妹得到乃父的亲自调教，安能不成俊才？尤其在甘肃水利水电学校退休之后回到了父母身边，终日陪伴、侍奉已届耄耋之年的二位老人达十几年之久。父女二人一位传授，一位聆听，亲切互动。他们两代读同样的书，交流不同的见解，既排遣了先师垂暮之年的寂寥，也为师妹退休后的生涯奠定了基础，本世纪初先师和师母先后去世，师妹独守孤灯，往事历历，难舍亲情，遂寄情翰墨，集成此书。

师妹以饱满的热情颂扬了先师及其同窗好友如文学家王瑶先生、孔祥瑛女士，史学家张政烺先生、童书业先生，文物考古学家王献唐先生以及古生物学家周明镇先生等前辈学者之间肝胆相照、荣辱与共的真诚友谊，崇尚自由、不敷衍、不苟且、刚毅守正的高尚品格，以及以天下为己任的家国情怀。在被打成"右派"或遭受不公正对待后，他们尽管无处辩白，生活窘迫，心境悲凉，背负着沉重的精神桎梏，却依然不灰心，不绝望，锲而不舍地著书立说、培养学生，执着顽强地"继绝学、铸新知"，传承、弘扬着中国优秀的传统文化。他们是真正的中华民族的脊梁。

师妹以独特的视角记述了河西农场劳动者们的美丽心灵。在那饥饿的年代，他们每天高强度劳动十几个小时，粮食定量不够吃，几乎每个知青都被逼当过"小偷"，即使这样，有的农场工人和知青还将自己的饭票送给更加困难的同伴。一位年龄最小的知青经常把从农场地窖里偷来的洋芋送给拖儿带女的贫困户，把烤熟的洋芋留给年长的知青好友。如此宽厚仁爱、克己助人的美德在那饥饿的年代是多么难能可贵。

师妹还记述了几个二十世纪五十年代的大学生奇特的婚史：他们有的有成就，有的平庸，婚姻上都遭遇坎坷。其中一位四次结婚，四次被迫离婚，还因此坐了十几年的大牢，最终妻离子散，孑然一身。而造成这场人生悲剧的根源正是当时盛行的政治干预婚姻，剥夺人权、戕害人性的极左思潮。

师妹叙人叙事清新简洁，文风朴实犀利，诙谐老辣。她不发空论，不打禅语，更不堆砌“流行金句”，很接地气。在她笔下，不论是生气勃勃的知青还是满腹经纶的学者，个个活灵活现，跃然纸上。这样一部有思想深度的高品位优秀作品，的确令人掩卷难忘。

二〇一五年十月于山东大学

第一辑　思亲

告别209室

——写在父亲赵俪生先生的祭日里

手机报时的铃声一响，我翻身坐起，猛然觉醒，又颓然倒下。因为如今的我已无须早起了，也用不着赶回我们的老宅——209室，去烹炸煎炒。那里已没有倚门相待的父母，也没人再品赏、点评我的烹调水平了。这十几年被父母指点出的一点小小烹调技艺，如今已无用武之地！原因很简单：他们在两年之内相继而去了……

母亲走的时节，我们顾不上悲痛、来不及伤感，因为老娘一走，父亲二十四小时全天候护理就摆在了三位已进入暮年的女儿面前，何况妹妹还未退休，那么临近古稀之年的大姐和我这花甲之年的三女就责无旁贷了。我记住了妈妈临终前不断地叮嘱："你们千万别扔了你爸，他可怜啊！"其实，我非常清楚母亲全面衰竭了的脏器是无法坚持九十三度春秋的。就是因为放心不下这相濡以沫近七十载的老伴，她小心翼翼含着那最后的一口气，节省着一丝一毫的能量，把它支撑到最后，全部彻底地消耗殆尽！让我贴切地领略到了什么是油尽灯枯……

父亲不具备母亲的那份耐力。最后这一年零三个月，他活得十分寂寥，颇有几分不耐烦，因为如今已无倾诉的对象，也缺失了把他那满腹经纶化为文章的能力。那么善于表达、爱说话的一个人，到最后手握不住笔杆，只能躺在卧室中喃喃自语地告诉老伴，他这会子又想起了什么、又有了哪些念头，由于耳聋、嗓门儿大，所谓喃喃，我们坐在客厅都能听到。每逢此时，姐妹相视凄然，不约而同地说出："爸爸好可怜……"

每当开饭前，姐妹侍立左右，唤起他老人家："老爷子起驾吃饭喽！"老爹从沙发上慢慢抬起他那软弱无力的双臂，眼中流露出婴儿般祈求相助的目光，姿态似乎也像小孩举手让"抱抱"的模样。那神态、那举止不由人不打内心涌出一股酸楚之情——爸爸老到了如此羸弱的程度……

我们坐在他的枕边，用手理理他零乱的华发；抚摸、揉搓着他那宽阔的前额；捋着他那又白又长的寿眉。老爷子闭上双眼，显现出顺从惬意的神态。这就是我那威严、强悍的父亲么？在过去别说在他老人家头上揉来搓去，有时拍拍他的背和他挎挎胳膊，他都会毫不耐烦地将你推到一边。如今，他真的老了，老到一副无助又无奈的模样，让我们心中隐隐产生一种莫名的悲哀——209室的岁月行将结束了……

209室是在豪宅林立的今天看来太不起眼、也过于简陋的一套平民公寓，但却是我们这个家庭得以栖身、得以团聚、安享天伦之乐的最后的一个巢穴。我们跟着父亲颠沛流离半个多世纪，睡过窑洞，住过四合院，也领略过日式、俄式、德式不同的住宅风格。辉煌时独占一层别墅厅院，落魄时栖身公厕对门的一间泥舍，最后定居在了设计极不合理的209室。我们太知足了！这里有睡觉的床位，有堆书的角落，有可以旁若无人唇枪舌剑的客厅。一对睿智如师的父母，五个不敢讲济济人才、倒也整齐健康的子女。每个人皆能自立、不卑不亢地生存下去，这恐怕也是父母晚年颇为欣慰的事了。外地来访的学者、亲友、记者往往一进门就要说上几句："怎么老爷子住这样的房子？老爷子应享的待遇呢？"每到此时，我们都会赶紧岔开："搬不动了，这就挺好！"绝非虚伪，也绝非敷衍，我们确实觉得209室挺好！虽然它显得拥挤、零乱甚或已带有几分衰败之气，但它却承载了一代学人的暮年岁月。让他在这里走完他的一生。其实我们拜访和听说过多个大师级的文化人，无一例外皆是这种风格。很多老先生家中的座椅都是五十年代的产物，需用绳子捆绑、扎紧才不至于散架。它们同主人一同老去，一直熬到不能再用的那一天。只有一些世家子弟来访，才会由衷地喊出："太像了，太像了！和我们家一个样，都是这么乱。"看来简朴是上个世纪文化人共同的习惯和风格。我不敢讲这是好还是不好，但对我来说，这破败、零乱的209室就是我的家！我最后的一个父母双全的老宅。

房子虽旧，家具显老，可这套宅舍中所呈现出的文化品位、所跳动的时代脉搏却非但不老不旧，而是与时俱进，甚至可以说是超前领先、令人刮目相看的。父亲一直到临终前，每日四份报刊俱览。他能从杂乱的各种报道中梳理出时代的趋向、风云的变幻。所以这也是世界稍有风吹草动，访客就络绎不绝，大家都想听听老爷子是如何评点世事的。不能讲他的观点全部正确，他不可避免地因性格使然而观点有偏激之处，但他对事件的出处和趋向往往判断非常准确，非常的睿智，让我们在事件眉目了然后，不得不由衷地钦佩："老爷子料事如神！"

我们从牙牙学语到渐渐老去，父母是我们终生相伴的教师，从大姐落生，房中就挂满老爹自制的识字图片，儿女渐渐长大，传统儿歌、民间故事、各国童话、系列小人书、中外名著就充斥房中。在家中最最困难已无钱买书，甚至卖书的岁月里，忍着饥寒几个子女拥炉听老爹评点古今。他还把"可怜最小女"揽在怀中，一边讲着聊斋，一边顺手画出一幅幅连环画。让我们在文化遭到严重破坏的年代，看到了点点不灭的精神传承的火光。我们在世人的眼中衣衫褴褛、蓬头垢面，当人们投来的全是或鄙夷或怜悯的目光时，我们却毫无自鄙自怯的心理。我们早从父亲那里知道，我们不穷，我们拥有无尽的精神财富！这个时代虽然漫长，但总有终结；那些歧视，虽很讨嫌，却也无趣。在那恐怖岁月里，达官贵人、文化名人家中频传自杀消息时，我们饱受二十多年煎熬的家中却无一人绝望、无一人堕落。这是因为我们的父母为我们撑在第一线！他们不断用历史的眼光告诫我们：这个时代一定会终结。熬下去，会有一个美好的未来。

这一天终于来了。每个子女都无一例外地承继父业，都在教育单位靠育人为生。没有一个人投入经济大潮，也没有一个人奔走仕途。大家都安于一份稳定的工作，平庸的收入，只要有书为伴、有笔在握、有三尺讲台供我们挥洒人生，足矣！我们没有老爹少年发迹的际遇，也未遭他那中年岁月的灭顶之灾，当然也缺失老爹那份犀利、敏锐的才情，自知无力超越。但我们不同程度地承袭了父母的衣钵，或习文，或研史，或作画。就连二老喝茶听戏的嗜好也全为子女们传承和保留。谢谢父亲，在那不允许我们受正规教育的严酷年代，是您亲授文化，不弃不舍地将子女们引领到传统文化的队伍中，一个都没有舍弃！您从来想不起在儿女遇天灾、遇艰难时给予一定的经济援助，可您从来没有放弃教导孩子们应该读一点什么书，从哪里入手，怎样去读、去写、去临、去画，时时点拨，不时检查。让我们从心底感恩！您在子女的心目中不愧为一个成功的教师，一个负责、慈祥的父亲！

父亲的生命终于在九十一度春秋后显得越发衰弱、难耐风霜。他太疲惫了，失去了精神支柱的他，已不愿肉体生命的苟延残喘。他安详、毅然地撒手人寰，没有留下一句遗言。其实他在母亲走后已给我们交代了很多、很多。而且他对每一个子女都很放心！只是希望我们能再勤奋一些、再努力一些，不要虚度光阴，不要蹉跎岁月。他的遗产说白了只有一个——那就是紧握那支能表达思想、能抒发情感的笔。

父亲走了，我深信不疑的是走掉的仅仅是他衰老的躯体。随着岁月的流逝，他的形象、他的学问、他的才情，不但不会被淡化，反而会更加清晰、更加客观、更加全面地留在这个世界上，并被后人传为美谈。他会如陈年的老酒，让人回味无穷。不管爱他的人、敬他的人、忌他的人，甚至恨他的人，都忘不了他！他会深深印在不同人的心中，难以消散。这就是我那位勤奋好学、笔耕不辍、才情横溢的终身教师；这就是我那个人格魅力十足、绝对有感染力的好父亲——一代学人赵俪生。他不需要什么头衔，更无须排什么座次，他一生只有两个身份：一是教师，二是学者。当然对我们子女来讲，在我们心目中最值得让我们骄傲的是父亲这个身份。我们有幸、有缘成为他的子女，聆听他的教诲，并和他相依、相扶、相伴半个多世纪。这实在是我们的幸运、我们的福气。假如还有来生，我们仍愿做他的子女。

209室随着二老的先后离去，也会逐渐地衰败和解体。“天地者，万物之逆旅，光阴者，百代之过客”，209室是我们和父母最后栖身的逆旅，我们一家人也是这世间来去匆匆的过客。这是无法颠覆的自然规律。所幸的是，父母在经历了他们九十余载磨难重重但不失精彩的人生后，留下了他们的人生轨迹。有今日之局面，也可谓善终了。二老确乎是太累了，该歇歇了！我们衷心祈盼二老在天国团聚，俯视着你们的学生、你们的子女，将他们引领到一个更高的思想、文化境界，完成你们未了的心愿。父亲、母亲安息吧。

别了！209室，我们最后的老宅。

二〇〇七年十二月三日

在苦难中磨砺

父亲的一生大致可以分为三个阶段，时间分布也较为均匀，即：十七八岁出头到四十岁，在抗日炮火中，他从一个热血青年，在求索和追补中，逐渐成长为一个史学家；四十岁到六十岁，无疑是他一生中的最低谷：历遭劫难、九死一生。这本应是人生的黄金期，一个学人最有价值、最出成果的时间段，却因遭遇了历史上少有的几次“群众运动”而荒废了。这段看似没有成就、只有苦难的艰难岁月，却锤炼了他的意志，磨砺了他的思想，锻炼了他的体魄，为六十岁以后的暮年飞跃奠定了精神、物质基础，即：学术思想进一步深沉、稳健与长达九十一年的高寿，完成了一个史学家丰富多彩的人生阅历。

父亲的一生，不只是用“饱经忧患、厄运重重”就能概括得了的。他谢世后，四面八方的纪念文章汇集了一个共同认可的观点——先生受委屈了。他没有得到应有的承认、公允的评价。总而言之，先生这一辈子太吃亏了。

作为家人，比别人更能理解这“委屈、吃亏”的实质，因为我们是直接的受害者，每个子女都品尝了打入“另册”的滋味，都陪父母度过了贫困带来的饥寒岁月。当我们熬过来后，父母安详谢世，冷静地回忆起那逝去的岁月，我的脑海中突然闪现出一个相反的结论——父亲不亏！从某种角度上讲，他虽受尽了无数的屈辱与折磨，却终归为自己赢得了学术上进一步的成熟、晚岁福寿绵绵的九秩春秋。

父亲不具备长寿的基因，因为他出生在一个破落的家庭，祖父抽大烟把家抽得一贫如洗，而他又是祖父母晚年最后的一个“老生子”。可以说是先天不足、后天失调。细长的身条给人一种弱不禁风的印象。母亲多次讲过：“自嫁了你们的爸爸，我时时做好了当一个寡妇的准备。”当年在前线，只要炮火一响，他就先晕了过去；在后方，他也是让伤寒、疟疾等要命的病折磨得死去活来。最后，就是这样的一个文弱书生竟创下了山东安丘赵氏家族男性公民寿命最长的记录，岂不怪哉？其实一点也不怪，那点子寿命硬生生地是给折腾出来的！厄运有时反而令苦难者得到了意想不到的“实惠”呢！母亲在父亲八十寿辰的纪念文集中，第一句话就说：“按中国人的记龄习惯，俪生今年正满八十岁，看见他健康跨越这道生命里程线，我心里感到莫大的欣慰……”只有做子女的，才能体会得着母亲从“时时准备做寡妇”到看他跨越八十寿辰时的“莫大的欣慰”。创造这个奇迹，母亲无疑是头号功臣，再往下数就得归于那段刻骨铭心的艰难岁月了。

俗话说：“人只有享不了的福，没有受不了的苦。”这句话在父亲身上得到了非常贴切的印证。我曾有过这样的假设：父亲未遭“五七”之灾，安享大教授俸禄，且又拒绝任何方式的体育锻炼，还是个食不厌精的馋虫，习惯于一宿一宿地开夜车写文章，这样有失常规的生活习惯，他能活到九十岁么？

父亲是一九五八年被补划为“右派”的，戴帽不久，就随兰州大学历史系合并到西北师大，校、系的合并难免带来小争小斗，而首当其冲成为受气筒的当然是“五类分子”了，更何况还是“外来”的“分子”，这受苦、受累的活，落到外来“右派”的头上，那是再自然不过的事了。再遇上下放到河西走廊农场劳动这样生死难卜的差事，兰大并进来的教职员工和“右派分子”，就自然而然地排在了首选之列。

进入六十年代，全国面临着一场大劫难。在这个时候，父亲被下放到河西走廊山丹县四十里铺的师大农场去劳动。可想而知是一种什么样的境况，夹边沟距此地也不过百把公里。虽然是被敲锣打鼓送走的，其实送人的人和被送的人心中都蒙着一层浓重的阴影，“他们”或“我们”还能再回来、还能再重逢么？

在一年多的时间里，只要有车去农场，只要有人去山丹，只要家中省下一点点吃的东西，妈妈都会夹在衣物的包裹中求人捎去或通过邮局寄出。父亲后来讲，一听有包裹到，他马上意识到，他又能活下去了，每每取到包裹，总是迫不及待地一把撕开，把内中夹带的食物一扫而光！谢谢上帝，他还有一副不错的肠胃，有多少人就是在多日未食、一顿饱餐中“撑死”的呀！

那个时代，各种惩罚手段层出不穷，挨打、罚跪还能承受，人的“自尊”已经降至最低水平，只要活着就行。惩罚人的人和被惩罚人的神经都已麻木了。最要命的惩罚，无过于剥夺那一碗搅拌着各种野生代食品的稀糊糊了。画家杨立强回忆当年的境况时有这样一句话：“饥饿状态下的人，谁也不愿意别人比自己多吃一口，所以人们对各种各样的惩罚乐此不疲。”只有亲历和目睹过那种场景的人，才能深深体味到这看似平淡、实则严酷的叙述了。父亲正是在这最严酷的年代，沦落到最无法生存的戈壁荒滩，而且还处于社会最低层，他还能活下去么？这个问题对他和家人来讲，真是渺茫到了极点。幸亏大家的神经已全部麻木，唯一的信念就是挣扎着活下去，省出一丝一毫的食品，攒起来设法捎到那遥远的河西，让那条濒临死亡的生命再维系一阵，再坚持几天……

父亲终于侥幸生还！这不能不算是个奇迹！因为，他已被农场排为“第四号亡人”。谁都认为他没有活下去的可能，可他居然活下来了。今天回忆起他活下来的条件，首先是他自身体质属于“弱质”，“弱”的需求量比“强”的要少，消耗能量也较强者要缓慢许多，这样维系、坚持的时日就要长一些。再就是父亲是个达观的书呆子，只要有书读，他就可以暂时忘掉饥饿，无论是夜卧地铺或是放马途中，枕边和手中总是拎一本《国语》或《左传》，以此“疗饥”。别人耻笑他“太史公，牛马走”，岂不知这读书的两得，一是疗饥，二是补充精神食粮。父亲一生在任何境况下不忘读书，只要有书读，怎样都可以，何况是在山丹农场那种困苦状态下读史书呢。这样，父亲他就自然对各种历史场景有着别样的体会和理解。对于一个史学家，也就是在这千载难逢的境地中，加深了对人生的领悟、学术上的反思。父亲晚年在学术上又有了一个飞跃，不能不说与这段刻骨铭心的际遇有关。这段阅历带给他的正面效应，无疑是思想境界更进一步的深沉与稳健。

二姐赵纪的死，无疑也挽救了垂危境地的父亲的一条命。父母在其碑文中写下："因登山失慎，殒没于甘肃皋兰山下，得年一十八岁……" 在父母的六个子女中，二姐赵纪是唯一没有偏科的一个，即数、理、化、文、体、美样样拿得起放得下。一九五八年，街头壁画有不少佳作出自她手，而且，她还是创甘肃省记录的长跑运动健将。那几年，国庆大游行的记录片中，抬着"体育大队"队标的几员为甘肃体育立下汗马功劳的虎将中，就有二姐赵纪的身影，绰号"大洋马"。就是这样一个身心健康、全面发展的好学生，最后定格在"得年一十八岁"的如花年华，未能善终。

一九六一年的寒假，二姐住校未归。当时她正值高三，要在学校准备即将面临的高考。那时有两件事让她十分郁闷，一件是她一直是班上的尖子生、多门功课的课代表，又吃苦耐劳，知道"夹着尾巴做人"，处事待人皆很低调，颇得师生们的好评，班上讨论她和另外一位同学的入团问题，在群众评议中，赵纪是全票通过，而那位同学却没有过半数。后来，团委批复的结果是那位同学畅通无阻，而赵纪却未获准入团，这在班上引起了一片骚动。班主任十分惋惜地给大家解释：赵纪本人没有任何问题，就是因为父亲是“右派分子”而遭到淘汰。于是，老师、同学都激励她一定要报考清华，以她的功底和才华，考清华应该是“小菜一碟”，而她也确实跃跃欲试想步父亲后尘去清华园转一遭，一来为校争光，二来也可证实一下她自己的实力。哪知回家一提，被母亲兜头一瓢冷水：“你千万不能报考清华，就凭你爸爸，人家就不会要你，你是兰大附中的尖子生，表现也好，还有长项，知根知底的兰大不会不要你。”母亲的观点是绝对明智和正确的，因为在我们身边，这样的例子不胜枚举，远有钱伟长、孔祥瑛（父亲清华时期的同班同学）之子，近有陈时伟、左宗杞之女，怎不让历尽沧桑的母亲说出这番话来呢？

钱伟长、孔祥瑛之子钱元凯是当年清华附中品学兼优、十分聪慧的尖子生，而且还是钱家唯一的男孩子，余皆女儿，稳操胜券的他竟然榜上无名。拨乱反正查出档案，在他优异的高考成绩单上批有“大右派钱伟长之子，不予录取”的字样，一个普通的学子，品学兼优的无辜青年，就因其父是钱伟长而失去了深造的机会。

兰州大学的化学系，可谓名扬四海，这里出来的莘莘学子走到哪都是深受欢迎的。之所以有此佳誉，不外乎这里云集了一批大名鼎鼎的化学家。而陈时伟、左宗杞夫妇就是蜚声国内外，兰大化学系的领军人物。陈、左二位五十年代就被定为二级教授，陈时伟还身兼兰大副校长之职。一九五七年，夫妻双双被定为极右分子。其小女陈绪明当时在兰州一中就读，也是即将高考、品学皆佳的好子弟。一位省上的领导去一中做形势报告，提到了“我省大右派陈时伟如何如何”，这位初生牛犊、不知利害的陈家小女竟在校门口堵住首长专车，质问其：“你凭什么这样讲我的父亲？”当对方得知这就是陈家千金时，笑着点点头钻进车中扬长而去，其后果自然是她高考名落孙山，而且其后几年也是屡考屡败。我大姐比陈绪明低两届，就在大姐都快大学毕业了，左宗杞找到了当时的兰州大学校长江隆基，不无伤感地说：“我们一生都在从事教育工作，培养了无数的工农子弟，可我们的孩子却得不到受教育的机会……”在江校长的过问下，陈绪明在高中毕业五六年后才得以考入兰大物理系。福兮？祸兮？圆了大学梦的陈氏一家，无法预测这吉凶未卜的未来。真可谓“躲过了初一，躲不过十五”，“文革”一起，她还是被放置在几张码起来的大桌子上面跪着，胸前挂着“大右派子女”的牌子示众。不久，她失踪了，时至今日，仍是活不见人死不见尸。左宗杞每当听到哪里有一具无人认领的女尸，或某省某乡偏僻山村有一位身份不明的女疯子，她都不顾路途迢遥、不惜代价地赶过去一辨真伪，每次均失望而归，见人就如祥林嫂般地念叨：“我去了，不是我家明明。”每逢此时，母亲都会潸然泪下，回来对我父亲说：“我们的纪儿倒是没丢，也不过只剩下一副骸骨……”

这样的先例，让母亲断然做出“不准报清华，只能报兰大”的决定。所以入团未果，放弃报考清华，是那年寒假让二姐赵纪郁闷的两大心结。二月二日，一场小雪后的中午，她跟着两位室友鬼使神差地上山去拾“地衣”（一种类似发菜、贴着地皮、遇水即涨的菌类野生植物），这一去连殒两命，就再也没能回来。她们临上山时曾找食堂大师傅商量，让她们把晚餐券一并打出吃掉，晚上她们可以吃捡回来的野菜，遭到大师傅的断然拒绝。当听到她们失足皋兰山、再也回不来时，那位大师傅失声痛哭，再三重复着：“我要早知道这两个娃回不来，说什么也得让她们吃饱了再走啊……”二月二日的晚餐券被父亲牢牢粘在了那一年的日记本中，成为全家痛彻心扉的一个纪念物。

父亲接到了母亲“速归”的电报，其实场部也接到学校“女儿亡故”的实情，只是没有告诉他真相，通知他收拾东西可以回家了，其他留场人员还牢骚满腹地说：“赵俪生的老婆想他了，捏个词让他回家过年哩。”等父亲踏上归途，场部才当众宣布“赵俪生家中死了人”的消息，以此来稳住人心浮动、思家心切的留场人员的情绪。

父亲是怎样从四十里铺赶到了山丹火车站，至今仍是个谜。据他在《死三人记》中，有两位就是倒毙荒郊的，一个是劳动完躺在麦草中无人问津冻饿而亡，另一位进城看病，每走一程遇到有单位、有人家的地方就掏出单位证明、粮票钱款，希望能卖给他一口吃的，但那年代就是有钱、有粮票也换不来一口吃的，他就这样走一截，乞求一阵，无望再往前走，好容易挪到了城边，望城倒下，就再也没有爬起来。饥肠辘辘且已衰弱到极点，被大家公认为“第四号亡人”的父亲，怎能走出这无法维持生命的几十里荒滩呢？其实这趟回家的路程仍潜伏着巨大的风险，求生和归家的意志战胜了死神，他终于从山丹火车站爬上了一列春运加开的拉人的闷罐子货车回到了家中。感谢那列车上的一位女列车员，她发现这个戴一副眼镜的人不似流民，交谈之中，得知还是位大学教师，仰慕之下，多卖了他一份客饭，这让老爹在归途中更有了一份物质上的保证。二月十二日凌晨，他闯进家门，被刚起床的母亲当成闯入家中的流民推了出去，他愣然地对母亲说了句：“昭一，我是赵甡啊！”母亲这才从声气中辨认出那是她相濡以沫几十载的夫君，顿然失声痛哭。丧女之痛加之这脱了形的丈夫，怎不让这苦苦支撑的家庭主妇失态呢？我死死记住了一九六一年三个难忘的日子：二月二日，十八岁的二姐命丧皋兰山下；二月十二日，四十四岁的父亲终于挣扎着回到了家中；二月十五日，正是中国传统节日——春节，那是怎样的一个惨痛的节日，只能讲不堪回首，但又怎能忘却呢！

在这里我要提到一位有恩于我家的大夫，那就是师大医院的院长严华同志（笔名鞠强，我家子女均愿喊他为鞠伯伯），他在最艰苦的时间奉命视察农场，当他钻进黑乎乎的窝棚，在最里面的角落中，见到了因浇冬水被冰块砍伤、化脓感染、倒卧在床的父亲，居然还点着盏小油灯在看书呢，此景此情打动了这位从朝鲜战场上下来的医生。他检查了父亲那条肿得像根大粗棒的腿，当即向场部提出必须住院，还对不想送父亲看病的场部领导大谈政策："我们在朝鲜战场对外国俘虏尚且有病都治，何况是犯了错误的自己人。"以严华院长代校领导视察的"钦差"身份，父亲才得以在山丹县医院住了十五天，这十五天也无疑降低了被饿死、病死的几率。从《死三人记》中的记载可以看到："从我的腿肉里，撕出七八条长长的脓带，像剖鱼时候从鱼肚子里撕出来鱼鳔、鱼苦胆似的……"大夫事后讲，再拖下去，那条腿可就保不住了。这么重的伤病，居然十五天就出院了，只能讲父亲命贱！抗苦难、求生的本能还是顽强。十五天后回场，有医生证明，他就归到了老弱病残之列，于是就让他放马。放马的活计让他躲开了拼力气的重活，减省了消耗，也少受同事们的凌辱，还可以在马吃草时读读书，也学着马在沟边找寻点可以塞进嘴的"野食"。吃完了，还知道到渠边把口中留有的残渣涮洗干净，绝非讲究卫生，因为回去要张开嘴检查，一旦发现牙缝间留有绿色残渣，那就说明你在外"偷青掐黄"了，要遭打挨罚的，最终还要被剥夺"吃饭"的权利，那可是最要命的事了。父亲从山东大学带去的一位学生和他一同下放到山丹农场，下工回来，因喝粥喝急了，大吐，先吐出了菜糊糊，又呕出一堆青草，最后是一摊鲜血，他实在承受不了这份苦难，抛掉他大学教师的职务，退职回山东老家务农去了，宁当一个农民，也不愿在“大学教师”的头衔下遭这份罪了。可父亲一是阶级敌人受管制的身份，二有六个嗷嗷待哺的子女，他敢走这条道么？好在苦难终有尽头，他终于硬生生地熬到活着回到了家。事后，几乎所有知道事情原委的人，没有一个不是这么讲的：“唉，那是用女儿的命换回了老子的一条命啊……”

我在一九六六年“文革”初期被发配到河西，在张掖九公里园艺场当了四年农工，又被分配至张掖火车站农机供应公司工作八年，后又随爱人调至武威九条岭水文分站两年，最终回到父母身边。历时十四年的光景是在河西走廊度过的，后又多次陪外地学者、画家、亲友重走河西路。无论乘火车还是汽车，每至山丹县境，我都会贴在车窗上，目不转睛地端详着窗外的戈壁荒滩、草丛农舍，不断寻思：父亲是在哪块地方受的罪，又是顺了哪条野路逃生的呢？从父亲发配、几乎命丧荒郊，到我自己被发配，苦苦挣扎十四度春秋，我对河西的印象由此而永远铭记心怀。那寂寥的荒原，留给我太多的苦难、太多的苍凉，也让我历练了人生，懂得了生活。

父亲靠家中省出的一口粮食，得以渐渐康复。他终夜伏案翻译王尔德的《道廉格雷的画像》，以此排遣内心深处的丧女之痛。每至深夜，妈妈会给他多加一小奶锅苞谷面糊糊，严华大夫也不时给他开出几粒“康复粉药丸”。不久，有了高价食品，妈妈毅然辞职，用几百元的退职费不时添点高价食品，打发一下饥肠辘辘的家人。八十年代落实政策，妈妈得以恢复公职，抛去了退职的年限，落得个“抗战时期的离休干部”，殊不知她比享受“老红军待遇”的老爹还早几个月参加革命呢！当有人问我：“你妈妈是家庭妇女吗？”我摇摇头。“那她在哪上班呢？”我会告诉发问者：“我妈妈的前程被我们吃掉了。”他们已经因饥饿失掉了一个孩子，剩下的五个，就一个也不能少了。于是，他们不惜一切代价地卖书、卖画、卖前程，以此维持这惨淡的岁月。

一九六一年初，合并到西北师大的兰大文科又全部返回兰大，师大给兰大开出的条件是“别人全部退还，只留一个赵俪生，一个王翼洲（兰大历史系总支书记）”。而江隆基校长的答复也很干脆：“别人你留谁都行，只要退还我这两个人就可以了。”这说明两校组织都还知人，就是用不用的问题了。兰大教职工饱受几年另眼看待，当然个个翘首以待重返故园。在江隆基校长的过问下，父亲摘掉了“帽子”，承担了一九六一年首届招生进校学员的基础课——《中国通史》。江校长指定校党委行政人员一律旁听赵俪生的中国通史，而且他亲自率众去听。第一堂课刚刚讲完，学生们站起向门边涌去，后排的江校长发话了：“不要乱挤，让先生先走。”这让多年遭人凌辱沦为阶下囚的父亲如何不感动呢？他没有讲任何感恩的话，他只有用行动报答这位老教育家的知遇之恩。两年半的通史，他讲得酣畅淋漓，让那些本来有碍于江校长面子不得不来听课的党政人员，也舍不得轻易放弃赵先生的课了。几次大通史课，也历练了父亲，为他赢得了“二十世纪上半叶，讲通史讲得最好的是钱穆，下半叶讲得最好的，当属兰州大学的赵俪生”的盛誉。

当时，由于兰大住房紧张，父亲虽人已回兰大，但家还住在位于西郊十里店的师大。每到上课，父亲凌晨即起，用他的话讲，就是：“撒开大步向前行。”上完四节课，再步行回家，省下两三角车费路边买个烤洋芋或煮苞米，边啃边走，从东郊到西郊近三十里的路程，来回一走就是六十里！有一次，父亲被一位姓郭的兰大司机看见，怜他路远，顺路拉了他一程，为此他还不断感念着这位老师傅。时值壮年的父亲，一生情有独钟的唯一运动恐怕就是“走路”了，年轻时在游击队，走遍了晋陕大地，从延安步行至西安，后由河南至华北，一多半时间是在走；山丹下放，牵着马在走，爬出死亡地带也靠走；如今从师大到兰大纵跨整个兰州市，也是靠走。一生不做任何体育锻炼的父亲，唯独会“走”，一直走到了八十五岁才歇了脚，足不出户了。他那九十一岁的寿命，恐怕与“走”也多少有点关系吧。

当年，那位由北大贬到兰大、见过大世面的江隆基校长，多次提出“兰大文科在全国有影响、数得着的就赵俪生一个”，还说：“赵俪生的右派问题与其说是个政治问题，不如说是个人事关系问题。”在他的关心主张下，父亲摘掉了“帽子”，在难以恢复以往职称待遇时，江校长特批每月定期困难补助五十元。每逢年节、父亲住院、拔牙、镶牙，再额外给予不定期贴补，改善了父亲的生存状况，缓解了他的后顾之忧。当然，这些措施成了江校长“文革”中的条条“罪状”。江校长不仅厚待知识分子，也锻炼了一批懂得怎样善待和处理知识分子关系的中层领导，如，前兰大教务长、后民政部部长崔乃夫，前兰大化学系总支书记、后广电部部长聂大江，兰大历史系总支书记王翼洲，这些堪称精彩的党政人员，他们均是江校长以其言传身教培养起来的。正是在他们共同努力下，把默默无闻的兰州大学推向排名逐渐靠前的综合大学之列，而江校长本人却命断“文革”。就在红色革命如火如荼之际，江校长的死讯传出，兰州大学上上下下，不顾强大的政治压力，一片恸哭之声。为此，造反派还专门为清理“江隆基阴魂不散”，大肆批斗“江隆基的孝子贤孙们”。

二〇〇七年十二月一日，父亲火化后，骨灰被安置在省级烈士陵园中。许是缘分，厅门一开，迎面安置的竟然是四十一年前含冤而去的江隆基校长的灵位。江校长的遗容依然谦和而慈祥，我们众姐弟赶紧毕恭毕敬先在江校长灵前深深鞠躬行礼，然后对怀中父母的骨灰盒，很是欣慰地告诉他们:“爸爸妈妈，这里有老朋友，你们不寂寞了。”

父亲在“文革”中是被第一个揪出来的“反动学术权威”。两三天中，我们所住的二号楼就被大字报装裹起来。远处看像是纸扎的一幢楼，也像大出殡时的场景，很是壮观，也煞是恐怖。父亲从“四清”点上刚进门就被造反派带走了。刚开始，还只是这么几个“死老虎”，没几天的工夫，左邻右舍、楼上楼下全部沦为“牛鬼蛇神”。随着“阶级敌人”的迅速壮大，对运动乍起、来势凶猛时的那种恐惧心理倒是渐渐平复了。

父亲毕竟是“老运动员”了，何况他本人就是“一二·九”学生运动出身呢！没看出他有多害怕，被斗完回来还这样说过：“闹着玩呢！他们那一套我都会，也都干过，不过不像他们闹得这么邪乎罢了！”每当传来某某上吊、某某跳楼、某某失踪，父亲的眼神中显现出一丝阴郁，表情冷峻而沉默，坐在那儿陷入沉思，家人深怕他想不开。他大约也觉察到了，告诉家人：“你们放心，我绝不自杀！咱们如今只剩下一条道就是‘熬’！我就不相信我熬不过去，死了可就只能是白死了！”作为一个历史学家，面对这场“史无前例”，他的宏观视角就比书生气十足的学者要宽阔些：“翻翻历史上那些最严酷的年代，都是持续不了多久的。要么统治阶层自我调整，要么天下大乱、官逼民反，它总得有个终结，谁让咱们赶上了这个时代，就这么往下熬吧。这不是咱们一家一户的事，这是整个民族整个国家的事，躲是躲不过去的！”正因为有父亲的这些评点，我们减少了恐惧，抹去了愁怨，增进了信心，所以无论遇到什么样的磨难和困苦，“熬”字就泛上心头。我们这个家迅速解体了，不满十五岁的大妹赵红跟着在三线当技术员的大姐当学徒工去了，我和弟弟一个赴河西农场当农工，一个插队会宁当农民，后因兰大地理系冯绳武教授的女儿插队会宁，遭遇不幸跳窖自杀，妈妈说什么也不让小妹上山下乡了，并表示这个女儿她养到老也不下乡，还真让她顶住了。如今，栖居美国的小妹就少了这一段阅历。

父亲面对整个运动场面，是清醒的、冷静的，但不能讲他就没有害怕的事。父亲性格中脆弱和胆怯的成分也占据了很大的比例。面对兰大的斗争场面他无惧，是因为他的心里有数，这批学生他从一年级带到五年级，感情非同一般。他相信他们对他不会下毒手，每到最惨烈的场面要开始了，会有人猛吼："让赵俪生这个老反革命滚回去！"绳头一松，老爹就赶紧跑了，第二天校园中会多了不少打绷带、瘸着腿的伤员。老实讲，当年挨打的教员一般被打得不厉害，被打惨的主要是党政领导和掐着学生政治命脉、生活设施的管理人员。教授们因名声在外，大字报上的"罪名"显著，斗争场面宏大，但是皮肉之苦没那些管理人员多。斗争会中途，造反派休息，父亲则被带到另一间教室"候审"。一次，有个四川籍小个子的学生递给父亲一缸浓茶，里面放着冰糖。这让父亲记了一辈子。

面对外来的中学生"棒棒队"，那可是令老爹胆战心惊、魂飞魄散。这些浑小子手底下没数，打起来十分惨烈，闯进家就用长矛将所有的书橱玻璃打碎、木头捣裂，将所有的瓷器、玻璃器皿砸得个稀巴烂，还将碎玻璃和家中的面粉、粮食搅拌在一起，让你无法食用。就在他们抡起钢丝鞭要抽父亲的脸时，红妹发出一声惨绝人寰的尖叫，犹如德国电影《马门教授》中犹太女孩闯回家大叫"他们"，镜头定格在一个极度恐惧的少女脸上，那场景何其相似。大约那声尖叫过于恐怖，让造反小将心中一悸，鞭子没有落下，但声明他们还要再次光临。老爹说什么也不在家中待了，过道有我家一间小储藏室，他躲进去，任谁劝也不肯回屋了。他实在怕这些手下无数的浑小子让他皮肉受苦、死于非命。

经历了山丹农场的劳改岁月，父亲再度面对“文革”的劳改时，就显得游刃有余了。在众“牛鬼蛇神”的队伍中，他无疑是个强劳力了，不怕脏、不嫌臭、不惜力，所以诸如挖化粪池、拉架子车、果园施肥、大灶背面袋这样的苦活、累活都基本摊到他的头上，好处是避免了扫街道、清厕所这样在公共场所容易遭人凌辱的场面。当然，最让他舒心的活计是抄大字报。造反派知道他的字写得是又快又好，抄得不耐烦时就会想起他，把他揪至大教室去替造反派们干活。回来后，父亲是这样对家人讲的：“今儿不累，抄了一天大字报，在赵俪生的名字上打了无数的红叉，枪毙了无数次。”

“文革”中，父亲属于能够应对、比较“乖巧”的一类。多大的帽子、莫须有的罪名，他都满口应承，绝不辩解。用他的话讲：“和那些人去讲理不是找打挨么？他们空口无凭、不负责任地给我罗织罪名，我也可以不负责任地认下就得了，又不是马上就拉出去枪毙。”为此少挨了不少的打，可那些认“死理”、怕担“罪名”、爱惜名声的教授就得为此付出代价了。

兰大化学系一级教授朱子清先生，比父亲要大十几岁。他和父亲是当年兰大对外的两块招牌。那时的学生人人皆知

“理有朱子清、文有赵俪生”之说，而他二人之间因专业、行当、年龄都相去甚远，所以绝少往来。

可就这两个素无往来的教授，又是被拴在一根绳子上的蚂蚱，干什么都要被绑在一起，同步行动，缺一不可。比如，国庆节大游行，上观礼台的知识分子代表非他俩莫属；兰大营造了“苏联专家院”，专家没迎来，那就朱、赵二家搬入；一九五八年，两人前后被补入“右派”阵营；“文革”一起，先揪赵，后揪朱；每逢“严打”，先拿他俩开刀；落实政策，又拽出他们来当“样板”。所以，在无论喜庆、还是斗争的全校性场合，登台亮相的总是这两个人。每逢此时，两人从不搭腔，彼此只行“注目礼”，心照不宣的“干什么都是咱们这对难兄难弟！”

牛棚中，朱老先生一是年纪甚大，二是学理工的，冗长且带自辱性的“请罪词”和人人要背的“老三篇”怎么也过不了关，最后只能对造反派说：“同学，你就是打死我，我也背不过啊！”父亲在一旁低着头，心中干着急，恨不能出列代老先生背上一番。父亲的强记博引是很有名气的，属于那种过目不忘之人，这也是他由文转史，并能很快立足于史学界的一个重要条件。这个连经典史籍都能浏览不忘的人，对眼下的“请罪词”那当然不屑一顾了。他不但能背“老三篇”，那么长的“老五篇”他都能倒背如流。“文革”后，他一高兴还能把那“请罪词”背得洋洋洒洒，一边背，一边批。我们问：“记这破玩意占地方不？”他觉得看上两遍就记住了，没费劲，并不占地方。父亲超常的记忆力和过人的脑容量由此可见一斑。

再就是朱老先生年龄大了，吃不完家中捎来的点心，塞在抽屉内，让造反派搜出来，勒令其必须把这些变了质的食品吃完了，否则不允许打新饭。这下子可把老先生难坏了，天天用开水冲泡这些长了毛的面包、点心，比吃药还难以下咽，直直吃了一个礼拜。父亲倚仗壮年，干的又是重体力活，加之山丹那段阅历，早练就了一副“松紧肚”。母亲每次“探监”都能捎去一小锅红烧肉，他一顿就吃得个干干净净，绝不给造反派留下批判、惩罚的把柄。

“文革”中期，在“深挖洞、广积粮、不称霸”的口号中，甘肃由后方变前线，所以在清理阶级队伍中，父亲又遭遇了退职，强行把他的户口迁往在贵州三线工作的大姐处。两年后，断了生活来源，在家人的敦促和学生的指引下，父亲贸然进京上访，五十年代山大毕业的赵淮青和六十年代兰大毕业的于尔果给父亲提供了食宿之便和上访路线。这让北京接待站的人员甚为惊诧：一个有如此革命经历和如此学问的人，怎么会流落至此呢？因他的案例实属特殊，很快上报国务院，面呈周恩来总理。在周总理一揽子批文中，就有父亲必须复职的信函。于是，当年甘肃的最高领导冼恒汉在这个批件上加注了“原单位、原职务、原工资……”等字样，父亲才得以重返兰大。既然撵不走，还怕整不了么？于是，只要掀起个什么形式的运动，总能套用到父亲的头上，什么样的罪名、“帽子”都对他再合适不过，最后整疲了，成了个不折不扣的“老运动员”，也会把各种各样的帽子往自个儿头上戴，好在有百来元工资，儿女出去了一大半，肚子首先能吃饱。只要闲在家中，还是忘不了读书，偷偷地著文，知道难见天日，文成后，总写上“篱槿堂遗稿”。后来，父亲再度被下放至永登干校。有山丹的那段阅历，父亲干农活也不算外行了，就是读书的老毛病改不掉。下工后，他依然是小油灯下自读自乐，引起了工农兵学员的好奇和敬重，越来越多的学员涌向他的铺位，向他求学请教。好为人师的父亲不知忌讳，每有问者，必滔滔授之，于是引来他人的不满，大批他“毒害工农兵学员，抢夺革命接班人”。总之，干什么都没他的好果子吃，可就这么翻来覆去地折腾了二十年，也没把他那已成定局的脾性给改造过来。“江山易改，禀性难移”这句老话，用到父亲头上是再合适不过的了。

天赋、勤奋造就了父亲一个史学家最基本的条件，而二十多年在劫难逃的苦难，铸就了他一代学人必备的更加深沉、稳健的素质。上苍怜才，在父亲那并无长寿基因的生命中又注入一种神奇、顽强的活力，让他在“死不悔改”“死有余辜”的诅咒声中延绵至九十一载。

二〇〇八年二月底

写于父亲逝世百日祭

我与我的父母

父亲走了一个年头，在这三百多个日日夜夜中，我无一日不想起他，供桌上父母的遗像摆在那里，他们笑吟吟地注视着我，仿佛从未离我远去。花甲之年才失去了双亲的佑护，这不能不算是一种福气，如今一事无成的我，只能独守孤灯，把我印象中的父母记录下来，于是只有扫盲班学历的我，蹒跚起步，加入到这忆昔怀旧的行列。

我是父母最不成器的一个孩子。除二姐十八岁死于非命，余下的五个子女都在艰难困苦中寻觅着人生。姐姐、弟弟、两个妹妹通过顽强的奋斗，都取得了书香之家应有的资历：本科、硕士、博士，获得了教授或副教授的高级职称。唯独我，档案中赫然标明“初中”学历！每当客人冲父母亲提及“你们家可算得上兰大子弟成材率很高的家庭”时，我得赶紧做自我检查：“不好意思，就我一个‘白丁’，真是有辱门风。”每天早晨迈入兰大家属院去为父母做饭时，散步的熟人会招呼一句：“回来给老爷子做饭来啦？”然后不免揶揄我一下：“你呀，在你们家是只配御膳房行走！”是啊，我在父母的垂暮之年，一直扮演着一个“烧火丫头”的角色，境地有几分卑下。弟妹们在大谈学问之时，我若插上几句，他们有时会不屑地把我甩到一边："这个你不懂……"当然他们在说此话时并无刻意藐视，但这在我，会触动心灵深处一份十分敏感和脆弱的感情。"狗崽子"从十二岁当到了三十出头，家室之累使我无法奋斗一个学历，垂暮之年只能回父母家灶下烧火，难免遭到他人慢待和忽视。自幼就"入另册"的我，在所有人都从歧视中解脱出来之后，依然生存在一种被"不待见"的小环境中。刚刚迈进不惑之年，那相濡以沫的夫君又英年早逝、撒手人寰，让我深陷失落。当时，真是四顾茫然，哪里是家？何处立足呢？摸索了几载，临近天命之时，方拾起童年之好踟蹰上路：读书、临帖、学画、习文，在孤寂中补充知识，培养兴趣，渐渐走出了未亡人的凄冷之地，得到了充实，也寻到了快乐。

父母没有放弃我，他们是我最低谷时期精神上的支柱和物质上的保证者。有几个小场景虽是不经意的寥寥数语，却让我铭记终生、没齿难忘。饭桌上，在集体所有制的粉末冶金厂当铸工的弟弟，以 27 岁的高龄考入兰大历史系，兴奋之余向我告别："如今家中就剩你一个下里巴人喽，我也和你拜拜了。"一向视独子为命根子的母亲，此时却冲她的宝贝儿子呲了一顿："用不着你小瞧你三姐，我养的孩子我有数，不过没有机遇罢了，才华绝不在你之下。"当客人称赞母亲教育有方、子女成材率高，我赶紧冲娘致歉"有辱门风"时，母亲看着我说了一番话："那可难说，那几个教授要不像你爸那样著书立说、成名成家，退了休就啥也不是了。你是我女儿，你身上那点小才气我心里有数，只要你好好地把你的画画下去，锲而不舍，说不定将来留下名的是你呀！”孩子是自己的好，妈妈不可避免地有几分她的庙里没有“瞎和尚”的成分，但她对一个谁都不看好、处境十分不利、行将退休的女儿没有丝毫的嫌弃、鄙视，而是给予鼓励和指点，这太令我感动了。为了母亲的这份企盼，我也会握紧画笔努力下去，即便一事无成，也可在百年之后到地下告慰母亲：“我按您的教导做了。”

母亲走后，一年多的时间里，疲于奔命地侍奉已九十高龄的老爹，根本没有大段时间作画，只能在朋友们的鼓励下，于难眠的漫漫长夜中写几篇千字文、随笔、散文、书评之类，感谢甘肃陇南文化圈子的朋友们，他们为我辟了一块园地，小文一篇篇在《同谷》杂志上发表，每次呈到老爹面前，他都举着放大镜逐字逐句、非常认真地看下去，看完后把我叫到身边，郑重地说：“我是个写了一辈子文章的人，我懂，你能写，路子很对，你就这样坚持着往下写吧！”临终前，他把我儿子叫到床头，爷爷和孙子说了几句话后，儿子从里屋退出，一脸茫然地问我：“妈妈，爷爷是不是老糊涂了？”“怎么啦？”“爷爷把我叫进去，说‘你妈这几年干得不错啊，总算立住了！’你立了个啥？”儿子自幼在外祖家长大，不免沾染了娘不成材的认识，每当舅舅姨姨有成果了，他也会不无埋怨地对我说：“你看人家干得多棒，你啥也不是。”歧视是感染、蔓延的，以至于他听了外祖父的这番话后，竟会觉得爷爷是不是老糊涂了。我听了儿子的传达，内心的震动可想而知，老爹很少夸别人能写善画，临终前能对我儿子如是说，怎不让我感动呢？我只淡淡冲儿子说了句："爷爷他比谁都清楚，你才是个浑球呢！"如今父母走了，每当提笔，冥冥之中总能感到他们在另一个世界注视着我、鼓励着我，为我加油！

没了父母的我，在寂寂长夜中翻拣着和父母度过的时光，过去那些稀松平常的往事，父母对我的点滴教诲，甚至对我的呵斥、训诫和暴打，如今思之都是那样的亲切和遥不可及，我多想时光倒退回去，再和他们重续一段父子情、母女缘啊！

（一）童年回忆

我是父母的第三个孩子，有着一个幸福的童年。襁褓中被父母抱着离开了抗战八年的大后方、我的出生地——陕西蔡家坡，父亲应聘河南大学历史系副教授之职。所以说我的出生标志着父母进入大学执教生涯的开始，一生未取得一个学历的我，从此就一直生活、成长在大学校园中。以一个旁观者的视角，目睹了五十年代、六十年代以及八十年代各个时期知识分子的风貌，虽从无资格融入其中，但对这个群体颇不陌生。

父母抱着我在几所大学间颠沛流离：从河南到华北，由华北而济南，再从济南进北京，又从北京到长春——几年间竟辗转了不少学校。最后定居在青岛市的山东大学校园中，相对稳定地住了七个年头。我的记忆也只能从山大校园中开始。有时会想，自己一生几种职业的转换，性格中某些不安分和好动的因素，多舛的命运，是不是就是在这些颠簸中形成的呢？虽无从考证，但冥冥中总觉得有其一定的缘由，人有时就是无法摆脱命运的安排。

解放初期的山大校园，用“名流云集、人才荟萃”来形容真不过分。山大以文科见长，文史系有被其校史至今津津乐道的：中文系的“四大金刚”、历史系的“八马同槽”，形成了能与老字号的北大文科抗衡的局面。其他系重量级人物也比比皆是：生物系的童第周、数学系的束星北、地矿系的何作霖、古生物学家周明镇、外语系的方未艾等，皆是抬头不见低头见的伯伯们。父亲在这个群体中是很抢眼的一个人物，年龄最小，也不过三十出头。那时没觉得这伙人有什么了不起，孩子们都是前后同学，好成一堆、打成一团的事时有发生。那时家家孩子多，父母们都忙于著书立说、上课、办杂志，没有过多的精力管理孩子。一般都是大孩子领着小孩子结伴上学、做作业、出去玩。山大幽静、美丽的校园也让我们这群孩子们玩了个遍、折腾了个够。至今记得：童第周的儿子来给我送作业，隔八丈远就大喊大叫，当时我正在出麻疹，家人让他就近说话，吓得他：“我还没出过麻疹，要传染的。”我们在鱼山路一号和方未艾家的女儿在后园刨坑、烧柴野炊，方伯伯攥着一块泥巴，三下五除二，一个栩栩如生的老头就递到了我们的眼前。和周明镇的儿子潜入地理系的标本库去偷矿石，钻铁丝网去摘生物系的水蜜桃，举个长竹竿在樱树林中粘知了，至于爬山下海那可是家常便饭，记得和周家兄弟在海滩上玩埋死人的游戏，这是个互换的项目，我长得又胖又大，周家老二一边往我身上糊湿沙，一边因为吃了亏，很不情愿地冲他母亲抱怨："她咋这胖啊！"二十岁后重逢，他对我的"苗条"表示了惊讶——从童年"肥妮"到后来的"苗条"，也标志了父亲从收入颇丰的大教授跌入捉襟见肘的阶下囚的一个过程。

青岛是避暑胜地。一入夏，京中的高官、名流就蜂拥而来，在父亲的书斋，得以一见儒雅的顾颉刚、中规中矩的王崇武和伶牙俐齿的王瑶等，这些同仁都是每入夏必来疗养的座上客。惠孝同、张伯驹、启功也都在父亲的宣册上留下了墨宝，当年，这些不过是文人墨客间交往的雕虫小技，不曾想如今居然成了让人鉴赏的"珍贵文物"。父亲在读了章诒和有关史良的回忆文章后，也有一段记忆：那年他们到了青岛，山大某教授（当是吴大琨）宴请史良夫君小陆（陆殿栋），父亲作陪，席间这伙无行文人揶揄小陆是史良的跟包小男人，小陆颇能自嘲地不断点头哈腰，嘴中念叨着："侍候部长，侍候部长……"

北京的来客无不羡慕父亲当年的住宅——蓬莱路一号，这是一幢集德、日风格建成的别墅庭院。我们一家独占楼上，楼下是下身瘫痪、坐着轮椅的杨副校长。客人们讲，在北京部长级首长都享受不到这样的条件。不仅我们一家，当年这一批教授差不多都是这样的状况，这就是青岛这座城市所具有的独特风格，也正是这样的条件留住了这些煌煌大家。当一纸文下，综合大学必须迁往省会，济南的状况让这些教授觉得这个地方不值得留守，凭他们的名气，可北上进京、南下上海，当然也有缺失了像华岗这样有气魄、有凝聚力的高水平领导的原因。山大在解放后辉煌数载，核心主力多半星散。我们到兰州后，很多师生旧友无限怀念青岛山大校园，每逢寒暑假都要去重游故园，当时只留下一个系创办海洋学院，用不了那么大的地方，偌大一个校园荒芜了，友人信笺中颇有“荒草凄凄、树木凋零、房舍衰败……”的伤感、凄凉之词，也让开始走下坡路的父亲平添了无限的惆怅。

子女们的文化教育，父母也持自由开放式的，全凭我们由着性子地胡翻乱读，从未给我们设过“禁区”。现在看来，也确实没有哪个子女因读了“淫书”而堕落了的，所以完全不必大惊小怪地立那么多规矩、设那么多障碍，要相信下一代不是“阿斗”，能明辨是非。我们从童年开始就把四大名著、三言两拍甚至《金瓶梅》都翻完了，当然十八世纪的俄罗斯文学、英法名著也让我们翻了个遍。只能说是囫囵吞枣地翻完了，简单地了解了著作梗概、人物、情节，了却了童稚的好奇心，做了一次“知道了”不求甚解的普及阅读，增添了一些在小伙伴中吹牛的资本而已。详解、深读还是以后的事，就是到了今天，也不敢说把这些传世之作读懂、读透，这些大浪淘沙留存下来的巨著，至今是我们常读常新、百读不厌的最佳读物。

由于长成一个“肥仔”，也就比较懒，学习上就不肯下死力气，有时读着、写着就“呼”过去了，于是保姆把我拖到床上，往往就完不成规定的作业。我的嗜睡在母亲的口中是超凡脱俗的，能不吃不喝连睡三天三夜，吓得母亲去请大夫。每逢伤风感冒小病小灾，“知女莫若母”的老娘总是招呼我：“用不着吃药，捂着被子睡一觉就好了。”果真见效。暮年落下失眠症的我，经常会想，这辈子的觉是不是都在小时候睡完了，今日才得这难眠之症呢？

那时的学校也比较宽松，没见哪个老师动不动就“请家长”，孩子读不好书固然有“父之过”，但主要应是“师之惰”。老师不尽其责、大训家长的咄咄怪事也只能归入当下新时代的一大特色，我有幸生长在一个有一定约束、但绝对轻松自如的年代，度过了我无忧无虑的童年。

父亲是我的活字典。因胖而导致的懒，使我不愿为学习多费力，每逢生僻字词，只消递到父亲的眼皮之下：“爸，这个字咋念？”于是我会听一堂比字典上要生动、全面的多得多的说文解字课，父亲一边写、一边讲：这个字的由头、结构，从甲骨文到篆、楷、隶、草是怎么形成、如何演变，它有几个含义、几种读音，如何使用，它和哪些字组词、不能和什么字混淆，间或讲一段历史趣闻和成语典故，也说一段因读错、写别字而引出的笑话。讲得浅显易懂、十分生动，又恰如你这个年龄段能够理解，勾起你对识字的兴趣，让你不断孜孜以求，同时也做了一次父女间的交流，两代通过解读共同愉悦地消遣了一会儿。我从童年就领悟到父亲教育人的才分，会引导、会启发，听爸爸讲课我从无昏昏入睡，反而让你无比的兴奋、十分的投入，这是在我有限的求知岁月中遇到的最棒的一位老师！后来我上小学的儿子对我连小学生字典都不会用颇为吃惊，附在他父亲耳旁问："我妈咋连小学文化程度都没有呢？"招致爱面子的夫君把儿子呵斥了一顿，也不免背地里嘲笑我几句，可当年胖且懒的我，有这么会讲故事的爹，用得着我自个儿去查工具书么？爸爸就是我的活字典！

父亲很会感染人，所以他的嗜好不管好的坏的也都遗传给了儿女、感染给了朋友。他喝茶的习惯感染给了同学王瑶，可王瑶抽烟的特长父亲一辈子没有沾染。估计是吸鸦片的祖父给父亲留下了刻骨铭心的记忆，他对抽烟始终是深恶痛绝的。

可是喝茶、喝好茶是全家的高档消费，除我以外（我不具备喝高级茶的经济实力，不敢沾染，这也是我终不成材的另一条理由）人人嗜茶，断茶比断粮还难过。爸爸喝茶的浓度用甘肃省文联主席、画家陈伯希的说法，"可以药死一只耗子"。浪费也是惊人的，动不动就"淡了，再沏一壶"。在山东大学经常可以看到校园里的小孩跟在父亲后面起哄，拍着巴掌，学着父亲的腔调："青岛，青岛，谁家的茶叶最好……"

父亲嗜茶之有名，由此也可见一斑。到后面的艰难岁月，断了这一口，靠茶叶末度日的老爹，其沦落、可怜也就可想而知了。

听戏，这是全家每个人都爱的项目。我这个年龄段，居然自幼就领略过四大须生、四大名旦的演出。自然也是不求甚解，经常会在锣鼓喧天的戏院中沉沉睡去，被父亲或大姐背将回来，枉糟蹋了价格不菲的戏票。我们姐妹三人也会披上床单，在大床上为父母模仿一段《断桥》，幼稚而低劣，可父母却从不打消孩子们萌发出的任何一个小小的奇想和求知欲望，总是予以鼓励和称赞。

我们对戏剧有着浓厚兴趣的第二个渠道来自山大校园。那时学生们组成的话剧团棒极了，足以和青岛市的职业剧团抗衡，他们也模仿解放区的模式，为山大教职工子女创办了免费的"红庄小学"，把他们的稿费、演出费都无私地投入其中。他们既是我们的老师，又是父辈们的学生，他们排戏我们去观摩、捧场、当小走狗、充小演员。考试一毕，我在书房门口望风，二姐扶凳子，大姐登高上坡，偷看分数单，然后通风报信："某老师，你80，某老师最高分95分，某老师你没及格……"我对鲁迅、曹禺、老舍、田汉的认识也多是通过戏剧了解、普及了的，《阿Q正传》《雷雨》《西望长安》《桃花扇》……剧团里的人顾不过来，也会将剧本递给我们，让我们在布景后为演员"提词"，记得有一次我念得很投入，一位抹着油彩的大哥哥抚摸着我的头："小妹妹，你长大一定能成为一个出色的性格演员。”在这样一种氛围中，锻造出一批精彩的学人，李希凡、蓝翎、庞朴、邹逸麟、孙作民、孙达人、袁世硕、乔幼梅应运脱颖而出。当年的话剧团团长鲍风，被打成“右派”送进了劳改队，父亲还一直牵挂着这位学生，四处打听他的下落，敢情人家人尽其才，当了劳改队的话剧团团长，还不出来了呢！他扮演的周朴园、赵四老爷至今留在我们的脑海中，无论看了多少名牌大腕的演出，姐妹们的观点还是“都不及鲍风出味儿”，可见当年我们对戏剧投入了多大精力和感情。

父亲也捧角。他经常应邀去京剧团、话剧团当历史顾问，像一些诸如《桃花扇》一类的大型话剧，海报上粗体大字标明“历史顾问：赵俪生”，但父亲骨子中对演员这个行当是轻蔑的，观点是封建传统的。他曾表示过，他有五个女儿，都不得干唱戏这一行、不准嫁演艺界人士，但这不妨碍他的“捧角”活动。每当一个名角到青岛，《青岛日报》都会留下版面，等父亲过完戏瘾，连夜提笔著文，无非是什么“梅剧团到青”之类的报道，记者就候在家中，父亲属于快手，一挥而就。久而久之，这些名角很知道答谢当地这班文人，一到青岛，头三天的打炮戏、下场门的佳票就自动送上门来，父亲也领我们到后台去见识过张君秋的化妆，为此父亲还和许姬传等助手有着不错的交情。一九五七年我们抵兰州不久，梅剧团也第一次到兰州来了，兰大党委书记刘海声派手下背着行李卷才排到了十五六排以后的戏票，父亲看看这个排号，冲刘书记说“我请诸位看戏”，写了个便条，叫我大姐跑一趟，果然此后几天的好票就都到手了。最后是一九六四年，西北五省现代剧汇演在兰州拉开帷幕，宁夏京剧团（前北京京剧四团）带《杜鹃山》参加观摩演出，专程打电话到兰大历史系，请父亲去观摩、指导，系秘书在电话中恶狠狠说了声:“划了右派了！”就把电话扣上了，父亲从此与剧团无缘。

父亲的另一个嗜好就是买字画。五十年代的文人收入颇丰，当年山东大学教授圈子流行着“听戏、玩字画、下馆子”的业外活动，父亲未能免俗，也混迹其中，而且他骨子中世家子弟的那种作风也难根除，母亲耿耿于怀的一件事让她唠叨了一辈子，也可以看出父亲买起“玩意儿”来不顾一切地执着。

父亲在五十年代是相当勤奋的，一夜夜通宵达旦地写文章，所以收入也是非常可观的，后来他根据日记估算了一下一九五七年以前的月收入，在八百元以上，这个数字在当年养活几十口人是不成问题的。而我们家却从未进过银行，连活期存折都没见过。有时把客人请下了，家中却没有钱，还得临时从保姆手中借个几十元打发过去。有一次父亲进了一笔稿费，高达两千元，这在当年称得上是笔“巨款”，于是母亲也学着其他教授太太，进了一次银行，还存了个定期，这下可就不得安生日子过了。妈妈那时因生育子女过于频繁，得了严重的心脏病，可我们老爹为这笔钱让妈妈三天三夜不得消停，闹腾着非要这笔钱不可，妈妈拗不过，只有到系上开了证明，编了个急用钱的谎话，将两千元提出扔给父亲，父亲一转身就走了，没两个时辰，坐着洋车回来了，脚下两三个瓶瓶罐罐，腋下夹着几轴字画，家中从此太平。我家的存钱史就此告终。一直到八十年代，我家才有了进银行的经历。父亲虽然有些记恨我那败了家的祖父，可从他的这些行为依然能窥视到祖父的影子，赵氏家族那种有一个花仨的纨绔子弟的作风在父亲身上还是顽固地有所残存。

父亲收藏字画的副产品是：成就了自己，陶冶了子女。在这个圈子中混了一阵，看得多了，他也附庸风雅提笔上阵，父亲没有临碑、临帖的基本功，但他自幼就见识过文人墨客挥毫书画的场景，加之父亲自幼美术字、钢笔字都写得挺棒，绘出的地图和印刷品一般，这点平时练就的能力触类旁通，出笔就不低，让许多行内人刮目相看，当时学界就对他评价有几漂亮，即“人漂亮，字漂亮，课讲得漂亮，文章写得漂亮”。这使他在五十年代显得确有几分风流倜傥，也为日后埋下了祸根。他的字、画均属于文人画的范畴。记得甘肃省书法大展，师大美术系的教授专门领学生到父亲的条幅前讲什么是“文人字”，就有过这样的评语：“严格地讲，赵俪生没有临碑、临帖的基本功，不能算是一个书法家，但他的字挂在这儿毫不逊色，内中体现着一种综合文化修养，这又是单纯练字而无文化的所谓书法家无法企及的。所以说赵俪生的书法堪称上乘的文人字。”父亲的画娟秀雅致，有浓重的书卷气，但不大气，儿女们评论时往往还会对他的画出言不逊地嘲讽一阵。

由于父亲广泛的爱好，子女们在其身边受惠多多，父亲除了订有大量的专业杂志，也为子女们订了《旅行家》《美术》《戏剧报》《人民画报》《连环画报》《小朋友》之类的读物，从小培养了孩子对地理、历史、文学、美术、戏剧的极大兴趣。起码前四个子女都能信手画几笔，早逝的二姐当年已画到了相当的水平，我们都是学校美术小组的骨干成员，一到画壁画、出壁报、写黑板，我们就派上了用场。后来家道中落，衣食不周，无钱买书，父亲为培养后三个小子女的兴趣，把历年攒下的美术杂志、画报上的美术作品裁剪下来，分门别类地贴成画册，供家人闲时欣赏把玩。我们虽从无系统地学美术史，但对古典派、印象派都有所了解，对达·芬奇、伦勃朗、莫奈、雷诺阿等大家颇为熟知，基本一看画风就能判断出作者。当然中国的传统美术我家的一手资料不少，各路流派、各种画风大家都很清楚，只要手边有纸笔，就会临上几幅、抹上两笔。这些信手涂鸦，父亲都是一边鼓励，为我们提供必要的资料和工具，一边在一旁指指点点，品评优劣。只要外面有画展，就要带我们去参观、学习，毫不夸张地讲，子女们传统的文艺知识都是老爹在平常生活中为我们日积月累打下的。我们之所以在社会上还不被忽视和小看，这与父亲的教诲是分不开的。

父亲这种花钱方式，使得我们家的子女在吃和文化教育上绝对没有亏，但在其他方面却相当简朴，因我家舍得吃，母亲还被其他教授太太们指点过，她们劝母亲要学会当家过日子，多少得存几个，以备后患。其实母亲也有自个儿的“小账”，她会告诉劝她的人：“吃上可省不得，我家孩子从来都不吃药、不害病，在这上头我家可是省大了。”

当年山东大学校园边沿的小山坡上，有一个叫“劳动村”的平房院，简陋而拥挤，这里是学校工友们的栖居地，他们的子弟也是我们的同学。一般教授们的孩子是不来这个地方玩的，不知为什么，我却喜欢频频光临此处，如今想来，缘由不外一是馋，二是疯。我好奇他们那个烧柴草的大灶，那么大的铁锅，一掀锅盖，蒸气弥漫全室，底下是一堆地瓜，周边贴一圈玉米面饼。另一火上架一个比水桶小不了许多的铝锅，熬一大锅疙瘩汤，用铁勺倒一点油，炝一把葱花，伸到锅中，扑哧哧的响声伴着浓郁的葱花香气，真让人馋涎欲滴。人们一人捧一个大海碗，或蹲或坐，吸溜溜地大口喝、大嘴嚼，桌上一盘自制的咸菜或凉拌的野蔬，滴几滴麻油就香气扑鼻，这可是与我家每人端坐桌前、一人一份荤素搭配合理的分餐、再三教导“食不言、寝不语”的气氛相去甚远。我喜欢劳动村的这种氛围，经常“偷”了家中雪花粉的大白馍去那里换煎饼、地瓜、玉米饼子吃，他们也很欢迎我，看着我吃得香得不得了的馋相，鼓励我猛撑，直到把我填个肚圆心饱方可罢休。

我跟着这伙子弟另一个玩法，就与“生计”有关了，他们教会了我许多生存本领。我跟他们拖着麻袋、拿个大竹耙去草地上搂草，到山坡松树林去拣枯枝、拾松果，学着在山坡上辨认能够食用的野菜。槐花开了，在大竹竿上安一个铁丝钩去拧槐花，爬上榆树去捋榆钱，这些东西让他们大人在水中一淘，拌些干面上笼一蒸，用今天的话讲，标准的绿色食品。我还尾随他们到锅炉房去拣煤核，木工房去揽刨花、拣木头，医务室去拾废药瓶，围着学生楼去拣几个牙膏皮、空罐头盒等，总之，这些东西在他们眼中都是有用的，他们的学习工具都是靠卖这些破烂一分、两分攒出来的。他们非但没有显出自卑和低下，反而十分豁达和快乐，我在他们眼中是“傻幔”“笨妞”一个，他们也经常取笑、愚弄我，而我天生的好脾气，只要他们肯带着我去品尝另一种生活，怎样都行。于是我的顽皮和脏就令家人十分头疼，往往一进门就招来责骂：“看你这副脏样，又疯到哪里去了？”当然为此也真没少挨过揍。

我十分怀念当年劳动村的那伙连姓名都未记下的小伙伴，他们教会了我许多的生存技能，特别在日后的三年自然灾害、下放农场的劳动中，我都没有感到特别的困苦和无望，是他们从小教给了我如何过穷日子和面对贫困所持有的那种乐观精神，我至今感念着他们。

家中孩子多，难免争斗就多，父母基本是宽松、随意式的管教，加之父亲那种脾性的遗传，我家孩子个个伶牙俐齿、能争好斗，吵起架来，谁都不含糊。吵到最后，诉诸武力的事情时有发生。而父亲也缺乏耐心，孩子们一旦闹起来，他也会一打一片地上来镇压。前三个女儿挨打的频率比后三个能高出几倍。父亲那种没头没脸、搂住哪揍哪的场景也确实有几分吓人，绝对达到了西方社会追究法律责任的程度。疯狂起来，妈妈和保姆两个人去拉都拉不住，我就有被打得特别厉害的记忆。

妈妈从来不打我们，可“挨打”的账我却记到了母亲头上，因为多半挨打是妈妈告的状，她不断埋怨父亲：“这老三也太费了，你管不管？”说得多了，老爹就揪住我揍一顿。有时父亲不在，母亲会支使另一个打手——大姐赵绛，“给我揍这个不学好的东西！”于是奉母命的大姐自然就上来对我拳脚相加。所以我从小和母亲的关系很是紧张，甚至怀疑过我不是她亲生的子女。改善关系是我出嫁以后，那位上海籍的女婿和丈母娘甚是投缘，为此妈妈还落下“偏心眼”的罪名。加之我们的儿子自小由妈妈一手带大，溺爱得有点过分，这一个孩子可真真是让我父母活生生地惯坏了，于是“爱屋及乌”，我们母女之间改善了关系，特别父母垂暮之年，依赖这个“不成材”的女儿，反而比其他成了材的子女多些，于是越走越近，发展到最后，母女间的感情反而有些超越了被公认“惯老三”的老爹了呢！

小时的淘气、不管不顾的行为有时确有几分出格，大姐至今耿耿于怀的一件事，也可以看到我小时是多么地不省心：我在校园当年美国兵留下的铁皮房中看大学生们排戏，偌大的铁皮房是堆体育器械的，看着看着就顺跳箱滑到垫子上沉沉睡去，大学生们排完戏，没发现还有个孩子睡在那里，熄了灯就走了。这下我们家可乱了套，半夜三更打着大姐满校园地找，如今想想也真难为了这刚小学毕业的大姐，在黑黢黢的校园中找到体育房中熟睡的我也绝非易事。幸亏，天天带妹妹的大姐多少知道我的习性，加之从校门卫那里打听到体育房曾排过戏，她一个孩子家摸进漆黑的大厅，在体育器械中寻到睡死过去的我，拖起来背到背上，回到家已是下半夜了。暴怒的老爹从大姐背上抓起我来就是一顿狠揍！我睡得迷里迷糊，只有任其暴虐，倒也没觉得害怕和疼痛，就是有些晕头晕脑，可打上劲来的父亲，连大姐一块也给揍了一顿。这让已临古稀的大姐至今提起，依然愤愤不平："凭什么呀？他们做大人的不出去找，让我个孩子家半夜三更四下里瞎摸，你惹的事，该打你，可凭什么打我呀？我这算是挨的哪门子揍啊！"我心中倒是清楚，父亲是嫌做老大的没带好、管好妹妹才揍的她。当然事件绝不会就此罢休，我还得接着挨第二顿打，大姐一定要揍我一顿才解气。最终给打皮了，打的时节大哭大叫，打完了一抹泪该干吗干吗，不就是挨顿揍么？先高兴了再说。

我不恨父亲的另一个缘故，是我能感到父亲对我的一种偏爱，他打我打得多，可每次打完，他会找机会单独把我领出去，吃一块冰砖，或买一套小人书，添点新样的学习用具，以此设法抚慰一下这个"舅舅不疼、姥姥不爱"的女儿，笼络一下父女间的感情。这样每次回家，妈妈又要抱怨一顿：

"打起来没头没脸，惯起来无法无天，这孩子非毁到你的手里！"这也是我和母亲记仇的一个原因。所以童年记忆中，父爱胜于母爱，亲爹而与娘疏远。父亲不发脾气时相当随和、民主，他能营造出非常快乐的氛围，而我们的母亲是一个不苟言笑、十分严肃的主妇，所以我老是躲着母亲，而和父亲格外亲昵，爱往他的眼皮下凑，一般来说，我家"爹派"压倒"娘派"。

"那美韶华去之何迅……"幸福的生活总是短暂的。父亲不薄的收入给儿女们奠定了丰足的物质基础。每个孩子都长得健康壮实，他生动的性格、广泛的兴趣也感染给子女，每个孩子都在他的影响下寻到了一生的追求，培养了许多的爱好，基本上还算得上聪明好学。而他易怒的个性，直把我们打出了一副钢筋铁骨，锻造出我们抵抗天灾人祸的顽强意志。我家子女从小不娇气、不虚荣，格外泼实，这些素质都为即将降临、长达二十年的艰苦岁月奠定了物质和精神上必备的条件。当时，虽没有预感到将有大祸临头，但大自然赋予人类的潜在本能，已让我们这个家庭做好了迎接各种灾难的准备。

（二）灰色的岁月

一九五七年，父亲超常的第六神经已敏感到前景有些不妙，一面打报告给高教部申请支边，一边向学校"告假"，理由不外多年教学、科研的超负荷运转，体力透支，需要疗养。他住进了有一定戒备、不能随便出入的青岛疗养院，以此避开了大鸣大放的高潮。父亲早年投身革命，冷眼旁观了阳谋阴谋的转换，于是在这场轰轰烈烈、一片大好的鸣放中，最爱说话也很会说话的父亲却躲了起来。但还是有记者千方百计地找到父亲，一定要让他“伸张正义”。父亲无奈，写了一篇《鸣放的关键在于领导》，说了些大路话而已，就在当年也构不成“右派”的罪名。很快高教部调令下达，父亲作为支边专家调往兰州大学，兰大方面也派出协助整理、搬运、保卫的工作人员，于是父亲回到家中，紧锣密鼓地投入包装、打点行装事宜，将在青岛七年购置的书画、家具一并整理，除几件过于庞大的书柜，因兰州来人讲，目前兰大还没有那么大的房间可以放置，只好处理了，带不走的杂物送给了跟了我们七年的一位保姆和每逢周末即来洗衣的零工，余之包了一个车皮发往兰州，一家人由青岛启程，转道北京，再由北京西往兰州。

在京期间，父亲遭到了许多同行、同学的批驳。王瑶伯伯就说：“放着青岛小神仙的日子不过，跑到那么个偏僻、落后的地方你受得了么？就是不为自己打算，也该为孩子们想想啊！”可父亲决心已下，非走不可。王伯伯不计我们幼时逐他的前嫌，看看已上高中的大姐，说了句：“好，你们走，把大女儿给我留在北京，我供她在北京上大学。”父亲和大姐均不买账，一家人义无反顾地来到了当年十分落后、贫穷的西北重镇——兰州，并且这一住就是半个世纪。

一下火车，就遇上了一场在西北罕见的“喜雨”。当年的兰州火车站，别说水泥站台，就连柏油路也没有，这让我们一下火车，两脚就插在了烂泥中。妈妈被两名大学生架着，才从泥泞中拔了出来。兰大为迎接专家，派出了他们唯一最阔气的一辆大轿车，并组织了几十名文科学生前来迎接。我听到后排学生在窃窃私语：“请专家、请专家，怎么请了个和咱们差不多的年轻娃娃啊！”父亲那年刚进不惑，一生喜着学生装，加之身材瘦长挺拔，显得很是年轻，混在学生中，根本显不出他的先生身份来。这样的形象让本以为来接一个“老学究”样的专家的学生们，难免产生了几分失望。第二天，校长们造访，父母和大姐都迎在了门口，林迪生校长却冲大姐说了声：“这位就是高先生？”父亲赶紧把妈妈推到他面前：“那是我的大女儿，这位是我的太太。”初见面，就让林副校长有了些尴尬。父亲的显年轻和母亲的见老、子女们显大的形象，让这种尴尬场面经常出现，于是大姐就不愿陪父亲一起露面了。但一个“困难时期”，父亲立马从一个年轻人的面孔晋升到一副“爷爷”的尊容。除知道底细的同事子弟呼他“赵伯伯”外，在社会上他有过“大哥”“叔叔”“爷爷”的叫法，却从未当过“伯伯”。父亲在一两年中陡然衰老了。

我们住在了西关什字的萃英门，兰大当年的旧校址。这个大院过去是左宗棠的官邸，左宗棠留下的“至公堂”依然保留，虽显得有些陈旧，还是很有些气派，后花园花木扶疏，有几株参天大树，也十分幽静和雅致，不像校外光溜溜、土苍苍的那副模样。我们住进了一排很普通的平房，但内设吊灯，铺着地板，是兰大为迎苏联专家而专门营造的，因外国专家未到，于是化学系一级教授朱子清和我们两家人入住了。不久在东郊的一片坟场上建起了兰大的新校址，我们又迁入设备最好的四号楼。那时光秃秃的坟滩上孤零零建起了三座教学楼：文科楼、化学楼和物理楼，还有六幢三层建筑的家属院，院内工地上经常会挖出身穿清朝官服的尸体，男孩子提溜着一个带一根大辫子的骷髅头甩动着吓唬小女孩，校外那条马路被命名为盘旋路，所指是经常有苍鹰、乌鸦盘旋其上觅食而得此名，如今这类鸟儿已几近绝迹，只有生命力极其顽强的麻雀还时可得见。

兰州和青岛反差极大。青岛的蓝海、绿树、红瓦、石墙和五十年代兰州市一片苍凉的土黄色形成强烈的对比。父母从结婚到抗战均于山陕之地，对西北应该是颇不陌生，而我们做子女的换了一种风格，平添了许多新鲜的感觉。西北的生活饮食和沿海一带也大相径庭，东边吃海鲜，西边有牛羊；岛上多是西式洋点，而兰州街头巷尾尽是辛辣小吃；丘陵山城的市区多弯弯小道，平坦的西北重镇，主干道却是一根肠子通到底，让人一目了然。青岛时尚、洋派，有着浓重的殖民地色彩，而兰州满街的小白帽、伊斯兰头巾、洋葱头教堂，偶尔会出现行进中的驼队，这种充满着异域风情的场景让我们仿佛置身于《一千零一夜》的梦境，这样的反差让我们感到新奇和别致，于是那些陈旧、落后的观念也就不复存在。

兰州的小吃，品种之多、价格之廉是今天的人们难以想象的。由于馋，我是家中第一个融入社会去体验这种市民生活的，只要手中捏几个钢镚儿，就会溜出去到小吃摊上撮它一顿：三分钱一碗的灰豆子，五分钱一碗的油茶，上面漂着一层杏仁；八分钱一碗冰糖炖冬果梨，俗名为热冬果。至今让我百吃不厌的软儿梨也不过三分、五分一斤，至于牛肉面、酿皮子遍布大街小巷。妈妈时时警惕着我的行踪，不让我去吃这些“不卫生”的食品，可越禁欲望越大，于是千方百计地躲过家人的监控，频频探访这偷来的口福。

但有一样，全家人对冻软儿梨的看法是一致的，每天会派我出去买一元的冻软儿梨，那可是能拎回一小筐来，放入凉水，拔出其内在的冰凌，装到一个硕大的果盘中，一会儿就会渗出一层果汁，我就贴在果盘边吸一肚子的软儿梨汁，冰上脑门、冰透肺腑，真是爽极了！弟妹们此时会捉贼般地大喊：“赵絪偷软儿梨喽……”由于这种果树铺天盖地，占地颇广，在市建中频频遭劫，如今市面上的软儿梨只能靠周边县区供应，价格成百倍递增，让原产地的兰州市民们有些个望而却步了。

父亲虽敏感到前景有些不妙，但到了兰州后也有一种拔出是非之地的舒畅。可让人深深惦记的父亲还是被山东大学扣进了“网”中。一九五八年，此时的父亲已到兰大一年有余，他参与创办的《文史哲》杂志上登出了批判“右派分子”

赵俪生的大块文章。这让父亲始料未及，也让兰州大学猝不及防。很快父亲由兰州“起解”，被他的学生押解回山东大学接受昔日同仁、好友、学生的批斗。去年还殷殷惜别、赠诗、赠言的同事们，此刻一百八十度大转弯，一副同仇敌忾的模样。父亲被囚的房间，架子床上都糊满了大字报。

青岛期间，除两个又返回青岛二中就读的女儿每天来探视父亲，也只有昔日好友童书业借无人之时，在囚室门口和父亲举行了一场“泣别”，二人却未交一语。父亲还记住了落难时节两件让他感动的事。

一件是：有一次他进大校门，门卫们拦住了父亲。五十年代的教授是有身份的，半夜看戏归来，门卫开门后，仅鞠躬示礼一声“谢谢”而已。门卫们是不会轻易拦住教授们攀谈的。可当父亲沦为“右派”，门卫们却把他拦住了，他们冲父亲说了句：“赵先生，您在我们工人心中是这个！”一伸大拇指：“您是条汉子，我们工人阶级对您可没有意见。”这让父亲既意外又感动。

第二件是父亲处在阶下囚的地步，自然不能下馆子，只有去吃食堂了。姐姐去看他，他对姐姐说：“山大食堂真不错啊，又便宜又好，过去咱们怎么一点也不知道呢？”姐姐瞅瞅他的饭盒：“人家这是给你打了双份，我们去可打不了这么多。”

父亲山大七年，留下了仗义、豪爽之名。那时一般职员、工人待遇都很低，每遇天灾人祸，都会有人组织募捐活动，每到此时，组织者往往第一个来找父亲，父亲也总是最先、同时也是捐得最多的一个。所以他在老山大的普通职工中留下了非常好的名声。这和后来捉襟见肘、入不敷出、变得小气而吝啬的老年父亲形成了强烈的对比。“物质决定意识”在这里可真的没有说错。

父亲被他献身七年的山大判了个“开除公职，送劳改农场监督改造”的结果。这是当年“右派”处理中最严厉的一种处罚，这一次兰大没有听之任之，而是提出了异议：本来赵俪生是高教部派来改善我兰大社科没有知名专家的薄弱环节的，你山大连通知一声都没有就把帽子给扣上了，这会子又自作主张送去劳改？于是两校开始了一场谈判。兰大表示我们也是一级组织，大家都在党的领导之下，如今赵俪生一切关系都归入兰大，那么处理权应在兰大而不在你山大。这次山大词穷，只有派人把父亲押解回兰州，送交兰大。山大这一着让兰大很不舒服：你山大不用了也让我用不成，还得让我养着。父亲的处理最后是降级处分，工资一下从二百八十元降至一百四十元，整整降了一半。那时六个子女，一个大学生、两个中学生、三个小学生，紧接着又来了三年困难时期，接踵而来的苦难，对陷入困境的一家人无异于雪上加霜，而且这种政治歧视和生活困顿一延续就是近二十个年头。

按说五六十年代，一百四十元工资应该算中、上水平的收入了，养活一家人应该不成问题。可父母都是花惯了大钱，两人又都是不会计划、不会安排生活的人，这份工资一到手，还没干什么就没有了。加之失去了撰文挣稿费的权利，这份死工资让父母时时陷入经济困顿之中，从此他们的心绪总是处在焦虑状态。这也让少年时代的我，经常看到父母的那副悲观、忧愁的面容。

我们也从专家子女坠入“狗崽子”的范畴，同样是一落千丈，过去笑脸相对的老师，如今冷若冰霜。我不能和任何同学产生冲突，因为那会招致老师的一顿训斥：“你爸是个大右派，你也不是什么好东西！”在当年同学们的记忆中，我是最可欺也最好欺的窝囊废，欺负我是用不着付出任何代价的，本来学习就走不到前面的我，厌学也就更是自然而然的了。

由于成绩欠佳，又是“右派”子女，小学毕业的我，未能如愿进入兰大子弟的附设中学，而是归入一所“五类分子”子女相对集中的市民学校。我的其他兄弟姐妹无一例外皆是兰大附中的学生，这说明确实有我本人成绩欠佳的成分。这所市民中学有“小女中”之称，班上四十多名学生，仅八名男生，所以女孩子们特横，把这八名异性不论高矮，全部打入最后一排，并从后门进出。不久，兰大文科并入西郊的西北师大，我们前三个女儿开始了住校生涯，我又经历了从受欺凌到逐渐融入群体的一个过程。

虽是“右派”子女，和更低一层的市民子女相比，还是优越许多，加之不会讲兰州话，我被同学视为撇洋腔的“青岛鸭子”。那时兰州人把上海人叫“上海鸭子”，因我不是本地人，青岛来的，于是也被同学划入“鸭子”范畴。同宿舍的恶作剧不断发生。我被排在了顶门迎风的床位，冬天从家中带来一个捂被窝的铜烫钵，被同学在底部钻一小孔，渗了一床的水，她们却四处散布我尿了床。但在朝夕相处的日子里，我学会了一口地道的兰州话，加入到她们调皮捣蛋的行列，于是我从受欺凌到被接纳，终于融入到这个社会底层的群体中。

我的初中三年，用父亲的话，那是上的个“呀呀乌”！刚开始是画壁画、炼钢铁、办农场，轰轰烈烈的群众运动一个接着一个。但很快从红红火火到民不聊生，先是大批河南灾民涌入兰州，街头睡满了饥民，用不了几天，兰州人也只剩下清汤寡水了。

“饿”是我少年时代听到的最多的一个字，“吃”成了每个人最大的满足和最高的奢望。最兴奋的是盼到年底，每个人会供应两斤白面、二两油、半斤肉，这样就会和歌词中唱的那样，“欢欢喜喜过个年”了。我们家的子女每逢寒暑假去居委会申请一份零工打打，争取把自己下个学期的学费挣回来。就连两个上小学的妹妹都知道外出觅食，她们把校园的墙角搜了遍，挑点能吃的野菜，挖几个蘑菇回来，她们很清楚哪个角落会有蘑菇长出，定时定点地去“淘宝”。刚开始，父亲说有毒，粗暴地把她们辛辛苦苦得来的果实抛进垃圾堆，愤怒的大妹冲母亲讲：“你们嫌有毒可以不吃，可我要吃，毒死算我自已找的。”通过试验不但没毒，还鲜美非常。我们就把这一对小女孩称作“采蘑菇的小姑娘”。几十年后有了这么一首歌，听起来让我倍感亲切。

如果说这一段艰难岁月还有正面效应的话，那就是我们一家懂得了世道的艰难，学会算计着过日子了。每个人都很珍惜物质，见到落地的树枝都会捡回家，没烧透的煤渣会筛出来，绝不轻易抛撒。用不着像今日的儿童，需要不断地在耳边喋喋不休地聒噪，就贴切地领略到了朱子家训中“一粥一饭，当思来处不易，半丝半缕，恒念物力维艰”的实质。有年轻一代向我请教，如何纠正孩子厌食的毛病时，我连想都不想就脱口而出：“饿上他两天，用不着你求他，他就来找你了。”

兰州毕竟是省会、大军区所在地，城市供应始终未曾中断，主粮供应有时是百分之百的发红的糙米（据说是从四川调来的），有时又会是几个月百分之百的发霉掺糠的包谷面（据说是从新疆兵团调来的），连续一年没有一两油的供应，但总算还能维持勉强的生存吧。可地、县呢？那是无法想象的。

这样的现实让我们的母亲也是终日焦虑不安。她首先给三个上大中学校、月定量最高的（有三十三斤）女儿立了规矩：每人每月必须交三斤粮票，以挽救陷入生死境地的父亲，虽然我们也饿，也为吃有过争斗，但在这个问题上三个女儿都绝无怨言地遵从了。因为交出去的是救命粮，拯救的是家中的顶梁柱，这根柱子一旦坍塌，那一家人的生存就再没有指望，所以每个人都义无反顾。当然亏空最大的是二姐，她个头高，食量大，食堂又差，她还要努力配合组织，好好表现。她终日盼着的就是省体工队集训，那时就可以吃几天饱饭。而体工队也给兰大附中的领导多次提出，让他们把这棵苗苗舍给体工队，也让娃落个饱肚子。学校领导答复："换个人我们早放给你们了，这年头就剩下落个饱肚子了，可这个娃不行啊，我们还指望着明年高考给我们争门面呢！"所以二姐于一九六一年因上山拣野菜，登山失慎，殁没于皋兰山下后，不仅仅让家人痛彻心扉，也让学校悲痛不已。二姐的死换回了濒临死亡线上的父亲，这也是让父亲一生都难以释怀的一件伤心事。

由于饿，三年初中我根本就不咋上课，天天不是睡觉就是到新华书店看小说，那时出了几部还不错的长篇小说——《林海雪原》《青春之歌》《苦菜花》之类，当年也是开架售书，于是到新华书店看书就成了我"疗饥"的一大场所，再就是凑个小钱去看电影。每当老师敲门叫我们起床时，回答是"病了。""啥病？""饿的。"老师们也饿得没劲管我们，我们这群女娃子就彻底地"放羊"了。教育局来视察，围上一群敲盆子砸碗的女孩子，控诉食堂克扣学生定量，分量不足，结果是教育局把他们最好的大师傅派来掌勺。二姐到我们学校来就餐，十分惊讶："这么大的馍，这么足的量，你们还闹啊？"小妹妹们得意地告诉她："那是我们斗争的结果啊！"二姐告诉我，她们学校只要教育局一来视察，团干部、班干部就在周边形成包围圈，个别胆大的学生想上去揭露真相，都被瞪着眼的监视团给逼退了，所以她们的伙食比起我们来差远了。

父亲终于活着回到了家中，可是二姐却永远也回不来了，我也完成了三年混混的中学生涯。自知考不上高中，于是和父亲提出考一下艺术学院美术系的少年班，父亲也就应允了，哪知那一年艺术学院下马不招生，于是我被困在了家中，当了五年的社会青年。出身书香门第的我，从此沦为一个“半文盲”，这在大学校的家属院中，无异于一个“问题少年”，这也是我把这一段生活归纳为“灰色岁月”的缘故。

五年的“社会青年”生活，让我在社会上遭到白眼、手足间受些鄙视，生性达观的我，却在这几年由着性子读书、画画、听京剧唱片、看苏联电影，当然也不时到社会上去打一阵短工，高级一点的当几天小学代课教师、展览馆当一阵临时解说员，低一些的加入劳动大军，去干一些建筑工地上的小工活，挣个二三十元，如数交到父母的手中，对陷入拮据、负担沉重的父母多少也是一种微量补贴。

父亲从未放弃子女们的文化教育，他会领全家去看一场进口的外国影片，以苏联电影为主，看完后会讲讲这部片子的历史背景和相关事件。我们看完《复活》《苦难的历程》《静静的顿河》《牛虻》，也会把译作找出来，再通读一遍。我们还看了不少质量不错的传记片，《画家苏里柯夫》《音乐家莫索尔斯基》《歌唱家达尔克列》《台尔曼传》《马门教授》，这些人物对事业的执着和献身精神为我们树立了人生的榜样。当然像《红菱艳》《自由之风》《红帆》等言情片也绝不放过，一般人是通过了解社会背景研读人物的，而我却通过先培养对人物的兴趣去寻其社会背景。看电影虽是消遣与娱乐，但它却使我在记忆力最好的年龄段读了不少书。加之每次看完一部好片子，家人们会共坐一处，各抒己见，有时会争论得面红耳赤，这种讨论对增进文艺批评、提高见解益处多多。我们也会在一起探讨影片改编的得失。大家一致认为，我们国家的译制配音演员的水平远远高过电影演员，往往一听声音就能判断出是谁配的音，那段时间全家的文化活动是看电影，这也是当时还算支付得起的一笔开支。

父亲会取出画册让我临摹一幅达·芬奇的素描，或画几幅仕女图。两个妹妹是我的模特，她们饿得和珂勒惠支笔下的饥童一模一样，我至今能默写下她们当年的那副形象。第一场大雪来临时，父亲会出一篇以雪为题材的作文，让几个子女每人写一篇有关雪的文章，记得大姐写得花团锦簇，我写得平实白描，最可怜的大妹刚上小学，饿得她连脖都伸不直，一心光想着吃，如何成文呢？结果满篇是饿，即便于梦中也在惦着吃，最后是从梦中醒来，一掀窗帘："下雪了！"终于对上了老爹立下的题目。记得那次作文，老爹的评价是我写得最好，这种鼓励从少年时代就刺激了我提笔的习惯和爱好，就是在这种潜移默化的指点中，老爹引导我走上了书画之路。

当我写至此段，与姐妹们共话当年时，大妹赵红已无这段记忆，但她却提供了另一段故事。那时二姐已逝，我们两个大的在城里住校，他们三个小的就读于师大附小。在弟弟的倡议下，他们三人办了一份报纸，由弟弟设计刊头、花边、插图，三人的小文用不同字体制作。弟弟从小承继了父亲精致的一面，所以报纸制作得还挺有模有样，客人们来了，他们拿出来炫耀，得到客人们的高度评价，于是就每份五分钱地推销出去了，这可以算他们"卖文"生涯的第一步吧。大姐赵绛也还记得这份小报，刊名为《狮吼》。刚上小学的小妹赵结编了一个很有趣的寓言故事：一只贪吃的小松鼠，渴望得到一份食品，那种得到时的欢欣和生怕失去的恐惧，全是她一个幼童心理的真实表达。年近古稀的大姐至今提及，心中仍有几分酸楚。为此我和严华大夫通了电话，他在电话中哈哈大笑："确有此事，我买过他们的报纸，那时我们怎么也想不到那么小的三个小不点，能办出这么精致的一份小报，那年头我们天天晚上都去你们家坐到半夜才走，就是为了听你父亲谈古论今，受益匪浅啊！你爸爸太了不起了，他不但让朋友们得到了文化精神上的享受，也把你们一群儿女带得能写会画，他太好了呀……"能让老友如此缅怀，父亲九泉之下也当欣慰。

家中有青岛带来的几百张唱片，听得最多、利用率最高的无过于我，闲在家中只要一高兴就开唱机：杨宝森全套的文昭关、空城计，张君秋的三堂会审，程砚秋的全套锁麟囊，荀慧生的卓文君，侯永奎的林冲夜奔……不厌其烦地反复听下去，结果这些戏词被我烂记于心、倒背如流了。家中还有一些最老的唱片："百代公司特请谭鑫培老板唱卖马""店主东、牵马"……一出口就不同凡响，是一种后人很难企及的水准。我对有着富贵嗓的金少山、杨小楼倒觉一般，偏爱听嗓子并无天赋的程砚秋和言菊朋，那种婉转、凄怆的悲诉动人心魄，于是在只有我和父亲时，我们会探讨一番对各路名家的看法，有意见相左之时，也有共鸣之处，讲错了，会落一个"无知大肉蛋"的训斥，说对了，也会得一个"三姑娘颇有见地"的褒奖。父亲的好处是，对求知者从来不会流露出不屑的神情，他这一生有无礼抗上、抗权威的架子，但对求学者从来是不厌其烦地诲人不倦。他经常会用指头点着子女或学生们的脑门，斥为"无知大肉蛋"，训过之后，他会很耐心很详尽地告诉你，你无知在何处，你肉蛋在哪里。我见过很多高级学者，当感到对方提的问题太幼稚，不值得一答时，会彬彬有礼、客客气气地"哈哈哈……不太清楚"婉拒掉，表面上相当客气，骨子中却深藏蔑视。而父亲举止似不礼貌，但训过你之后，会给你上堂很地道的修正课，让你终身铭记。可以这样讲，父亲一生是一个既负责又尽心的教师，凡是受教于他的学生、子女，都会认可这个观点的。

父亲对家中这个没着没落的女儿没有放弃，有时会说："这个学期是中文系的舒连景老先生讲先秦文学，你可以去听听。"我回来给父亲模仿老先生讲庄子的神情，父亲则说："他本人就有点庄子的模样么。”父亲也决不强勉我不愿意做的事，当问我听不听某先生的托尔斯泰时，我会说：“我不听，人家说他讲得恶心！”父亲就不再提了。听到魏晋一段，父亲问我为什么又不听了，“与其听他照本宣科，还不如我自个儿回来看呢，咱家资料比他讲的多”。听了对李煜的讲评，我会问父亲：“这李煜皇帝没当好，可这诗词招谁惹谁了，落得个中文系课堂满堂批？”父亲有时也会为同行辩解：“你说的不无道理，可现在的形势他也不得不这样讲罢了。”我也质疑父亲：“爸，您也这样讲课么？”父亲会流露出些许的得意和诡秘：“我当然不这样讲了，我面对的是已成人、有思想的大学生，我既不能违教学上这一套正统的要求，但我可以告诉他们各路各派在这同一件史实上的不同见解、不同看法，把我自己的观点揉入其中，会听的自然就沿着独立思考这条学术路子上来了，一般学生听听也就过去了，当然也有个别不堪造就的那也大可不必过于较真，每一届学生都会有上、中、下三个档次，我相信我的废品会相对少些。”

父亲也会把《古文观止》翻出来，圈上个二三十篇：“闲着没事，让你妈给你讲几篇古文吧。”过几天会检查：“《陈情表》《出师表》读了没有？”“没有。”“为什么不读呢？没听说读《陈情表》不哭者不孝、读《出师表》不哭者不忠么？”我也会和父亲调侃：“俺就是那不忠不孝之人，哭不出来，总觉得有些矫情。”父亲也就不再言语。可对《李陵答苏武书》《杨恽报孙会宗书》，妈妈只梳理了一遍，我很快就入路了，读上两遍即朗朗上口，最后就倒背如流了，有时背到高潮，父亲会和我齐声背诵：

> 田家作苦，岁时伏腊，烹羊炰羔，斗酒自劳。家本秦也，能为秦声，妇赵女也，雅善鼓瑟，奴婢歌者数人。酒后耳热，仰天拊缶，而呼乌乌。其诗曰："田彼南山，芜秽不治，种一顷豆，落而为萁。人生行乐耳，须富贵何时？"……

读到兴头上，我会连呼："痛快、痛快！"父亲则立马从高亢中回落："痛快倒是痛快了，可脑袋也因此而搬家了……"至今记得，我坐于案旁，父亲立于我的身后，一只手抚摸着我的后脑勺，眼望窗外一片萧条肃杀的景致，自言自语地说了句："这孩子怎么就长了一副反骨呢？"那举止、那眼神，让我体味到的是一个父亲对女儿的一丝怜悯、几分爱抚，但更多的却是一份深深的忧虑。

（三）压抑的年代

一九六六年初，我应古生物学家周明镇先生之邀，前往北京。他希望两家学画的孩子、幼时的玩伴能以同等学力报考一下美术学院，并向经济陷入困境的父亲表示，我的一切开支由他承担。不承想赴京才一个多月，"史无前例"的运动就席卷而来。我匆匆返回兰州，因为是夜间下车，妈妈亲自到火车站来接我，一见面就告诉我："葛诒禔老师服毒自杀了；中文系舒连景先生失踪，夫人上吊；地理系王教授跳楼。"（葛老师是力学教授叶开沅的夫人，张之洞的孙女，被公认为是兰大家属院最漂亮的女士。叶不在家时，我就去陪她住，这次叶在社教点，我去了北京，惨剧发生。舒连景先生失踪和不久又发生的李松涛先生失踪、陈时伟女儿陈绪明失踪，是至今没有下落的三个悬案）。慌乱中随母亲回到我们位于二号楼的家，夜幕下已成了一座纸糊的楼，白惨惨甚是恐怖。妈妈告诉我，父亲是被第一个抛出来的"反动学术权威"，造反派已勒令在"四清"点上社教的父亲回来接受批斗。果然第二天他就回来了，他是被兰州军区后勤部长石进元用吉普车送回来的，石部长和父亲在一起社教，相交甚笃，临别时还十分乐观地对父亲说："你放心，用不了几个月，咱们又可以在一起高谈阔论了。"结果，他们再次重逢，已是十数年"文革"结束以后的事了。

父亲回来不到一个时辰，学生们就蜂拥而来，人头攒动，口号声此起彼伏，场面十分混乱。父亲倒是显得分外从容，既不愤怒，也不畏惧，跟着学生就走了，不愧是一个"老运动员"。不像我们楼上外语系的樊祖鼎先生，本来没他什么事，可对揭发他的一张大字报的内容勃然大怒，上去一把给撕了。这下可好，成了"自己跳出来的现行反革命"，头戴高帽，身上贴满五颜六色的纸条，装扮得活像个跳大神的，樊先生倚仗年轻，奋力反抗，结果让学生打了个不亦乐乎。相比之下，父亲要“识相”得多，运动未到之前，他的第六神经就敏感到了，终日坐卧不宁，寝食难安，显得十分烦躁。每逢此时，妈妈总是百般安慰，劝他不必害怕，“没有跨不过去的坎”，这是吊在母亲嘴上的一句常用语。所以一旦运动临头，父亲反倒冷静下来，显得比较镇定，相比运动前夕那副魂不守舍的模样判若两人。被斗完回到家，依然会“胡说八道”，幸亏家中无一人去检举，否则在“反动学术权威”的头衔上再加上一顶“现行反革命”的帽子是绝对没有问题的。

我家的情形和许多学人家庭不大一样。别人家父是父、子是子，父母间的事子女知之甚少，即便夫妇不合，也是回避开子女关起门来吵。大人们的历史、工作、生活很少告诉孩子，于是平时很安静的家庭一来运动，就容易发生“划清界限”的行为。儿女们或主动，或被动地检举父母，贴他们的大字报，甚至有带头揪斗父母的情况出现。

我们家是父亲另一个更自由、更放松的“讲堂”，“哇啦、哇啦”起来根本把不住门。父母一吵，子女们迅速站队，爹派、娘派阵线分明，这种没有隐私的环境惯得子女也是蹬鼻子上脸的，没大没小，有时和父亲观点相左时，也会争个面红耳赤，出言不逊。每逢这时，妈妈就会上前制止：“有没有规矩？那可是你爸！”父亲则不以为然，摆摆手不让娘掺和：“没啥、没啥，不是吵架，我们是在讨论，你别说，这孩子还蛮有点意思。”如此氛围，让很多子弟甚是羡慕：“赵伯伯太民主了！”江隆基的女儿江燕妮至今提及还在说：“我就喜欢你们家的那种格调，辩论起来没大没小，非常民主，又热烈、又快乐，我们家就冷冷清清。”

这样的环境，造就了我们从小就无视权威，敢于表达自己观点的性格，虽非正统，却也树立了较为独立、自由的思想。父亲是怎样的一个人，我们吃得很透，用不着别人告诉我们。于是乎在大灾大难面前，平时喜欢吵来辩去的一家人，凝聚力反而比别的人家要坚固得多。

回到兰州也就二十多天，为避渐渐波及家属的运动，我仓皇离家，到街道办事处慌不择路地选了一个招工点——张掖九公里园艺场，当了一名农工。在我长达三十五年工龄中，有八年之久，月工资仅二十七元，开始了独自面对社会的另一种生活。

妈妈是这样记录我走时的情况：“记得她临走时我买回了辣子、茄子，炒了两样菜算是送行，她一口也没吃，心中难受，神情仓皇，提上行李就走了……”

父亲就在终日挨斗、造反派们会随时闯进来的境况下，又给我上了一堂有关张掖的历史、地理课，他边画边讲，从汉武帝设河西四郡开始，说到甘肃之称实由甘州、肃州而来，现如今张掖这个称谓表明它是一个屯兵之地，一有战争，即可伸张腋下，那里有祁连雪山、黑河之源，有大片沼泽地、一望无际的苇塘，盛产大米，所以有河西小江南之美誉。张掖不仅自然环境好，且有世界第一的室内卧佛，极为壮观。父亲讲得活灵活现，我就问他："你在山丹时，是不是去过张掖？""没去过，那年头差一点饿死，哪有条件出游啊！""那你讲得咋和去过一般啊？""这些史书中都有记载呀。"这又让我领略了什么是"秀才不出门，便知天下事"。父亲就是在这般毁坏传统文化的境遇中，还有闲情逸趣和我纵谈历史、地理，这种泰然自若的风度，对惶惶然出走的我，无疑也是一支镇静剂，事已至此，如今也就只能豁出去了。

离开兰州才几天，妈妈已感受到这个女儿的重要性。在家五年，确实不讨母亲喜欢，可我的离去，第一个感到不方便的就是我的母亲了，她少了一个小帮手。我在家时，每日跑街购物，消息灵通，腿脚灵便，那时刚刚度过饥荒之年，但毕竟还是计划经济，大家对食品依然十分重视，各种票证看得犹如生命。每到月头，用不着母亲嘱咐，我就会去对门姚娘娘家借好自行车，天不亮到粮站排队，一家六口的定量分粗、细粮一个口袋一个口袋装好，那时一个月一人两斤大米、半斤油是很金贵的东西，我总能挂上车把、夹在车后推回家去，一家人习以为常。这些柴米油盐的生活小事，也只能由我这个不争气的女儿来完成，其他子女都耻于排队、购物这类"俗事"，人人都潜心只读圣贤书。

我走后的第一个月，这买粮的大事就落在了三个弟弟妹妹的身上，早早去排队，三个人六只眼，一转身，一个月的大米就不知让谁给拎走了，慌乱中回到家，大妹赵红一见迎出门的娘，心中一慌，一个跟头踩倒，又把一个月的油给砸了，妈妈是既心疼她的三个小儿女，又心疼这些按量供应的物资，想起我干这些事的利索，不禁叹了口气："赵絪在家，干这些事是从来不让人操心的。"得，妈妈终于悟到了我的好处。

从一九六六年出走河西，到一九八六年中秋丧偶，这段时间我离开了父母，独立生活了近二十年。虽然跌打滚爬地走了过来，时时与险恶的政治风浪、入不敷出的经济困顿交织在一起，却让我独自直面人生，历练了我应对社会的能力。在家中打下的一点文化基础和应该如何做人的道理，使我不致在艰难困苦中因无助而自暴自弃，这只能归结到父母在潜移默化的过程中给我们的教育。

其实到农场时我已二十岁了，是这伙知青中的老大姐了。当年最小的几个还不足十五岁，像我这个年龄的知青也就只有三四个，他们都持有高中文凭，我们之间走得比较近，能偷偷交流读过一些什么书，看过哪些苏联电影，哼几段俄罗斯民歌，这些都必须躲过那些少不更事的小弟弟、小妹妹们，否则让这些不知轻重的浑小子告发上去，那可就"吃不了兜着走了"。

就这么小心着。在劳动四年后，我背着一份"现行反革命"的材料袋离开了农场。由于始终落实不了，仅是"准反革命"而已，没被正式揪斗，归入牛棚。我对这份材料啼笑皆非，揭发的内容全是臆造的。"文革"结束，有人讲："你应该要求平反，你是反江青的斗士。"我很坦然地说："当初我没攻击过江青，如今我也不承认是斗士。”那份材料本来就是诬陷、捏造的，我吃了这份材料的亏，也不想占这份材料的便宜。自始至终我仅仅提到江青是有过婚史的，她的前夫就是父亲清华时代的同学，如此而已。于是由此“恶攻”演变成光怪陆离的内容，这些揭发人是凭何种想象，借我之口来表达他们对上层社会理解的？他们编造的内容荒诞没谱，稍有点知识的人，一看就知道真伪，可这“恶攻”的罪名还得让我替他们背着，真是有口难辩，于是只能一概不认账，连说过的都不承认，你奈我何？“文革”中所谓“坦白从宽”的政策是个圈套，钻进去就出不来了，这是当了多年“狗崽子”的最深切的一点体会。

其实，这种坦然也来自我们的母亲。刚刚离开城市，来到一片田野之上，当时正逢割麦大忙，虎口、指间磨的都是血泡，两腿被镰尖、麦茬刮出道道血痕，没有一本书可读，不敢说话，因为无意一句话，晚上的批判会上就被添油加醋地揭发出来，并扣上“对上山下乡不满”的罪名，于是很爱说话的我，紧紧闭住了嘴。一天下来口苦极了，也只能含口水涮涮嘴强咽下去。这时发生了一起自杀事件，对我的触动很大。

场办有一个不满十六岁的小勤务员，管给场领导打扫卫生、提提开水。批斗走资派时，造反的工人多少还有点顾忌，不敢往死里打，可打一个“小走狗”，那就没什么禁忌了，下手之狠令人心颤。这个农村来的孩子哪经过这种阵势，于是产生了决绝的自杀念头。他怕后悔，也怕挣扎，用马莲草将两腿捆紧，又用嘴将手腕用草缠死，滚进饮用水的人工涝池中淹死了。

在人们捞尸的一片慌乱中，我平静地坐在对面的涝池边，默默地观望着这一幕。晚上趴在炕上，我给母亲写了封信，叙述了这个过程，并表示，不就是几分钟的工夫一切都解脱了么？他也不再遭罪，这实在不失为一条可行之道。几天后，母亲的回信到了，从潦草的字迹可以感受到母亲心急火燎的程度。信是不能留的，但一段文字已刻骨铭心："你算什么？一个二十七元的农工，社会最底层，你有什么好怕的？自你二姐走后，我不希望我的任何一个孩子走到我的前边。你实在要走这条道，那你就不是我的女儿！你记住，神鬼怕恶人！你厉害一点，就没人惹你了！！！"几个惊叹号敲醒了我，我们从小和别人家的孩子发生冲突，不管有理无理，父母总是训我们一场、揍我们一顿，自从沦为"狗崽子"，妈妈开始护孩子，特别后面的三个弟弟妹妹，妈妈看得很紧，一放学就不让他们出去，找些书让他们读，翻出画册让他们看，让他们临摹，免得在外边受些无端欺凌。如今妈妈在信中公然教唆我做一个"恶人"，并告知连神、连鬼都怕"恶人"，这封信我反复读了几遍。我不愿做一个无家可归、无人认领的孤魂野鬼，思前想后，豁出去了，于是我开始了这背水一战。

按说二十岁人的性格已经定型，很难改变了，可妈妈的这封信却是我人生的分水岭。小时的同学回忆我是:“窝囊、老实、好欺负”;可后半段友人则根本不认可:“那是个谁也惹不起的泼辣货。”一夜之间我变了一个人。那年头，说正经话没准打你个反革命，可海骂是一种革命行为，连歌词中都不乏“不须放屁”“滚他妈的蛋”！何况偏僻乡间，小组长们的“国骂”不绝于耳，对女孩子们婊子长、婊子短的犹如爱称。在家时妈妈是不允许我们口出脏词的，姐妹们骂得最厉害的一个词，无过于“混蛋”而已。现如今这些国骂在我的嘴中翻新变化，可谓是“活学活用”，也确实起到了“立竿见影”的效果。小组长刚口出:“这婊子”，我立马“你妈才是婊子，你奶奶才是婊子，你家祖祖辈辈是婊子……”，骂得人家一愣，没奈何摇摇头走了，果真见效。有时真的干将起来，对方被我激怒，声言要揍我时，我也拎着削铁如泥的铁锨冲上去，要拼他个你死我活，所谓的“光脚的不怕穿鞋的”。幸亏当时农村有个习俗，好男不与女斗，这样的场面都是有惊无险，往往是对方退让走了，凌辱果然就此少了许多。

可农场另有一绝，你不驯服么？有办法，专派超乎你体力的活计来制裁你。要想干轻活？那就乖一点，岂不知这正对我的胃口，我最怕和一群婆姨、丫头在一起做剥麻、薅草、翻窖等等看似轻松却耗时耗人的活计，而且这些人动不动就捣腾些是非、闲话来诬告你，以此来讨得领导的欢心。于是在农场四年，我干的基本都是壮劳力承担的活计：起牲口圈、送粪、浇水、背麻袋，甚至连给牲口铡草，这件活因为太脏，连男劳力都不干，多是雇附近的农民工来干，可头头们却能把这活派到我头上。农场还有条不成文的规矩，只要你把活拿下来了，你就占理了，领导也把你没奈何了。记得牲口圈铡了一天的草，像坟堆中钻出来似的一身粉尘，堵到头头们办公室的门口，日娘捣老子地海骂半小时，竟无一个领导出来接茬。

这样的超体力劳动，仅仅一年半载，我就由一个软绵绵的细长条，锻炼成铜浇铁铸一般，三十九斤定量根本不够吃，幸从家里出来时揣着几百斤粮票，不仅够我自己，还不时接济那几个正长个的小兄弟，他们至今还念叨着当年一没吃的就去找老大姐的境况。进场体检时身高一米七三，体重一百零七斤，三十八码的一双纤长的脚（曾被画画的朋友恭维过是一双维纳斯的脚）蹬铁锨蹬成穿四十码解放牌胶鞋的大熊掌。大忙季节，一个月就蹬坏一双鞋，那双鞋的价码是四块五，占我月收入的六分之一。女孩子们必备的卫生纸、简单的卫生用品，我比别人还多了信纸信封邮票的开支，家中是没有条件支援我的，这二十七元一个月的日子让我过得捉襟见肘，一条裤子不补，另一条是换不下来的。

有一天在打麦场干活，被几个蛮壮实的家属工围住，“都说这丫头是铁打的，看看你到底有多结实”，上来就把我翻倒在麦堆上，一掐、一拧，彼此瞠目结舌：“妈呀，这肉拧都拧不住，咋能长这结实呀？”这是劳动改造的最大收获。等我迈出农场，个头缩成一米七，体重高达一百四十斤，这是我从九公里带出来的唯一“财产”。

一九六七年，阶级斗争正搞得如火如荼之际，老农工一片要揪出我的呼声，连运动领导都撑不住了，暗地向一友人示意“让她赶快走”，于是我出逃青岛。在故交亲朋的援助和关爱下，流亡了七八个月，每晚我们聚在孙悲林兄的那间小水泥屋中，纵谈国家大事。这伙人白天分头上班，他们多是工厂工人，也有政府工作人员，到夜晚聚在一起，评点当下形势，也带来很多国际上对“文革”的评价，是一群很有思想的年轻人。这段经历当是另一篇文章的内容，与父母无关，但在这期间有两段与父亲有关的事情，需要记录下来。

孙悲林兄位于福山山腰的小水泥屋，是落难子弟们的一个聚集点。悲林兄的父母在“文革”中罹难，双双自杀，他被撵到这间破败的小屋中栖身，这里经常会来些不速之客。有一天我们大家正热闹着，闯进一位衣衫单薄、面容憔悴的小青年，他一进门，让悲林兄一愣，回头看看我，再看看这位小青年，显得有些踟蹰，我二人也都把不解的目光投向悲林，悲林还是一跺脚，开始了介绍：“既然已经碰上了，我也就照实介绍吧，这位就是前山东大学历史系教授赵俪生的女儿，这就是前青岛市委领导滕景禄的儿子。”我们顿时明白了，滕景禄当年在青岛市委揪出一个“右派集团”，这个集团头子是当年的市委书记孙汉卿，因他和父亲是清华同届同学，在无任何实据的情况下也将父亲卷入其中。此时让悲林尴尬的是，两家子女在这里相遇，未免有点冤家路窄的味道。

哪知我二人几乎同时说出："那是老子们的事，与我们何干？"悲林兄顿时松弛下来："那就好，那就好，大家都是朋友。"

后来我才知道，升迁上海工会主席的滕景禄在交代打"右派集团"过程中跳楼自杀，家人们的境遇也相当艰辛和悲惨。滕公子翻着我的几幅人物速写，对其中一幅少女头像情有独钟，反复看着并询问："这幅画能送给我么？""当然可以，可为什么你偏要这一幅？""和我妹妹太像了，简直一模一样，我已经有很久没见到她了……"这让流亡中的我也萌生出一丝酸楚之情，流亡者绝非我一例个案，大家殊路同归，都成为有家难回的天涯沦落人。

白天闲着没事，一天沿福山下来，顺脚就迈进了青岛汇泉公园（后更名为中山公园），无非是想重温幼时在此玩乐的童趣而已。时至初冬，公园一派寂寥、萧瑟的景致，园内一茶座刚刚开业，一个上了年纪的工作人员正在摆放藤椅。我忽然想起，当年父亲每当开完夜车，写了一宿的文章，天刚亮就是沿福山下来，到汇泉公园泡一壶茶，要一碟点心，吃完回家睡觉的。于是贸贸然上前和这位老人聊了起来，问他五十年代是不是经常有一位山大的教授清晨来此泡茶座的事。他十分警惕地看着我："你问这个干什么？""我是他的女儿。"老人仔细端详了我一阵，十分热情地去泡了一壶茶，端来一碟蛋糕，并告诉我："你父亲最爱喝'大方'"，然后陪我坐下，询问着我们离开青岛后的境况，并随着我的陈述悲愤着、伤感着，不停地说着一句：“这都是什么世道啊……”他眼望周边那沉寂、衰败的场景，自言自语地说了句：“这年头可再也看不到那种风度、那种涵养的读书人喽……”

当我告辞，取钱付上这份茶点款时，老人用手挡了回来：“闺女，你没有要，这是我自个儿给你端上来的。”我也表示，他小本生意十分不易一定得付时，他又说：“这钱你父亲早代你付过了，他在我这里喝茶是从来不找零的！”我只有深鞠一躬，怅然离去。看来父亲在他故乡的各个角落都留下了痕迹，留下了印象，并不像大字报中形容的那样“十恶不赦”。

我的母亲高昭一

今年是我母亲的百年诞辰。作为女儿，应该写一篇纪念母亲的文章。其实，在二〇〇六年母亲逝世后，我就几次动笔，然终未成篇。何故？母亲不像父亲性格鲜明，才情纵横，又爱说话，只需信手拈来，好的、坏的一大把内容。母亲生性内敛，话语不多，很是沉稳，一生的精力倾注在父亲的事业与生活上，历经种种磨难，其喜怒哀乐很少流于言表，内容远不及父亲那样丰富多彩，故每每提笔，每每中辍。

母亲的名讳甚是复杂，且男性化——高肇义，如用当年繁体笔画计算正三十七笔，后父亲嫌烦琐，顺势改为高昭一。父亲那些文化界朋友，知此改动，无不赞叹“改得好！”所以，母亲就一直用高昭一这个称谓直到离世。

母亲是河北正定县人氏，世代为金银首饰匠人出身。记得妹妹留学美国，回来征询父亲，在美国很少有人一眼认出她是汉族，倒是中东来的同学一见她就热情洋溢，误认为她是同乡。父亲讲这一点也不意外，并引证了元朝的一段历史，当元代大军打到中东，曾掳来一批金银首饰匠人，安插在京城四周，专为皇室服务，并分别赐了四姓，其中就有高姓。母亲姓高，世代从事金银饰品制作，且又在皇城根下，与这段历史记载完全吻合。父亲断定，我们这些子女的血统中有着中东民族的成分。也难怪，每当巴基斯坦总统穆沙拉夫出镜，我们都有一种莫名的亲切感，那形象、气质及眼神都似曾相识，有我们舅家人的痕迹，弄得我们的政治立场也毫不犹豫地站到穆沙拉夫一边。这种没来由的情感或许就与遥远的元代有关。

扯远了，再拉回来，母亲五岁丧母，而外祖父的生存之道又每况愈下。外祖父的母亲一贯偏小的，嫌大的，因而外祖父在大家庭中很没有长子的地位，加之命中克妻，娶一房，死一房，连娶四房，到最后专门寻来一个克夫的寡妇配与他，也没有克过他老人家先他而去。所以，母亲有四个姥姥家。但最亲的是生母王家。王家是正定有名的乡绅，以医道传家，很有点影响，当年这个家族出的最有名的人物就是民国时的“三杰”之一王士珍了，他是母亲的表舅。

缺失母爱，常被人冷落而嫌弃，养就了母亲从小独立、刚强和倔犟的性格。她争取了读书的机会，成为“五四”以后倡导妇女解放、男女平等改革的受惠者，并挣脱了旧式家族的樊笼，走上了抗日救国的革命道路。在游击队邂逅了从北平走出的清华大学学生——我们的父亲赵俪生，并于一九三七年结为伉俪，相扶相伴近七十载，被学界传为一段佳话。

所谓“佳话”，誉词也是给予父亲的，无论家乡父老、同学友人，一提这段婚姻就是“赵俪生结婚了，娶了一个并不漂亮的女人，生了一窝并不漂亮的女儿”。用钱伟长夫人孔祥瑛的赞语：“赵俪生可是当年清华园的美男子。”我们往往替她续上同学背地里议论的下一句：“可惜娶了个丑太太。”而在赵氏门中对母亲就更毫无顾忌，每当有一房媳妇要进门，大家议论新媳妇不漂亮时，这时最低标准就出来了：“再丑还能丑过高昭一？”于是“模范丈夫、品格端正、不弃糟糠、没有绯闻”等誉词涌向父亲，而母亲成为闲言碎语中被贬的一个角色。

母亲确实不漂亮，可上帝公平，再美的人一生也会有容颜憔悴、凋零的时节，而再丑的人也会有容光焕发的时候。母亲在古稀之年成为一个气质高雅、神清气闲的漂亮老太太，缘由不外母亲口型欠佳，晚年牙一拔，嘴吻平复，没像正常嘴型的老太太到晚年会凹成老婆婆嘴，反而十分平整，这就显得年轻。加之最后二三十年生活平顺、营养全面，因心脏病而长年服人参汤，养得一头白发如绸缎般光滑，面部少有皱纹，呈象牙白。没见过她年轻时代的人会赞道：“你妈年轻时一定是位大美人。”“非也，我娘以丑著称。”对方斥道：“儿不嫌娘丑，有你这样讲话的吗？这么漂亮的老太太真少有，你瞅瞅你才丑呢，哪点如你妈？”我无法解释，也说不明白，可背了一辈子“丑”名的母亲，在暮年呈现出她一生最光彩的那一面。

每当有人夸母亲有福，配得才貌双全、品格端正的好夫君时，父亲听得别说有多滋润，母亲也似有满足之感。这辈子只有一次一个人训斥母亲嫁错了人，立马点燃火药桶，让父亲大闹天宫般地闹了一场。

“文革”前夕，为加强大专院校军训政治教育，从兰州军区调来一位副司令员任兰大副校长，名叫甄华。父亲带回消息，母亲立即断言：“哦，一定是当年的甄梦笔。”我还反驳：“你又没见人，咋就一定认为甄华就是甄梦笔呢？”“梦笔生花么。”果然，甄华校长在校园中见到提篮买菜、沦为家庭妇女的母亲，一眼就认出这是当年在他当抗日文工团团长时的队员，十分惊讶，问明白了妈妈的处境，不禁埋怨：“你咋能沦落至此呢？你怎么嫁了那么个人呢？”因为当年文工团的那些年轻姑娘们，如今一个个无不是首长夫人、高级干部。母亲有些失落，回来如实陈述了和甄华的交谈，躺在被窝中看书的父亲暴怒，一掀被子，穿着睡衣、靸着拖鞋，闯进了校长江隆基家中大喊大叫：“他甄梦笔算个什么玩意儿，一进兰大就来离间我的家属！”那个阵势恨不能掀了江家的屋顶。当了多年北大领导的江隆基什么场面没有经过，什么怪物没有见过？他温和地安抚父亲：“甄校长他不了解你的历史，有些误会。”好说歹说把父亲劝回了家。不出一年半载，“文革”骤起，甄华也成了“叛徒”，被打入牛棚，才读懂了父亲。从牛棚放出后，不断来家中借书、叙旧，俨然成了好友。

母亲一生伴着贫穷、艰辛，少有快乐，加之个性倔犟，显得有几分生硬，六个儿女，即便是她最看重的独子和最疼爱的幼女，也没有见她搂过、亲过，态度总是很严肃。不像父亲那样有时和我们嘻嘻哈哈、打来闹去，哄着孩子们玩。所以孩子们普遍亲爹畏娘。母亲口口声声表明，她是“五四”时代感召下的新知识妇女，可让我感觉到的她依然是一个旧时代的传统妇女。中国千年的封建道德，不可能通过一个“五四”运动就完全消失，那个时代的风貌、格调、气韵还是顽强地残存在母亲那一代人的血液中。

母亲从来不承认自己重男轻女，可我旁观五六十年，发现母亲是典型的重男轻女。她这一辈子尊夫、爱子、向婿、惯孙，全是男的，而对女儿就使用一套限制和约制的手段。比如说吃吧，饭桌上如果我们吃猛点、快点，妈妈就停了筷子，看你半晌，然后教训：“一个女孩儿家这么个吃法，你不怕撑着啊？”然后告诉你吃饭的原则：“人只能吃七分饱！”还告诉你：“只有节制食欲，方能培养美德。”我们四五十岁时，妈妈还这么教训我们。可她就从来不限制老爹吃。老爹八十多只要认准了哪道菜，妈妈就拼命地给他扒。我们劝她别这么填，年纪大了，会被撑坏的，妈妈却不以为然：“不咋地，你爸他好胃口，消化得了，活到这八十多，不全凭着能吃么？”

弟弟回来，在厨房为父母做顿饭，母亲立其身旁，观其娴熟的刀工，片是片，条是条，丁是丁，犹如尺子量出来的那么标准。瞅着瞅着，不觉黯然神伤，回到卧室，冲父亲长叹一声：“唉！我瞅瞅我儿子的那刀工，就知道在他们家，他一天在干什么！我可从来没舍得这么使唤过他！”女儿们不禁有几分幸灾乐祸。因为当年在家，只要有女儿在，母亲从来不使唤她这唯一的儿子。诸如买粮、拉煤这类本应男孩子干的事，向来都是支使女儿们来承担。

我和夫君拌两句嘴，母亲往往要训斥我一顿：“女婿人家是娇客，到咱们家来啦，要客客气气，不能这样呼来吆去。”所以在我家这块绝对父权横行、妈派凋零的天地中，女婿成为铁杆丈母娘派，家中干不了的碎活，如拉个电线、安个插销、配个小锁的活全包给了学理工的女婿，而女婿每去丈人家，都会拎上他的工具包，所以女婿一进门，妈妈就喜上眉梢。为此，落得众儿女斥她为“偏心眼”。而夫君每提丈母娘也是赞不绝口，为我不像母亲而大失所望，经常说：“天底下最享福的男人莫过你爹，你妈可算世界上最贤惠的家庭主妇了。你咋一点都没你妈的样呢？你就是有你妈一半我也知足啊！”我不愧是爹的女儿，立马反击：“你连我爹的三分之一都没有，凭什么要求我有我妈一半？我爹他养着我妈，你知不知道？现如今我退了职，你养着我，我自然就像我妈了！”夫君只能狠狠加上一句：“和你爹一样不讲理！”

在女儿的教育上，母亲有传统的一面。我们少年时，一到周末，她就敦促女儿们洗衣服、补袜子、练练女红，父亲就不以为然：“我养闺女也不是叫她们将来去补袜子。当年你嫁给我以后，怀着老大，拎着一块花布发愁，不知道这开裆裤怎么个剪法，六个孩子一生，这不啥都会了？用不着学，都给我看书去。”妈妈从不反抗，只狠狠用指头点着我的额头："啥都不会，看你将来怎么过！"

少年时代的我辍学在家，一天疯着看电影出去玩，妈妈将我反锁在家，不许出门。我在小屋中跳着大喊大叫，父亲走出来，一看这么个闹法，就问母亲要钥匙，母亲不给，父亲说："牛不饮水强摁头啊！你锁了她人，能锁住她的心？憋成个疯子你不还得养着她，让疯去吧，能疯出个好身体来也行。"妈妈将钥匙甩给父亲："这孩子活生生地毁在你的手里。"

在众子女中，我是母亲不待见的那一个，每有抱怨，大姐就会训斥我一顿："得了吧，别没有良心，是你不好好上学，寒了妈的心，咱们小时候妈是最偏你的。"后来我一比，果真如此，我家六个子女，从老三、老四中间分为两部分，前三个女儿、后三个子女间隔都是两岁，唯有我和弟弟间隔是五年，这说明，别人都是当了两年老小，我却有当了五年老小的经历。当弟弟未满周岁，我就被父亲塞进小学读书去了。特别是二姐赵纪、五妹赵红是母亲最疏忽的两个女儿，这也是二姐逝后，母亲抱愧不已的一块心病，"亏了这个孩子"，是妈妈经常念叨的一句话。

母亲对六个子女的评价也是公允的："后三个不如前三个身体好，不如前三个智商高，也不及前三个对家有责任心。"我往往补充一句："但这并不妨碍您偏着后三个，使唤着前三个。"母亲就不吱声了。

母亲从我们的幼年就在我们心中树立父亲的权威，引经据典地告诉我们，父亲只有一个，不可更换，无从代替。不管外面怎样对待你们的父亲，回到家中，做家人的就不能虐待他，鄙视他，他是家中的顶梁柱，养活着一大家人，大家就得以他为中心，好生善待他，千万不能亏了他。母亲这样教育子女，她也恪守妇道，悉心伺候着父亲，学术上他们是尽情交流、探讨、辩论的同道，生活中母亲像对待一个孩子样地照应着父亲。我们见过父亲撒娇、耍赖的时节，却压根见不着母亲如妻般的温婉、娇媚。她照料父亲、关爱父亲时流露出的是一种慈母般的眼神，她比父亲大三岁，他们两人有时争辩到父亲实在没退路时，父亲只消一句："谁让你是我的老大姐呢！"这句话就等于认了输，别指望他说一句"我错了"。母亲也是一听这句话，立马偃旗息鼓，绝不穷追猛打。

我家爸派压倒妈派，让母亲有时也有些失落，我听到她对外面回来的子女诉说："兰州这仨闺女全是爸派。"造成这种局面的恰恰是母亲自己，比如她和父亲激辩，我们站在她一边参战，言辞稍有过激，妈妈回过头就训斥我们一顿："有没有规矩，他可是你爸！"

父亲可是比母亲会拉统一战线，我们站在父亲一边，父亲会对母亲讲："老太太，你看，你看，孩子们都说是你错了。"这样就彻底孤立了老娘，久而久之，爸派自然而然就形成了，形成的过程确实是母亲自己将我们推向了父亲。

母亲像护崽一样护着父亲，但毕竟身单力薄，阻挡不住来自社会的伤害。但只要父亲回到她这一亩三分地上，妈妈就会维护住父亲一家之主的尊严。"文革"中挨完斗的父亲会向母亲倾诉:“他们骂我是个老历史反革命啊！”妈妈当即反击:“他们歪曲历史，要你赵俪生都成了历史反革命，兰大的这批老家伙，一个跑不了的都是反革命！”父亲一生洁身自好，从无绯闻，最受不了的是品行上的人身攻击。有次被斗回来又叫屈:“老太太，他们骂我是个大流氓。你是知道的，这辈子我连个流氓渣渣都沾不上啊！”“谁说的？”当知道是某位先生骂的，一声冷笑:“他倒也配！这大流氓戴到他头上倒刚合适。他到女生楼去调戏人家女学生，让人家一个饼给扇了出来。他才是个大流氓呢。要你赵俪生都成了大流氓，这学界就没一个干净人！”妈妈也是天天出去看大字报，装了一肚子的马路新闻，随时可以捣腾出来反诬陷，给老爹解气。有这么一个护着自己、理解自己、给自己长精神的老妻，无论在外边经受了什么样的虐待，遭受了怎样的凌辱，一门心思只有一个信念:“回家！”那里有热茶、热饭、热被窝，有一个可以打开心扉、无须防范、说真话的地方。要知道，在那个年代，父不父、子不子，相互揭发，划清界限，人人自危，不能说家家如此，但在当年确实难找一个可以说真话的地方，寻不到一个说实话的对象了。父亲是幸运的，有这么一个娇他、宠他的老妻，坚定了他活下去的信念。他心甘情愿地回到那破败不堪的“窝”中，去寻求一个做人的尊严，为那架快要散架的大车驾辕，让他的亲人们顽强、艰难地生存下去。

晚年退下来的父亲寂寥了许多，显得有几分郁闷。日子长了，妈妈会将我扯到一边：“进屋里去逗逗你爸，他可有日子没发脾气了，别憋出病来。”果然用不了三句两句，爸爸就跳起来大喊大叫。看看吼得差不多了，妈妈会进来一把将我搡出里屋：“你看看，你看看，这孩子把你气得这满头的汗，快躺下歇歇。这有热毛巾，擦擦你这头汗，我给你沏了壶好茶，咱们喝茶、喝茶，别理这混账孩子。”爸爸不依不饶还在叫唤：“你咋给我养了这么个忤逆的畜类！”等安抚好了父亲，妈妈到小屋来看看我，我也气不打一处来：“你倒会装好人，让我白挨了一顿臭骂。”“你爸这不憋了好长时间没发脾气了嘛，得让他发散发散不是？要是这会子进来个外人，他把一肚子恶气发给了人家，那不又惹了人？你爸他这辈子不运动，就靠发脾气泻火了。你是他闺女，挨顿骂有什么了不起。他这一发泄，能舒坦好些日子，家中也就能安稳十天半月的，这有多好。这会子你爸那边有我伺候着，你的任务完成了，歇着你的吧！”

我去父母家值班，请示老爹，说吃鲳鱼。我将鱼取出抹上盐，将葱、姜、蒜剥好切了，只等下锅了。楼下来了新上市的茴香，下去买了一把，准备着第二天包饺子。哪知父亲一瞅见茴香，马上改了主意，冲我妈说：“老太太，我要吃茴香饺子。”我急了：“刚才你说吃鱼，这盐都抹上了，调料也备齐了，马上中午了，吃饺子来不及了，明天再吃。”爸爸根本不理我，只冲我妈说：“我要吃茴香饺子。”妈妈也赶紧安抚他：“吃！咱们今儿个就吃茴香饺子。”回过头指挥我：“把那鱼用保鲜膜包起来明儿再吃。”我当然撅着嘴，一肚子的不高兴。妈妈将我推进厨房安排着：“这饺子是天底下最好做的饭。这会子你和面，我来调馅，两人干，一会儿就得！”老爹还在里屋猛叫唤：“多放肥肉，茴香喜油！”弄得我气不打一处来，摔摔打打的很不情愿。妈妈一边干，一边又教训了我一顿：“你这孩子咋这不懂事呢！你爸他养活着这一大家子，没了他，你娘母子上哪找这么个现成吃饭的地方？他这辈子不就是好吃么？他一个人才吃多么点子？这不做好了大家都有份吗？咱们就不能满足他的这点需要？又没吃你们做儿女的，不就是出点力的事嘛！”在父亲的需求上，母亲永远是无条件满足。

父亲莫名其妙大发脾气、挺难伺候的个性，在学界还是颇有传闻。每当外地院校请父亲去讲学，忘不了的就是把妈妈一并请来，这样会省去许多麻烦。父亲去开全国孔子基金理事会，辛冠洁一见母亲，先作一大揖：“有您这位‘一级驯兽师’在，我就不怕这位爷儿他难伺候。”说明母亲很会安抚这位不驯服的夫君。每当我们抱怨父亲乱发脾气时，母亲先护在前面：“怎么了？你爸他就是这秉性，那么多的运动都没把他给整治过来，你一个做儿女的，还想把他怎么的？”还不断教育我们：“孝顺、孝顺，顺着他就是孝。其实你爸他是个顺毛驴，只要能顺着他，他可是天底下最好伺候的读书人了，啥坏毛病都没有！”

母亲在她生命最后的一年多的时间里，突然变成了另一个人。她不再给父亲端茶喂药，而是支使老爹伺候她：“给我倒杯茶来”“去给我拧个热毛巾”“把咱们吃的药数出来，倒到小盒里”。每天一进门，父亲就把我们拉到一边：“你妈她虐待我啊，骂了我半宿，不让我睡觉。”我们审娘：“你又骂他了？”母亲一脸的无辜：“我啥时候骂他了？你们是知道的，我这一辈子从来不说一个脏词。”确实，在我们面前，妈妈表现得还是那么宁静安详，丝毫看不出她虐待老爹的迹象。父亲可冤死了：“她都在半夜骂我。”“你耳聋，她嗓哑出不了声，你咋听着了？”“她抱着我的头，冲着我耳朵眼骂。”从父亲日见消瘦憔悴的面容上，不像父亲无中生有。于是，我和大姐分别把他们带到我们家，一般是父亲跟我走，妈妈跟大姐去铁院。可过不了三五天，二老就都不干了，闹着要回自己的家。于是再送回来，反复折腾得我们也是疲惫不堪。爸爸闹我们已经习惯了，适应了，也摸着了一点对付的方法，可妈妈闹真有点让我们措手不及，不知该如何处理。还是大夫告诫我们：“老人突然改变以往的常规，不是个好兆头，你们要密切注意，把后事准备准备吧。”可和父亲那副憔悴的面容相比，妈妈显得亢奋，不像要衰竭的模样。终于二○○六年九月一日凌晨，妹妹在电话中急促地催我：“你快下山，咱妈她不行了。”等赶回家，母亲已穿好老衣，十分安详地躺在床上，如生前面容一模一样。父亲已被挪到门口的小屋中。大姐赶回，接走了父亲。丧事由我与妹妹来料理。临出门，帮办丧事的工作人员说：“让老先生再看一眼老太太吧。”父亲径自迈出大门，摇摇手，头也不回地说："不看了，我也活不了几天了！"那一刻觉得父亲真有点薄情，可想想这一年多，老太太把他收拾得也够可以的了。

母亲走后，父亲反而精神了许多，能吃能睡，人也胖了，恢复了以往的状态。可恨的是，他见人就要诉说我妈怎样折腾他，骂了他些什么，让我们正处于丧母悲痛中的女儿实在受不了。一天，等客人刚出门，姐妹仨同时冲进卧室立在父亲的床头，声泪俱下地痛斥起老爹来："你有完没完？我妈她死了！她伺候了你六十八年，就这最后一年，她病了，她老年痴呆了，你就不能担待担待？她糊涂了，你也糊涂了？你怎么就不念她的好呢？你咋这么没良心啊！"父亲还从未经过三个女儿高度一致的痛斥，也有点紧张，缓过神来："既然你们都说我错了，那就是我错了，我再不数落你妈了！"这是第一次听见父亲说"我错了"。

但没过几天，我发现是我们错了。父亲从此就像瘫了似的彻底垮了，终日沉浸在对亡妻的思念中，念念叨叨、自言自语的全是他们这一生相依相扶的往事，说到凄凉处，打着哭腔，让人觉得十分惨然。这时我才顿悟，老太太不傻，她感到自己的生命已临尽头，想着怎么让这个不会自理的老伴能继续活下去，别让他依赖自己、离不开自己，于是开始训练他自己倒茶，自己拧毛巾，自己服药，同时折腾得他恨她、不想她，这样他才能往前看，继续活下去。我们把妈妈编织了一年多的网给捅破了，爸爸清醒了，明白了，可生命也走到了尽头。他仅仅比他叫了一辈子的“老大姐”多活了一年零三个月。

母亲是一位知识分子，国学底子并不薄，长年沉重的家庭负担，“五类分子”家属的身份，使她沦为一个家庭妇女。但她从未放弃读书、看报，和父亲交流探讨对国内外重大事件、学界风向的研究。每当父亲有了写作的念头，第一个交流的对象是母亲。用父亲的话讲：“只有嘴巴讲清楚了，笔下才能写得明白。”我们经常可以听见从父母卧室传出的高谈阔论，往往长达深更半夜，有时延至凌晨，争执不下时，会吵得个不亦乐乎。在学术探讨上，妈妈可是寸土不让，据理力争。天亮了，父亲还可继续蒙头呼呼大睡，妈妈可要早早爬起照应一大家子的吃喝。等父亲觉得腹稿已成熟，一掀被子，爬起来伏案疾书。父亲的文章几乎全部是一气呵成，少有更动。原稿就像手抄稿那样干净整齐。此时我们若是回家，一进门就被母亲推进门口的小屋：“待在这，别出声！你爸他正在写文章。”文章写毕，妈妈是第一个读者。她总用欣赏的表情认真地看着，偶尔也会挑出一点小瑕疵，有时也会流露出得意的神情，指着其中的一段：“你这可是偷了我的观点。”所以说，父亲的六本文集，妈妈是实际上的合作者。

母亲在古稀之年，萌发了写回忆录的念头。于是，借父亲休息、儿女不在的时间，抽空撰写她的回忆录——《回首忆当年》。她没有大段时间用来思考、记录，也没有可以交流、畅谈的对象。父亲一门心思于自己的教书、著述，虽从未限制过妈妈，但也没有大力支持。他已经习惯于母亲做他的助手，却从来不屑于给别人敲边鼓，其中也包括了他最亲最近的老伴。儿女们也各有各的工作，没有一个热衷于妈妈的写作，全家人只当她是一种个人消遣。她扶持了一家人，可在她写回忆录时，却显得是那般艰辛和孤独。妈妈毕竟是一个执着、有毅力、坚韧的女性。她无怨无悔地以漫长的岁月、片段的记忆，坚持独自完成了她的自传体记录。在母亲八十寿辰时，为了庆寿，家中自费为她刊印了几百本小册子，父亲为她写了篇千字文的序，每个子女分了五六十本，大多束之高阁，少有拜读，无人问津。一直到父亲也去世了，由父亲的研究生秦晖和北大教授李零牵头，弟弟整理，才将二老的回忆录合集正式出版，在学界得到了好评，也让人们了解了永远在幕后、无怨无悔支撑着一个学者的个人奋斗，其实水平并不次的坚韧女性——高昭一先生的形象。

一直到父母逝后，我也闲居在家，开始慢慢记录我的一生时，才认真拜读了父母的回忆录。掩卷沉思，当年母亲写回忆录时的条件是那么嘈杂、恶劣。她根本没有属于她的一块宁静之地，一张固定的书案，也没人和她交流、回忆她的人生；她为一家人奉献了一生的心血、全部的精力，我们却忽略了母亲自身需要表白的精神需求。面对母亲的遗容，我们愧对这位给了我们生命，养育我们成长，并指导我们走上传统文化道路的平凡而伟大的母亲。我好悔！

耄耋之年的母亲，床头悬着一幅她指定父亲为她手书的条幅，这是我看到唯一一次母亲向父亲公然示爱的举止。那是晚清著名三才子之一张船山夫人林佩环的一首诗，内容是这样的：

爱君笔底有烟霞，自拔金钗付酒家。
修到人间才子妇，不辞清瘦似梅花。

为了修得“才子妇”，母亲一生的苦难，一生的劳碌，都是那样心甘情愿。只要母亲自身无怨无悔，那就值啦。

愿我们的父母在另一个世界延续着他们的佳话。不过，我希望他们互换一下身份，让我的母亲成为下一对佳偶中的才子。

扉页上留下的痕迹

父亲一生喜购书、藏书，每购新书，便在扉页上记录下在何时、何地、以何价购得此书。家人对他的这个做法习以为常，有时翻阅到比较陌生的书籍，只需到扉页上看看记录就会知道此书的来历。于是乎，这个举止也传承给了儿女，我们在购得新书之际，也会学着父亲的样子签名、记时、盖章。那时，大家都没有把父亲留在扉页上的这些只言片语当一回事。

如今父亲已逝，翻阅着他留给我的那些画册、拓片集，看着他在扉页上留下的购书记录，不禁喜欢计算一下，父亲在购此书时多大年纪，在这个年龄段上，他遭际了怎样的人生，而我在这个年轮上又是怎样度过的呢？

父亲在迈入不惑之际，遭遇了在劫难逃的“五七”之灾。一九六一年他四十四岁时，又差一点饿死在河西走廊的荒滩戈壁。而我也恰恰在四十岁那年，遭遇了中年丧偶的人生一大不幸，夫君弃世之时，刚好也是四十四岁。冥冥之中，“不惑”这个年轮留给我太多的困惑！为什么父女两代都会在这同一年轮时罹难？为什么四十四岁时就会有生命之忧？坚持住挺下来的也就熬过来了，挺不住的便化为了一捧灰烬。这也许就是那说不清、道不明的命运吧？

对于中年丧偶又无学历的女儿，父亲是一筹莫展。当时的他，正值一生最光彩的时节——学术已臻成熟，著作陆续出版，还带出了一批水准颇高的研究生，忙得他不亦乐乎。这多少也冲淡了对爱婿离世的那份忧伤，可这落寞无依的女儿还活生生地摆在他的眼前，父亲处理不了，也不会处理这类家事，每次见到我就会产生几分莫名的焦躁和忧虑，只会对着母亲反复念叨："这三姑娘可咋办呀？"

当看到百无聊赖的我又捡起儿时的爱好——临帖画画时，父亲眼睛一亮，立马有了主意，并给予鼓励和指导。他将多年收集的印刷品名人画册悉数翻出，全部转赠给我，并一一指出何人的笔法可以承袭，要认真反复地临摹；何人的路子看看即可，切忌照搬，那会误入歧途、钻进死胡同的。他还很遗憾地说起："可惜郭世清死了，他是个小花鸟大家，当年他挺喜欢你，看我穷，他没女儿，想把你带走，被我拒绝了，如果他还活着，你会有一位一流的活老师。现如今你就只能跟着这一堆死老师慢慢临吧。只要你坚持下去，以你的才分，会给自己蹚出条道来。"就此我就开始了漫长的临帖习画岁月，虽未像父亲期盼的那样"蹚出条道来"，但也从中寻到了一些情趣，找到了一点寄托，排遣了那无垠的寂寥与落寞，走出了一个未亡人的凄冷之地。

如今的我已经年过花甲，面临古稀，而父亲正是在这个年轮抡开膀子大干的。可我却在这个年龄段沦为无依无傍的老妪。寂寥中翻拣着父亲画册扉页上留下的只言片语，总是希望能和父亲的亡灵对话，以便从中寻求他给我的一些启迪与鼓励。

父亲的赠品中，有这样一段记录，在一本仅6元的精装本《吴镜汀作品选集》的小画册中，父亲是这样写的：

> 一九六四年六月十八日，雨后游五泉山，闻杜鹃啼，六旬疲劳，一旦消逝，复在图片门市部见此画册，恋恋不忍释手，荆妻念余连成论文三篇之苦，不可以无慰藉之，同意划薪米之赀，为余购此，曲衷至可感念也。
>
> 赵俪生当日下午，记于兰州大学宿舍。

一九六四年，还算父亲一生中不错的一个年头。刚刚度过了饥馑年代，虽然一切供应仍在计划之内，但市面已经能买到额外补充的食品了。父亲当时担当起历史系基础、专业的重头课，在繁重的教学任务之余，还不忘笔耕。以“六旬疲劳”“成论文三篇”，要知道那年头他是没有发表文章资格的，可就在这无望的年代，他顽强抒发着自己的一些学术观点，这需要一种精神的支撑，需要有着一种理想与信念，而这种理想和信念，无论是在文化遭受钳制的时期，还是在物欲横流的年代，都显得那样地苍白与无助。

当年的父亲工资降了一半，又失去了发表文章的权利，这对于一个没有其他生存之道的文化人是甚等样的剥夺！何

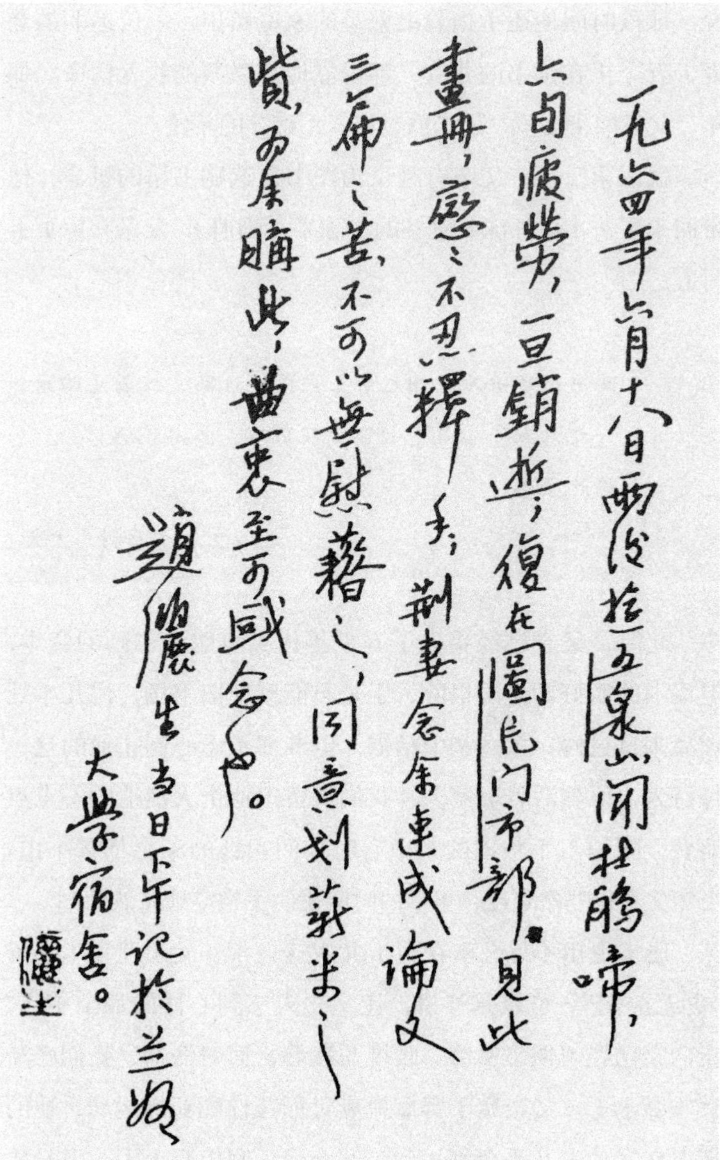

一九六四年六月十八日雨後於五泉山聞杜鵑啼，六旬疲勞，一旦銷逝，復在圖書门市部見此畫冊，戀戀不忍釋手，荊妻念余速成论文三篇之苦，不可以無慰藉之，同意划款買之貲，而余瞻此，當更至可感念也。

趙儷生 當日下午記於兰州大學宿舍。

儷生

况，那段时间他还承担着最繁重的家庭负担，一位退职的老妻，五个正在读书的儿女，都得靠他那微薄的收入活命。那年，父亲四十七岁，还未熬过那“不惑”的年轮。

就在第二年，父亲有赴京为图书馆选购书籍的机会，他带回来了一本由郭沫若题签的《陈半丁画册》，父亲在扉页上写道：

> 此书原定价凡十四元余，今逢处理品，仅五元四角，一九六五年十月十七日十入京华，薄游琉璃厂，购此顺志。
>
> 赵俪生志于石驸马大街。

此时，父亲已经丧失了五十年代大量购置书画的资本，但买书的癖好却无法根除，于是只能逛逛旧书场，淘几本处理品来过过瘾。虽然家中拮据，但谁都不忍心制止他的这一种行为，他养活着一家人，我们得留出他个人消遣的一点点消费，哪怕入不敷出的家中有时连两角钱的菜金都拿不出。当然父亲也非常克己，更多的时间是两手空空地怅然而归。

还未走出不惑，就在四十九岁这一年，父亲迎来了那场“史无前例”。可以这样讲，让文化人感到心悸的那个年代，我们家已经习惯了贫穷、歧视与凌辱，面对浩劫，我们已经有些麻木了。父亲疲于奔命地应付那花样翻新的运动，他的那点文字功夫几乎全都用到了写交代、写检查上了。但只要

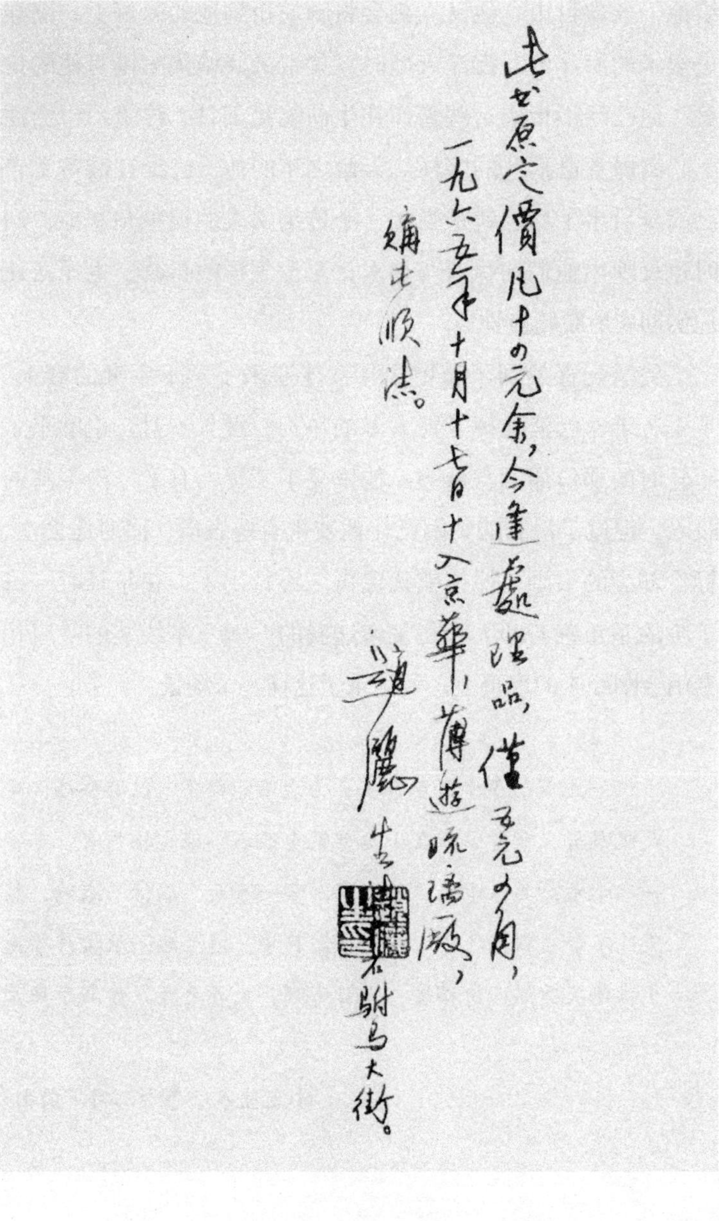
此书原定價凡十四元余，今逢處理品，僅五元七角，
一九六五年十月十七日十八入京華小薄遊琉璃廠，
購此順志。
趙麗生書於駙馬大街。

给他一丝丝自由，他又立刻会将脑筋用到他的爱好上，荡漾进学术的海洋中。夜深人静时，父亲又开始伏案撰写他的论著，他已经不指望这些著作在生前能见天日，终笔后，会注上“篱槿堂遗稿”的字样。天命之年的他，已经在准备着自己的身后事了！这就是当年一个传统文人的孤独与悲凉，同时也反映出他们的执着与追求，无论怎样的折腾，也无法让他们彻底地脱胎换骨！

父亲一直熬到了花甲之年，才迎来了学术生涯的春天。重重苦难，已消耗掉了他太多的精力；漫长岁月，也磨平了年轻时的那份潇洒与豪爽。他恢复了工资，有了一份不薄的收入，但过于漫长的贫困已让他变得有些吝啬，面对他喜欢、标价却高的书画，往往就犹豫再三不肯出手，和年轻时一掷千金的举止判若两人。在父亲送我的一套三本线装的《原拓泰山金刚经》的扉页上，就记录了这样一个场景：

一九八〇年十月至泰安，力衰不能登岱，仅游岱庙，观天贶殿与三壁壁画。在小卖部见卖经石峪经文拓片者，零字一字十元，共八十元，装册者，索一百元，以价昂未购，然流连不舍之状，已印入友好者之目中。返兰后，承孟祥鲁先生代购次等品，价稍廉。今日寄到，欢喜之至，爰书于扉页之上。

赵俪生八〇年十二月下旬书。

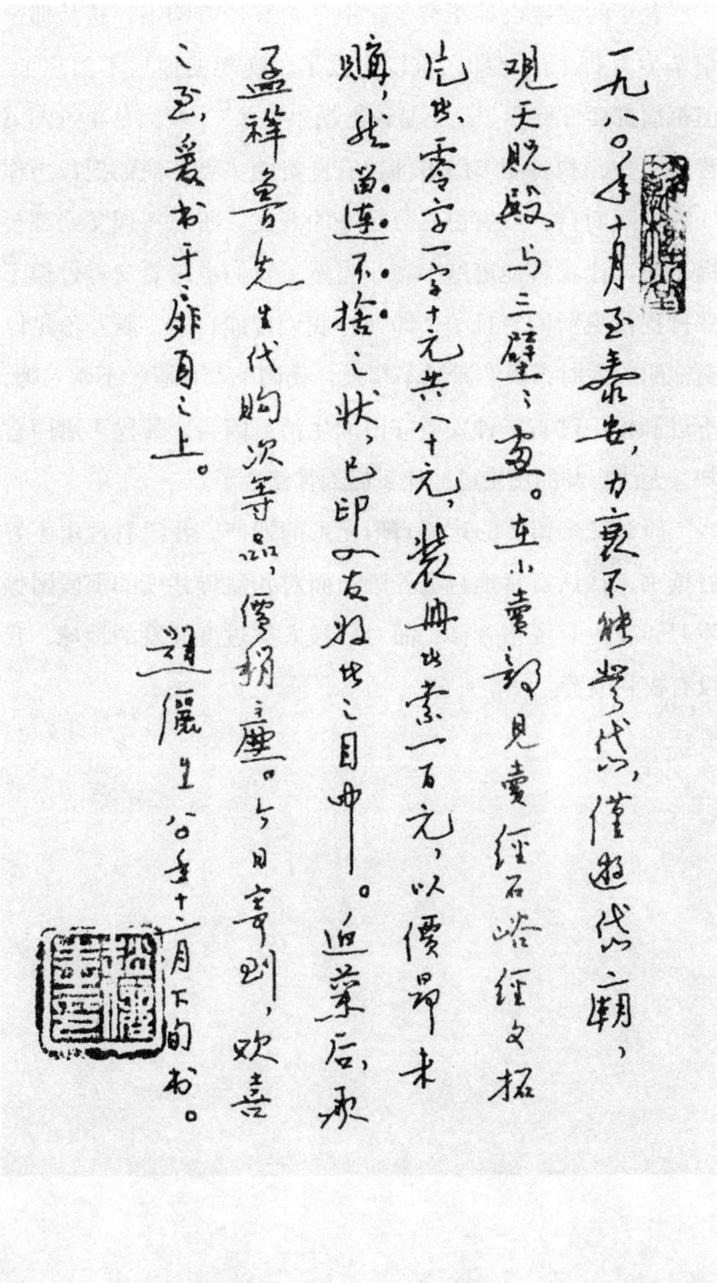

一九八〇年十月至泰安，力衰不能登岱，僅遊岱之廟，

觀天貺殿與三壁之畫。在小賣部見賣經石峪經文拓

片出，零字一字十元共八十元，裝冊出賣一百元，以價昂未

購，然留連不捨之狀，已印入友朋輩之目中。迨蒙后，承

孟祥魯先生代購次等品，價稍稍廉。今日寄到，欢喜

之至，爰書于扉頁之上。

趙儷生 八〇年十二月下旬书。

老年的父亲已经不穷了，但学会算计着购书，这是那个艰辛岁月打下的烙印，难以更改了。晚年的他足不出户了，但每周都要催促我“是不是该走趟书市了”，我因从事过图书管理工作，和各图书门市部建有良好的关系，他们把我当作二道书贩对待，可省得三分之一的开支。所以每周父亲都要提个醒，让我替他逛逛书市。当然，我们也跟着父母过惯了那种捉襟见肘的穷日子，即使在我们皆能自立，有一份足以温饱的收入时，依然潇洒不起来，我们不着华服、不购名牌、不进酒楼，过着一种安贫守旧的生活。因为，那段不堪回首却又无法忘却的历史已经让我们刻骨铭心了。

面对父亲留下的这份有形无形的遗产，我没有理由不好好读书，认认真真地行文作画；面对和父母共度的那段困顿岁月，我没有资格奢侈；面对已被人类过度开发的地球，我没有权利浪费。

壬辰年雨水节

被遗漏了的一段“师承”

在父亲赵俪生的《篱槿堂自叙》中，记录下他从少年至中年遇到的一些老师与同行友人，讲述了他从外语转至史学的一段阅历。正因为有了这些师友的传承与交流，父亲由稚嫩而成熟，在史学界才有了他一代学人的位置。

但有一段“师承”，回忆录中未曾提及，也许他本人认为这只是幼年的一段微不足道的阅历。如今思之，觉得应该替父亲补录上这一段“师承”，并以此告慰乡间故里那群永无出头之日的贫寒之士。

起因很简单。读初中时，每逢语文课讲古文，老师那枯燥的教学方案就搅得人晕头转向。他们往往忽略了课文本身表达的内容，却不厌其烦地纠缠于之乎者也当中，叫我们背出这些虚词的归类和用法，让本来对语文课颇感兴趣的我倒了胃口，只觉索然无味。

回到家中征询父亲。父亲只扫了一眼便“噢”了一声，就开始讲故事般地叙述起这篇文章的历史背景、作者的生平趣闻以及他是在何等历史条件下以何种心境写下这篇文章。父亲讲得简略生动，讲完会说：“来，听我给你念上一遍。”接着就抑扬顿挫地诵读起来，念到文章的核心处，会反复读上两遍，并告知："这几句是文章的要害，点睛之笔，你要记下了。"也怪，只此一读，我便豁然开朗，完全明白文章的内容了。日后每逢古文课后，我都会寻机会找父亲梳理一遍。他讲得轻松愉快，我听得生动有趣，就此培养了我对传统文化的爱好，也渐渐悟出了读古文的一些道道。

父亲的这种简易有效的教授方法，让我心生敬佩。在交流过程中，我问父亲他的这种本事从何而来，父亲于是给我描述了一个至今思来都会让人伤感不已的凄凉场景。

早年在故乡，那些苦读圣贤书的士子们多靠"教馆"为业，有点类同于后来的乡村教师。这个营生逢盛世丰年，还可勉强养家糊口，若遇乱世灾年，家中断炊的现象就频频发生了。他们肩不能挑，手不能提，为了生存，顾不得颜面，只有走上一条既悲凉又无奈的乞讨之路。

父亲讲，这些人乞讨的方式不同于普通的叫花子。毕竟是读书人，还要维持读书人起码的尊严。他们席地坐于闹市道边，摊开古书，微闭双目，高声背诵着大段大段的古文，以示自己虽穷途末路，但依然是饱学之士。有怜悯之心的路人，自然会放点小钱、食物，以资其困。

父亲告诉我，别小瞧这些读书人，他们面对那些没有断句、没有标点的古书背诵起来，声情并茂，将文章中的激昂、悲愤之情宣泄得淋漓尽致，情节、味道全都表达了出来。根本用不着讲解，听着听着就能听懂了。当年少小不谙世情的父亲就是蹲在这乞讨的读书人身边，一听就是半日。后来父亲每每捧读那些传世的经典古文，耳旁就会响起那乞讨者的朗朗之声，自然一翻就知，一读就通，且能深悟其理。这难道不是一种传授、不算一段“师承”吗？

父亲自己命运多舛，也是一介布衣、一位寒儒，经历了被打入另册、几近饿死的境地，可他硬是挺过来了。是什么让他支撑着度过了那最煎熬的二十年？我想与千百年这片土地上的寒儒文化有关。每当回想父亲六十年代初在河西山丹农场倒卧地铺，饥肠辘辘，点个用墨水瓶自制的小油灯，还在捧读《左传》以此疗饥的场景，就会让我想起那路边乞食的读书人。他们殊途同归，一脉相承，不弃不舍地延续着汉民族的文脉。虽生而无望，还死在坚守。这也许就是这些读书人的命运与归宿。

迟交的作业

父母垂暮之年，因年事已高，闭门不出了。课是没法上了，文章写得少而又少，只能借读书来排遣这暮年的寂寥。老爹的身边，有一堆放大镜，不一会就能听到“啪”的一声，一准是放大镜又掉了，我们就得赶紧过去趴在地上，围着床头或沙发给他掏出来。每个放大镜都让他摔得伤痕累累，买多少砸多少，于是我们就用胶布给他粘好。后来想了个点子，在每个放大镜上穿一根可套在脖子上的丝带，并美其名曰“挂奖牌”。这一招让父亲极为不满：“拴狗呢？还是套猫啊？”其实我们也清楚，有时他是故意扔在地上，这样可以引起儿女的注意，他就有理由把我们叫到身边，说上几句话，交流一阵了。厨房的活耽搁不得呀，民以食为天，何况我回来就是忙这两顿饭的呢，哪有闲空陪他海阔天空呢？于是，为减少这多余的麻烦，就想了这么个点子拴住他。我们是省事了，可老爹却更寂寞了。

那十几年里，每天早晨一进门，老爹的眼睛一亮——放心了，值班的来了，不必担心家中无人侍奉了。他会先问上一声“回来啦？”然后连发几声“好、好、好……”，接着伸出手来：“带画了没有？”如有一卷画作奉上，他会布置我：

“铺到地上看看。”书架上有好多小石头、小瓶、小罐，都是用来当镇纸的。我忙活着在客厅地上铺画，老爹会蹒跚站起：“我去把你妈叫过来一块看看。”母亲最后几年，总是一歪身就昏昏睡去，多半时间都处在睡眠状态。这让父亲很是忧虑，总催我们：“去把你妈拉起来走两步，老这么睡可不是个好兆头啊！”我娘属虎，有时我们也会开玩笑说：“那是她猫科动物的习性，让睡去呗！”就在我铺画的过程中，能听见父亲拉起母亲的声音：“起来、起来，老太太，别老这么躺着，这不好。咱老三又画了一堆画，我让她铺外面地上了，起来一起看画，一起看画………”不一会儿，老爹牵着老娘由卧室走了出来，老娘还睡眼蒙眬，老爹一边走，一边口念儿歌：“拉瞎子，拉瞎子，拉到河边摸脚巴丫子……”

二老在沙发上坐定，观摩一阵，老爹就开始大发议论了：“不能太规矩，要把笔头放开啊！”“你再回去好好看看吴昌硕，人家那藤是咋绕的，每个转折处是有讲究的啊！”“这小鸡蛮有点意思，画活了！”当然，并不是每次皆能落好，有一次我拿了几张“猫蝶图”回家，是我偕一画牡丹的女友合作的。这是个祝寿的题材，“耄耋富贵”么，哪知老爹逐一斥责：“恶劣！恶劣！这样的画只有一个好处，可以卖钱，而且可以卖大钱！”父亲看完画，会搀着老娘回卧室，我也一边收拾地上的画作，一边听到二老在里屋的议论。父亲说：“三姑娘小有才，这么个样画下去会成气候的，老了老了，知道用功了呢。”母亲一向是恨铁不成钢的：“早干什么来着？要从小就这么个干法，我家又多一个教授，从小光知道玩，这不都耽搁了么！”“老太太，话不能这么说，人这辈子啥时用功都来得及。这画画和写文章、做学问是一辈子的事，教授那只是个虚名，让别人看的，要自个儿玩出东西来那才算数，按现如今她这么个干法，说不定能玩出个小名堂，她才具不低，笔下不死，说明孺子可教啊！”

当然，也有不愉快的时节。妈妈走后，老爹需全天24小时陪侍，我是每天的白班，极少能得到一天的换休，也就很难保证天天做孝子贤孙。有一天刚进门，老爹照例伸出手来：“有画没有？拿出来瞧瞧。”我无名火三丈，冲到老爹眼前：“我见天在你家值班，早出晚归的，你不知道？我如今满脑子四菜一汤，你问今儿吃什么我对答如流，哪有闲情逸致奢谈画画？不瞅见您，差点连我姓赵都忘了呢！”这一顿莫名的抢白，让父亲从沙发上挺起了身子，也准备干仗了，但他却又猛然往沙发中一陷，垂下头，闭上眼说了句：“拖累你了，我该死了！”眼看他这寂寞无助的晚景，我立马后悔了。一个做女儿的，这样挤对他，怎不让他伤心呢？我调转身子进了厨房，虽嘴上不服软，但我知道我错了，只有精心调制几个小菜端上。老爹吊着一副不高兴的脸子，吃完将碗一推就回卧室了。没有像往常那样要对菜肴评点一番，然后行一举手礼，高兴地说声“谢谢！”然后才离开饭桌。躺下后会立刻又喊一声：“来个热毛巾把儿！”再过一阵还会高叫：“沏壶好茶！”可那一天，老爹没喊，送毛巾、送茶时，他都用报纸遮住了脸，不予理睬。我很清楚——他生气了。这一天，大家都会在闷闷不乐中度过。

我适时地在第二天呈上画作，小心翼翼递给他，老爹不屑地眼不离书，一指地下："铺上吧！"等铺好了，他才将视线转向地面，看着，看着，眼中有光了，开始兴奋。大约还记昨日的仇，又把那褒奖的话咽了回去："这是啥时画的？""昨晚。""难怪，光线不行，那团叶子全是一堆死墨。"几天后，他气彻底消了，才又提起那批画作："那天画的那幅海棠颇有意境。"最终，还是没能憋住他心中的观点，这就是我的老爹！

妈妈走后，我开始写几篇千字文，一般写文章的时候比画画多，每有小文呈到父亲面前，他都举着放大镜读得非常认真，读完会很肯定地对我说："你能写，笔下驾驭得住。不僵、不板、有灵气，不过也到了写点东西的岁数了。"

父亲有一个只有家人能听懂的专用词，那就是"耍流氓"三个字。他要躺上几天没干活，就会对家人讲："我总不能老这样'耍流氓'吧？"我要是几天未呈画作、文章，他也会说："你不能这样'耍流氓'啊！要好好干，交几份作业来我瞧瞧。"偶尔休息一天，临出门，他会嘱咐："别闲着，明天有大段时间，好好画一天画，别'耍流氓'，后天我等着看你交来的作业！"

晚年没课可上、无书可教的父亲，把眼前我这段老木朽根当成了他的试验品，每天都敦促我不可松懈，要干活，而且要干有意思的活，要拿出有质量的活。在他眼中，不干活无异于“耍流氓”，就是“不务正业”！父亲总能发现你身上的那点潜质，想方设法把它调动起来，引导你走上一条最适合于你自己的途径。父亲不愧是一个善诱会导的教师，他这一辈子不用死功、不钻死胡同，也会教育他的学生和子女，如何适时地走一条自己的道路。我以自己的切身经历，体会到了父亲的这番苦心，他在生命的最后一个阶段，把我这个最不成材、不好好上学、不认真读书的女儿，潜移默化地引上了书画之路。

如今父亲离世已三载矣，这三年，我沉浸在回忆往事的思潮中，深深体会到二老对我付出的那份心血。父母知道，他们一旦离去，这个无家的女儿会跌入无边的孤独和寂寞之中。于是趁最后这段父母双全的时光，加紧了对我的指导和训练，这样会让我在失去他们之后，有寄托、有爱好。父亲一向认为，只要有活干，就不会孤单！只有在他们走后，做女儿的才深深体味到他们在我身上下的工夫、寄托的苦心，以及那份浓浓的怜子之情。

今天，我以这本薄薄的小册，呈在父母灵前，算作我向二老迟交的一份作业，我多期望能听到父亲那朗朗的褒奖之声:“三姑娘干得不错啊……”

但愿，这不是最后的一份作业。

忆亡人

光阴如梭，夫君弃世不觉已二十四个年头。这位土生土长在江南鱼米之乡的农家子弟，求学于南京华东水利学院（现河海大学）水文专业，毕业后来到了最干旱的甘肃省水利系统工作、教书，终于在连续超负荷的运转中难堪重负，英年早逝！年仅四十四岁。一位对工作、家庭都极其尽责的男子汉，却因其早亡给三代人留下了悲剧：母亲老来丧子（且是独子）；妻子中年失偶；儿女未长成人！临终前，他为撇下这样一副沉重的担子死不瞑目、抱憾连连，不断地向我发问："你为什么要嫁给我？我给你留下的都是些什么啊？这本不应该由你来承担呀！"我抚慰着他："你放心，我背得住，我嫁的是世界上最棒的男人！"我为那患难与共、心心相印、不弃不离、携手同行的十五年，担起这副前程漫漫、责无旁贷的重担而无怨无悔！因为我从未感到他已离我远去。

今日回首，那些艰辛也罢、无助也罢，都已是过眼烟云。如今老母终堂，子女云散，我也老了，只能独守孤灯，把那昔日的点点滴滴记录下来，重温我们共同拥有过的一段简陋而温馨的时光。

我就是那根黄瓜

结婚结得实在简单：两人把行李往一起一堆，也就是“家”了。床、桌是借公家的，被褥是两人拼在一起的旧物，没置新衣。日后每每忆及，总会冲夫君讲：“连块手帕都没买。”反过来再想想，比那“半间草屋做新房”，起码还有从公家借来的一间土坯房；两人相爱就得了，那份寒碜就权可用当年“艰苦朴素”的幌子，遮住那囊中羞涩的窘况。

由于地域、家庭和生活习惯而产生的差距，需要在日后共同生活中逐渐磨合和认同。我是从“山东响马”、多子女的知识分子家庭中走出；而他来自鱼米之乡，一个标准的“上海鸭子”，且是独子。他有过一段不长的婚史，前妻在婚后一年多，生下的女儿未足周岁就弃世而去。等我和他结合，他就要从适应一个弱不禁风的江南柔美女子转而习惯一个“胳膊上走得了马，拳头上立得了人”的那么个粗野“泼辣货”了。好在婚前有一段相识、相恋的过程，并非进得新房才掀“盖头”的那种局面，准备还是充分做好了的。

北方人说南方人讲究面子，好穿不好吃。其实，那叫个“错”！南方人实实在在地讲究个“实惠”，既顾面子，更在乎里子！是既好穿也好吃。同样的布票、肉票、粮票，到了人家手中，铺排得又经济又合理，没有北方人“有了一顿，没了瞎混”的那种局面。

说来可怜，他的那位前任是个标准的上海人，婚后一年多的光景，把两个大学生的收入合在一起，经营起他们的小巢。首先要把夫君打扮堂皇，可置办衣服要布票，于是各色毛线买进，各式毛衣织出，等我嫁给他时，有年头不必操办他的行头——足够！

河西的风寒有时是相当严酷的。一个农工出身的我，在三十五年的工龄中，前八年每月区区二十七元，夫君虽每月有五十四元零八分（多年不予转正的六六届大学生，被人戏称为五四零八造反团），每月三十元寄回上海养老育小，余额也仅够果腹，不可能再有其他奢望。好在上海人的行头还算体面，而我就只能凑合了。

冬日来临，咱家把破旧的小棉袄一脱，里面只有各色杂线织就的一件小背心，赶紧钻进被中瑟瑟。人家上海人可就阔多了，光对襟套褂和丝绵小袄，就得解十来个扣子，再脱元宝针、一字领的大毛衣，里面还有开司米对襟薄毛衣，最后还有鸡心领的毛背心。人高马大，脱了的衣服堆成小山，回头望望被中瑟瑟发抖的妻，有时会感叹：“大家闺秀，如此可怜……”

偶然一次在床头翻乱七八糟的杂志，在一本《儿童画报》的扉页上有一幅漫画，非常有意思，让我睹画生情。因为，那年头就连儿童读物也趣事寥寥，所以，这幅漫画引来了我的一阵遐思：画的是包心菜和黄瓜相约去洗澡，黄瓜跳入水中，冻得一身疙瘩，赤膊抱肩、愁眉苦脸地望着那岸上头顶棉帽、身着层层衣装脱也脱不完的包心菜；于是拉过夫君：

“你好比这包心菜，我就是那根黄瓜。”夫君冲画报瞅了一眼，笑了：“还真是那么回子事。”之后，只要口袋中还能计划出几个小钱，夫君就催我赶紧置办件像样的衣服，还不断提醒我：“别老当那根光腚黄瓜。”

第一件灶具——药吊子

结婚后，无一样灶具，好在夫妻分居两地，他在祁连山下黑河口的莺落峡水文站，我在合黎山旁的张掖火车站的农机公司。两人遥对河西走廊，他难得回家，我乐得吃灶。所以，我们的“家”一如单身宿舍那样简单，仅有的几个粗瓷大碗、几双筷子，也还是灶上的。即便是回“家”小住两日，也还是依然上灶。

偏偏一次他回来，单位农场杀猪分了块肉。要在平时，我送往友好的同事家，一锅烩了，让我饱餐一顿了事；若赶上有人去省上开会、出差，赶紧求人家捎给二老爹娘。那时，还没有冰箱这一说。我那有“馋痨”的老爹为经常能收到我补充的供应外之物而送我一个“乌进孝”的雅号。何况他们还替我抚养着那嗷嗷待哺的儿子呢！可这一次分肉，恰让夫君给碰上了，怎么也得让他吃吧。可锅呢？

总得置办点过日子的灶具吧？没钱！或说是不够。于是，夫君转悠到日杂公司的门面上，八分钱拎了一个药吊子回来。进大门时，门卫还问了句：“你们谁病了？”答曰：“谁也没病。”“没病买这玩意干啥？”“有备无患。”“还是大学生有钱。”那年头家家过得艰辛，没事买个药吊子备着，都让工人阶级觉得奢侈。

灶房的土灶边多了只药吊子，进进出出的人都一耸鼻子：“谁家炖肉？这么香！”往灶房一伸头：“噢，熬药啊！”我们就这样蹭公家的灶边，炖熟了那点子肉。第一次有锅，第一次自家做了自家吃，那个香，是日后再也不曾有过的。

后来，我随夫君调离农机站。搬家的时节，蹲在地上收拾杂物的夫君拎起墙角的药吊子，甩到墙上“嘭”的一声给砸碎了。我惊呼：“你干吗砸了它？”夫君冲我说：“你还拎这破玩意上路啊？炖了肉的，又不能再熬药，也没听说送人还可以送药罐子的啊！”我回过头，冲这患难年代的“小伙伴”说了句：“对不起。”

女人的怀旧，让我心底滋生出了一丝莫名的惆怅。

对“离婚”的诠释

再好的夫妻，也不免有争斗、打嘴仗的时节。每当同事对夫君讲：“你们家也该挂‘五好家庭’的牌子了。”夫君即如蝎子蜇了般地说：“我不要那破玩意，让我倪某人回家吵架都不方便。”回来后还对我说：“凡是挂了那个牌牌的都是快要散架的家。我最见不得的就是‘相敬如宾’这个词，客客气气像待客一样的夫妻是什么味啊？家就不是讲理的地方，特别碰上你这副伶牙俐齿，不把牙磨得利着点，进了门也只有干吃亏！”我把他的这段话用到了我写的一个中篇小说中，可见当年我们的屋檐底下少不了的就是唇枪舌剑。

对“离婚”这个词，夫君也有着一番见识。那是我吵到不耐烦时，说了句:“爱过不过，不过就离！”夫君回过头来，扳着我的双肩，盯着我的面孔问道:“你说什么？你再说一遍，你这是威胁我倪某人啊！我可告诉你，你要是离了我倪某人，再找我这样的可就再也找不着了。”话锋一转:“当然我再找一个你谈何容易，与其和他人搭灶养活别人的孩子，还不如你我就这么凑合着，我姓倪的不爱听‘离婚’这个词！”不愧是上海人，知道打一拳再摸一把。虽脖子还梗着，心早软了，暗自思忖:“这家伙倒还挺在乎我。”

当然也有耍无赖的时节。

我家的一儿一女，一个是他的亡妻留下的，由公婆代养，我们按月寄生活费。我生的儿子，父母怜我收入太低，从生下就接走了。所以，两个孩子我们都没带过。再次唱起离婚调时，他就给我这样分了一个家:“得了、得了，你实在不愿意过了，咱们就分家！我可得养活我的二老，你养着咱闺女，儿子就送给你爹妈……”话音未落，我就跳将起来:“好你个上海人还真会算账，我告诉你，在这个世界上如果我连你都能舍弃，还留着你的种干什么！我啥都不要，你自个领着这两个女人给你下的崽，找第三个老婆去！”哪知夫君冲我脸前一伸大拇指:“好女人！有魄力！有见地！我见过多少离婚的夫妇，都是女方哭兮兮的只要孩子啥也不要，那可是把男人择巴干净放心出门了，这女人的一辈子可就苦透了。能有你这样放得开的女人，真不愧女中豪杰。佩服！佩服！”就从这吵闹中，也能窥视到夫君对妇女的同情与理解，算是个好男人！

如今，也真应了他的那句“再也找不到我倪某人这样的”。人往往在世间不是在寻最佳的配偶，而是在觅最适合于自己的伴侣。独行二十余载，再也没有第二个异性能像他那样让我赏心悦目。

我是心疼那双袜子

鄙人历来很笨，因近视而眼神欠佳，当年的重体力劳动使我脚上的两个大拇指有点灰指甲的迹象，故而每次修脚，显得格外地吃力和笨拙。

一天晚上，正躬腰屈背地修着脚，剪子尖不慎扎入趾缝，顿时鲜血直涌，疼得我惨叫一声：“妈呀！”这一声吼，让正伏案工作的夫君扭过头，一瞅这副模样，迅速抓起一团药棉奔了过来。他一面死死捏住那流血的脚趾，一边气急败坏地又训我一顿：“我真不明白，像你这样的笨蛋是咋养出来的！”一边训，一边从后屁股腰带上抽出了一串器械，拣出其中的指甲剪开始替我修脚，我乐得将双腿伸进他的怀中，靠着枕头，接受这免费服务。人家不愧是高级修脚师，不但把趾甲剪了，还用小锉将趾甲打磨得圆润光滑，我十分惬意地享受着，修完了，还不忘揶揄了夫君一句："好孝顺！"夫君一把推开我的双腿："哼，想得美！你当我是孝顺你？我是心疼那双袜子，没几天就换一双，咱供不起！"

可以干别的男人绝不干的活，但绝不跌男子汉应有的份！

"健忘症"的反复

丢三落四是我这辈子最要命的一个毛病。很多同学、同事都能说出有关这方面的故事。陪我走过十五载的夫君，当然会有比别人更深一层的体会。只要他在家，几乎就是跟在我后面收拾我四下乱撇的东西。当年，我只需大吼一声"剪子呢？""袜子放哪了？"夫君立马就递到我的面前。每当我出差，行李总是夫君代为整理。收拾完了把我叫到跟前，人家坐在小板凳上，而我站立一侧，低头像个挨训的小学生。他拉开旅行袋，一一交代："内衣在这边，袜子塞角上，外套放在上面。"再扒开外边的侧袋，"肥皂盒、牙膏、牙刷装这个袋里了""鞋油、鞋刷放这边了"。交代完毕，站起来拍拍我的后脑勺："夫人，我给你带的这套设备，都是咱家行将淘汰了的东西，你尽管把它们全丢了，只要夫人能找到回家的路，寻着自家的门就行了……"果真每次回来，总像他预料的那样，会丢上一两件物什。所以，临终之时，夫君忧心忡忡地说："你以后的日子可咋过呀？"当然他也给了我由衷的祝福：“我走之后，你将非常非常地艰难，熬过一段，以后会好的，会好的……”他没说怎么会好的，可随着他的离去，过去不会干或是从来不干的，突然一下子全会了。我在四十岁以后才试着第一次缝了一床被子，居然缝得方方正正，不偏不斜。每次出门，按先生早年的叮嘱，将各种物件一一装好，没落一样，未丢一件。怎么出去，怎样回来。我咋会有了这突飞猛进的提高呢？一抬脸，夫君的遗像正眼含笑意地注视着我，冥冥之中，是他在提醒着我吧。

花甲之年，健忘症又开始复发，经常对朋友抱怨：“如今的我天天在找东西，不用的全在眼前，要用的全被我认认真真地放到我自个儿都找不到的地方。”有时恼怒中也骂自己一句：“老年痴呆。”再看看那遗像，笑容中不乏一丝嘲弄，几分无奈。好像在说：“对不起，帮不了忙了，自个儿慢慢凑合着过吧……”

去做一个快乐的寡妇

夫君一介布衣，读书、工作、教书，仅仅活了四十四个年头，从发病到弃世只有七十二天。追悼会来了许多的学生，挽幛上都写了他们对这个勤奋、聪慧的老师的一片敬意和深深的惋惜，至今记得有“兰折菊损”这样一个非常贴切的挽词。当问到我的挽词时，我连想也没想就道出了元稹《遣悲怀》三首的末两句：“惟将终夜长开眼，报答平生未展眉。”当时痛惜倪君早逝的组织部门的一位女领导，看后轻轻说了句："夫人心中不平，有牢骚啊！"事后，我向这位看重倪君的女领导陈述了这两句诗的来源。

在那个非常时代，可读的书太少了。于是，只有翻翻解禁了的《唐诗》《宋词》《元曲》之类。夫妻床头共吟一些脍炙人口、朗朗可诵的名诗名段，也各抒己见，探讨一下各人的见解，以此来消遣那漫漫枯燥无聊的长夜。偶然一个傍晚，夫妻二人偎在一起读起了元稹的三首《遣悲怀》：

谢公最小偏怜女，自嫁黔娄百事乖。
顾我无衣搜荩箧，泥他沽酒拔金钗。
野蔬充膳甘长藿，落叶添薪仰古槐。
今日俸钱过十万，与君营奠复营斋。

昔日戏言身后意，今朝都到眼前来。
衣裳已施行看尽，针线犹存未忍开。
尚想旧情怜婢仆，也曾因梦送钱财。
诚知此恨人人有，贫贱夫妻百事哀。

闲坐悲君亦自悲，百年多是几多时。
邓攸无子寻知命，潘岳悼亡犹费词。
同穴窅冥何所望，他生缘会更难期。
惟将终夜长开眼，报答平生未展眉。

读着读着，我为元稹真挚、朴素的情感，唯物的人生观所折服，于是对夫君讲：“有朝一日我走到了你的前边，我不希望你在人间孤苦伶仃，你要重组一个家庭，寻找第三任妻子，只要有时能想起我这辈子跟你过的这份颠沛流离、捉襟见肘的日子，有一天能像元稹那样‘惟将终夜长开眼，报答平生未展眉’的话，鄙人在九泉下足矣！”哪知夫君听了很不以为然地说：“何苦呢？死的已经死了，还搅和得活人不得安宁，我要是死了，你用不着犯神经，闹失眠。我只要求在我活着的时节，你好好待我，别动不动就‘抽风’。我死后希望你一觉睡到大天亮，去做一个快乐的寡妇！”听了这一席话，当时有几分鄙夷夫君过于现实，一点都不浪漫，一点也不伤情，翻过身，将脊背对着他，只管自个儿睡去。

哪知一九八六年中秋，夫君溘然离世，让我猝不及防。闪得我刚刚迈入不惑的门槛，就要独步人生。面对悼亡的场面，我对那位关爱我们的女士说：“你误会了，此时此刻，倪氏夫妇早把这功名利禄抛到了九霄云外，剩下的只有‘昔日戏言身后意，今朝都到眼前来’‘诚知此恨人人有，贫贱夫妻百事哀’。”

也怪，许是护理病人过于疲劳，等他走后，每当上床，想回忆一下往事，希望能在失眠中与君的灵魂相遇，哪知头一挨枕，即呼了过去。真应了当年他那句话：“一觉睡到大天亮！”且遵遗嘱，自己努力扮演起一个快乐寡妇的角色。最初确有几分牵强，是在努力“扮演”。不知不觉，二十多年过去了，我成了一个真正的快乐寡妇。冥想中，深感他在另一个世界实践着当年他不经意的许诺。

寻踪祖父母

祖父、祖母这两个称谓我仅在书本中看到，父亲偶尔也会提及，仅一言半语。看着别人家三世甚至四世同堂，有时也会滋生出一丝羡慕的情愫，但迅即又消失得无影无踪。因为不要说我们，连和父亲相伴近七十载的母亲也无缘一睹二老的容颜，所以祖父母对我们来讲，只是曾经有过的那么两位长辈。

当我老了，终于也晋升到“祖母”的身份时，回顾以往，会想想我的祖父母、外祖父母他们会是什么样的一个人呢？除我在两三岁时与外祖父有过一段短暂的接触，因为太小几无印象外，余三位皆是笔记口传中的人物。

所谓“笔记”，也只有父亲记，而“口传”呢？那就是听听故乡远方亲戚的一些只言片语。十五岁即丧父的父亲，印象中的祖父几乎没有太好的内容——败家子、不干营生、弃家不顾。尤让父亲深恶痛绝的这样一个无情无义无责任心的祖父，之所以成了这样的一个人，源自他的一种恶习——抽大烟，这也是父亲一生不沾染香烟的缘故，他太恨抽烟这个行径，不管什么烟，他都本能地厌恶。由此，也可窥视到父亲对祖父的那种决绝之情。但父亲在《篱槿堂自叙》中也提到了祖父的才情——诗词皆佳，还在写笔记小说，这些资料有的在抗战流离中遗失，但大多都被祖母塞进祖父的棺木中，无缘传世，所以祖父这个人物的影像就在第三代的脑海中鲜有痕迹了。

父亲对祖母的记录，则融入了浓浓的恋母情结。祖母也比祖父多活了十来个年头，她老人家去世时，父亲已有两个女儿，因抗日战争，关山阻隔，没有奔丧的条件，就将二女儿起名为“纪”，以祭老母之逝。

父亲笔下的祖母坚韧、刚强，一个没有文化的小脚妇女，用弱小的身躯率众女儿撑起一个没有当家男人的残破之家，她们把全部希望都寄托在父亲这个还未长成人的羸弱少年身上，苦拼苦熬。父亲也是面对残局，不甘此生坠入贫民窟的境地，奋发读书，终于以弱冠之龄考入清华大学外语系，重新撑起了这个世代以诗书传承的门庭，也让家乡父老、家族成员对他刮目相看。那几位支撑了他的姑姑们，皆因政治、经济状况未活到父亲有能力报答她们的时代，谁都没能享上他的福，让我们第三代子女只能深怀一颗感恩的心，将她们永远铭记心间。

父亲从不惑至花甲，政治境遇和经济状况皆处于“门庭冷落”的状态，因直系几无一人，和故乡也就疏于联系。那个年代，人人自危，生活艰辛，不愿牵连亲友，也怕平添多余的麻烦。凡是从那个时代过来的人，想必都能体味这个中的辛酸与无奈。

改革开放后，亲朋们渐有往来，加之二十世纪八十年代中期，我遭际了“中年丧偶”之痛，故乡的亲朋接纳了我这个天涯沦落人，于是我徘徊在济南、青岛之间，得到了族亲们的呵护与关爱。在此期间，我又耳闻了有关祖父母佚事的另一版本。

首先声明，父亲在《自叙》中的记录是“正本”，族人口传乃“野本”，站的角度不同，视角也就各异。不能讲父亲偏颇，也不能说坊间有误，但我希望在各种不同的叙述中寻踪到一个相对真实、客观的祖父母形象。

山东人善言辞，会表达，但也难免有些夸张，加之族人多会维护本家的形象，对外来的媳妇们多有谴责和挑剔。对此我是早有体会的，因为他们对我的父母就有着种种议论，比如对父亲过度的夸奖和对母亲十分不公的贬低，所以在听祖父母的传闻时还会多少打几分折扣。

在族人的眼中，祖父是一副大家公子哥的派头。他出生于京都，因少年丧父，随寡母凄然返乡。当年曾祖父的官做得不大不小——内阁中书，还是位金石专家，收藏了不少的青铜器。这些收藏在返乡途中被人割断缆绳盗走了，但留下的财产应该够孤儿寡母生存的，何况赵氏家族中还有一份祖业呢，只不过等祖父自立门户后，仅有几间难挡风雨的破草屋了。只能讲祖父是一位被宠坏了的公子哥，见过点世面，也接受了较好的文化教育和家庭熏陶，最后以知天命的年轮，沦落到青岛贫民窟中惨淡而亡。在父亲的《自叙》中讲，随着祖父的亡故，这个贫寒之家非但没有进一步贫困，反而卸了包袱，家境从此稍有起色，靠几位姑姑在外企打工，这个沦落了的家庭硬是被几位弱女子撑了起来，可这几位姑姑，皆因营养不良、苦作苦挣，一半未待出嫁就病逝了，另一半历经磨难，难得善终。每每思之，不胜悲悯。

老家的人，传闻中的祖父体貌清秀，气质高雅，一看就是个有品位的读书人，好性情、好容貌、好文笔、好口才，这样的评语与后来人们对我父亲的评价基本相吻合，除“好性情”以外，父亲的才华风貌应该来自于祖父的遗传。族人告诉我，祖父还在老家庄子上的时节，每逢傍晚，各家的小媳妇、大姑娘就都匆匆收拾了灶台，拎上自家的针线活计朝我们家跑，挤一炕一屋，为的是占个暖和、光线好的地方，听我祖父“说古”。这说明祖父当年在庄子上还是颇受拥戴、欣赏的，应该讲还是人缘不错的。他因何弃家出走、独自去青岛谋生，而且在青岛也是沦落在贫民窟难以支撑、不得温饱？当然最主要的是他沾染着抽大烟的恶习，可为什么他要离弃他的妻室儿女？这个问题父亲没有提及，族人也未说到，及至我老了，细思细想，莫不是与夫妇不睦有关？但这也仅仅是猜测而已。

祖父母的婚姻是丈人亲自说合，来教家馆的郭老夫子也算远近闻名的饱学之士，而于家馆就读的祖父被老先生一眼瞅中，将自己的女儿许配给了这个学生。能入丈人法眼，应该讲祖父各方面的条件还是不错的。当然作为祖父母的老生子，不惑之年才有的一个儿子，父亲从有记忆到十五岁丧父，祖父留在父亲印象中的只是一个十足的大烟鬼，仅剩一副骨头架，行尸走肉样的一个人物了。最后的迟暮之年是祖父最惨淡、最落魄的一段生涯，让还是一个小少年的父亲鲜有好的印象，也就一点都不奇怪了。

祖母嫁了这样一个指不着的夫君，肯定不会舒畅，只有靠自己的微薄之力，苦苦拉扯一大群孩子。面对来自生活中的种种磨难，祖母没有低头而是苦拼苦作，永不放弃做母亲的职责，这和对家庭没有一点责任心的祖父形成了极大的反差，也让父亲的笔下涌出了一片怀念的感恩篇章。

坊间对祖母也流传着各种评论，最为一致的评价是“厉害”，因此落了个“铁翅子”的绰号，连翅膀都是铁打的，其坚硬、顽强的性格也由此可见一斑。而这个“厉害”多缘自“护犊”。父亲幼年因营养不良，在堂兄弟中显得格外羸弱，穿得更是不及人家光鲜，甚至有几分“褴褛”，在家族子弟中无疑成了众人取笑和欺凌的对象。每当父亲遭了欺辱，祖母便不依不饶直闯对方家门寻其家长，一定要问个究竟。所以，堂兄弟们一见婶夫人上门就头疼不已。父亲在《自叙》中讲，读家馆时设两院，男孩子在一个院中，而女孩子们在另一院中就读。不知何故，独将父亲这一个男孩放入“女部”，有点像大观园中的贾宝玉。估计就是族人怕子弟滋事，免得婶夫人登门寻隙。

父亲晚年喜忆往事，也会谈到堂叔伯们对他的关爱，每当他们家中有点好吃的，比如煮了饺子，有时会指派家人："给东屋的小孩送一碗去。"知道这一支家道中落，吃不上一顿像样的饭，如今仅剩这么一根独苗，难免也会滋生出一丝恻隐之心。

终于一家人还是难以在老宅支撑下去，祖母毅然锁了院门，拉扯着一大堆孩子寻踪觅迹来到青岛。但找到的是既无力兴业，又无心当家，一个冷漠又颓废的男人。那个时代，一个小脚女人敢于背井离乡，一为生存所迫，二也怕是与家族歧视、排斥有关。其间也能感受到祖母性情的刚烈，不愿遭人欺凌，这一特质从父亲的一生也能折射出来。父亲易动怒，见不得倚强凌弱，爱打抱不平，最终落得个铁帽加顶，陷入更深层的被凌辱的境地。这一性格的形成，一是幼年的遭际，二来恐怕与祖母性格的遗传有关，但祖母的坚毅、顽强、永不放弃责任、勇于承担苦难的品质也为父亲所继承。特别是六十年代和"文革"期间，作为父亲，他绝不背着子女多吃一口，有一点点可食的东西，他都要平均分给几个饥肠辘辘的儿女。白日挨完斗，干完重体力活回到家中，他会根据三个无学可上的小子女的特性，分别指导他们读史、画画、背单词，生怕耽误了他们的学业。正因为这种不放弃，一九七七年恢复高考，一九七八年招研究生，三个弟弟妹妹两个本科、一个硕士，一举成功。回观父亲一生，这种永不放弃的顽强，使他勇于担当起一个父亲的责任、一位教师的使命。他以一生的奋斗与抗争，无言地表达了他对祖父的谴责与叛逆，同时也告慰了祖母对他的养育与希冀。在他自己的家中，他是一位可亲可敬、风趣横生的慈父，在社会上他是学术有成的一代学人，课堂上也留下了一代名师的身影，虽历经磨难，却以他的业绩和人格告诉后人，他无愧于社会，无愧于家族，他没有枉来人间一遭。

如今祖父、祖母、父亲、母亲都已成为过去时，除父亲在学界留下了一丝痕迹，余皆为芸芸众生、草芥人物。作为他们的后人，笔者如今也已年近古稀，即将成为一个匆匆过客。回忆以往，缅怀先辈，是对昔人的一种纪念，同时也是对后辈的告诫与提醒。这个家族哪些品质值得我们去保留、去传承，哪些教训要警世，哪些脾性需节制，哪些心理得调整，既非扬善，也不抑恶，用平常心来品评一个过去的年代和那个年代里我们的先人，并以此为鉴，更好地走我们自己的路。

二〇一四年终

二大爷

在叙述二大爷这位老先生之前，有必要把我们家族的某些遗传和特质讲一讲，这样会让读者更能清楚地理解主人公的思想与作为。

我们家族有一个现象，每一支系上都有相互“过继”的状况，虽不是家家如此，但较为普遍。这是件让大家族颇费心思的事。每次返乡，会有人给我指认那位大爷虽是出了“五服”的亲戚，但仍是近亲，因为他们过继的正是咱们支系上的血脉。所以直到今日，我依然被这缠来绕去的谱系搞得糊里糊涂，只要弄不错辈、叫不错人就行了。

乏嗣的尽管在为继承人苦恼，可一旦有后的，往往能生下一连串子女。而且一般都是先生一串女儿，儿子们跟在后面姗姗来迟。所以造就了我们这个家族中的姑奶奶们普遍强势，能持家、敢担当、有男子之魄力与血性。胆大往往就心粗，难免有些个丢三落四，不善料理内务。而家中的爷们既然来迟了，就比较“乖”地跟在姐姐后面收拾零碎。加之在妇女们的呵护、包围、管教下，难免被惯得有些懦弱、胆小、娇气。所以用“粗”来概括家族中的姑奶奶们，而“精”送给我家的爷们也没什么不合适的。打架总是打不过人，可要点小把戏、动点小心眼、玩个雕虫小技、干点精致的活，那也是一把好刷子。他们往往将自个儿的东西梳理得井井有条，藏得秘不示人，而且多疑、有猜忌心。这种状况并不是家家如此，但也可以说较为普遍。

我们的家族在山东地面称不上是一个显赫的大家族，却也是以诗书传家，并有几位在京中做了官的，以至于他们的后代就在京中落了户。二大爷他们这一家，就是这样的一种情况。

二十世纪初，中国处在一个军阀混战、改朝换代、民不聊生的动荡时期，是一幅既贫穷又落后的景象。信息、交通闭塞，四面危机重重。于是老一辈的家长总希望儿孙们能平平安安、留在故土、守住祖业，吃一份安生的饭。所谓“父母在，不远游”嘛。只有陷入绝境的饥民才铤而走险，外出“闯关东”。于是一般门第差不多的家族就有“联姻”的状况。当年的婚嫁就是要搞得知根知底、门当户对。来回婚娶过于频繁时，难免有错了辈的现象：比如姑姑、侄女同嫁一族，同入一姓，成了平辈。

二大爷的父亲是个很有意思的老前辈，虽未青史留名，但也在其人生的轨迹中留下了一小段花絮。当年那位和八国联军的洋人首领、皇亲国戚打得火热的名妓赛金花，因逼良为娼，闹出人命，被苦主告至官衙。当时京中无人愿惹这个麻烦，我们家的这位老前辈因公务在身，不得不亲自带人捉拿了赛金花，并从速审判、立即发配、逐出京城。这在当年是件轰动京城的案子。各类小报褒贬不一，还被编成戏剧上演，老前辈的这个角被抹上白鼻子，扮成小花脸，以反派角色出场。公允地说，此老前辈不畏权贵、为民申冤、例行公务，应该说属正当的一方。而赛金花虽仅是一妓女，多年混迹于皇亲、官府之中，很是有些背景，是京城炙手可热的人物。这也是很多人不愿招惹的缘故。剧中演到赛金花起解一场，京中大小官员，十里长亭、设宴相送的场面，也可说明当时的实际情况。但与史实相符否，还需进一步考证。这个案子在当年确实被各种传媒炒作得沸沸扬扬，也使得这位老前辈因此而留名。

此老前辈一生育有三女、三男。长女嫁给了《李慧娘》的作者。因而在父亲这一辈中，都习惯于称此剧作者为“大姐夫”。后大姐夫南下上海，参加革命，经常往返于上海、故乡之间。在革命过程中，“大姐夫”又寻到了“革命伴侣”，于是弃了“糟糠”。这件事让家族亲友，尤其是被弃之人的亲弟弟——我们的二大爷始终耿耿、难以释怀。五十年代父亲赴京，当时马连良唱得正红，一票难求，父亲想到了在文化部任职的“大姐夫”，拉着二大爷：“走，咱们找你姐夫要票去。”二大爷一把甩开父亲，拍着前胸，愤愤然说道：“要去你去，我不去！我一进他家的门，这心里就堵得慌！”应该说这种愤懑也属人之常情，十分正常。

一九三四年，父亲考入清华，需在京中有一保人，于是到干面胡同族伯的寓所给这位老前辈请安。此时，老前辈已赋闲在家，于一大套宅院中与儿孙同居，安度晚年。此时他的三房儿子皆已成家，儿孙绕膝、人口众多，十分地热闹。老前辈很是看重这位初出茅庐、来自故乡的堂侄，不仅慨然作保，还指定家人把某间闲屋收拾出来，作为侄儿周末进城的歇息之地。这让初进京城，不足十八岁的父亲，有了一种家的感受。

当年经常出入干面胡同族伯宅院的大学生绝非一人，而是四位。这四位大学生，除父亲是老爷子的堂侄，余均是儿媳支上的外戚，辈分也低一辈，在日后的奋斗中，不乏高级将领、著名学者。可当年老爷子难免私心，只对父亲格外地优待与关顾。这段岁月也让父亲和二哥，也就是我们的二大爷，建立了手足般的情谊。

每逢周末黄昏，在干面胡同的那套大宅院中，四个大学生加上族伯家中的孙男弟女喜欢聚在一间屋中谈古论今，十分地热闹。由于都是来自《聊斋》故乡的青年才俊，每个人都装着一肚子的神、鬼、狐、怪，加上个个伶牙俐齿，于是将故事渲染得更加怪异恐怖，给黄昏中的老式宅院更是增添了几分神秘的色彩。

父亲讲过一段他的亲历，他至死也未悟出其中玄机。一天大家还是聚在一起说鬼道怪，其中一人问讲述者："你天天说鬼，鬼是啥样你见过吗？现如今这鬼在哪里？"对这一连串的发问，讲述者随手一指室内窗帘的上方："鬼就在那里！"此人话音刚落，那幅用细竹编就的窗帘就毫无征兆地"咔嚓"

一下，应声坠落。本来喧腾一片的室内，顿时鸦雀无声，人人吓得脸色煞白。自此再聚一起，都刻意回避鬼怪这个话题。只能讲，一方面纯属巧合，另一方面也不排除，历时数百年的北京老宅院积淀了某些说不清、道不明的神秘色彩。长年栖居在这老宅院的二大娘，每提此院，都会讲这是一座“凶宅”。确实家中也有几位不明不白死于其中的亲眷。

在一个妻妾成群、三代同堂的封建大家族中，不可避免地会产生这样或那样的矛盾。而女眷们更是没有多少话语权的，只能背地里倒倒苦水，发点小牢骚，捣腾点小闲话。而父亲这样一个既是家庭以外，又是远亲的小叔子，就成为嫂子们说闲话的最佳对象了。

比如：父亲刚进族伯的门，毕恭毕敬地请了安，倒退出来回到二哥的房中，征询二嫂：“嫂子，那一屋子女眷，哪位是俺婶子呢？”只见二嫂将嘴一撇：“那满屋的女人，不都是恁婶子么！”父亲顿悟，此老爷子也算得上是个好色的长辈了。

俗谚讲：“头生子稀罕，老生子娇，苦就苦在半中腰。”二大爷在三兄弟中排行第二，属“半中腰”的位置，加之兄、弟皆为父母所带，而他则由祖父母抚养长大，于是难免在三兄弟中，常常属于被忽视、不被看重的那么一个儿子。加之多年在一个相对混杂、凋敝的大家庭中，冷眼旁观，心底积攒下对这样的家族日益衰败十分不满的情绪，甚至可以讲是深恶痛绝。他曾掰着手指给父亲清点，父兄两代共有二十几人，内中不乏北大的、燕京的、留日的，可一个个不务正业，提笼架鸟、抽大烟、娶姨太太，把好端端一份家业踢蹬得片瓦无存。二大爷愤愤然对父亲说：“只有你和我，凭咱们自己的本事撑起来一份家业，养活了一大家子人。”同时他也信誓旦旦：“这个家族这种屡出纨绔子弟的现象，绝不允许在我自己的家中出现！”这也是他看重父亲，并一生与父亲亲情相向、犹如手足的缘故。因为和他们那些游手好闲的父辈、堂兄弟相比，他们的确是一对自立、自强的另类人物。

二大爷既然信誓旦旦地表示，这种屡出纨绔子弟的现象绝不允许在他自己的家中出现，那他是用一种什么样的教育方法来对待他的子女们呢？可以讲是一种特立独行的、多少有几分绝情的“招术”——供女不供男。

二大爷和二大娘是一对多子女的夫妇。二大娘共育十胎，存活八人。除长女幼年早夭，最后一对双胞胎儿子也仅留存一个，这样他们长成人的是三女五男。二大爷本人是医学院毕业，父亲当年赴京时，他已是位从业医生，两个女儿中年长的已是上小学的稚童了。

二大爷“供女不供男”的方针，在二十世纪的四五十年代是很逆传统的。但他还是按自己的教育理念坚持了下去，我的五个堂兄弟不同程度地受了许多的磨难，都靠个人奋斗成家立业，果然没出一个败家子。可我们的二大娘每当提及五个儿子的命运，恨声不绝：“那个‘老东西’的心狠啊！他就是要把俺这几个儿子给活活掐杀啊！”

先看三个女儿的命运，两个大女儿，抗战胜利后双双考上公费留美，远渡重洋，成为四十年代的中国移民。她们的夫君都是杨振宁的同学，后来都成为美国的一代科技精英，被美国政府列入不许回中国大陆的专家名单。由于两国交恶、隔绝来往，他们去国三十余年后才得以回国探亲，此时，二大爷、二大娘已是垂暮之年。一九六六年春我在北京，喜欢翻看两个姐姐寄自美国的家庭照，二大娘在一旁一边指点，一边不胜唏嘘地说道："人家的留学生，一个个西装革履，拎着大皮箱，个个趾高气扬。恁那两个姐姐，就穿着那家常棉布袍，夹着个小包袱就上了轮船啊！"这两位姐姐至今提及当年，依然记得我的父亲——她们的那位"五叔"个头高高的，周末一来家，姐妹俩争着骑上五叔的脖颈，一边兜圈子、一边大声吆喝："卖大学生啦，一个大子一个！"而五叔送给两个小侄女的绰号是"大鼻子""小鼻子"，让我们叫了一辈子。

小女解放后考入清华大学，受了系统完整的高等教育，也是新一代的高级知识分子。二大爷曾经说过，女儿们的教育一定要抓早、抓好，这样才能明事理、识大体，能融入另一个家庭。即使遭遇不幸，也有独立社会的能力，所以女儿一定得供，而且要供得完整。这样，三个女儿在她们父亲的教育理念下，都受到了应有的高等教育，每个人都有一个正常的人生轨迹。

面对五个儿子，二大爷的手段多少有几分残忍，对一位从业医生而言，他是有经济实力让儿子们也受正常的高等教育的，可他没有那样做，而是每当一个儿子初中毕业，老爷子即高悬“此处不留爷”的驱逐令——走人！要知道那还是未成年的少年啊！在今天是要被法律追究“遗弃罪”的啊！是什么让一个生身之父做出了如此决绝的“狠招”？那就是腐朽的旧式家族频出浪荡子的状况，让他不得已而为之啊！

首当其冲的自然是我们的大哥了，好在刚刚解放，文盲遍地，一个初中毕业生还被社会视为识文断字的小知识分子。于是先当了一阵铁路技术工人，闲暇之余，孜孜自学以求上进，终以同等学力、自带饭票的调干生，考上了铁道学院，后成为铁路部门一位第一代电力机车的高级工程师。

一九六六年初春，我正坐在二大爷家中和二老共叙家常，忽闻叩门声，二大爷仅开一门缝，接着传过来喝斥声：“走，走，别进门。”跟着“嘭”的一声就关上了门，像是在驱逐一个叫花子。“谁呀？”二大娘问。“老大，他听说三姑娘来了，要来看看妹妹。”“那你为啥不让他进门啊？”我问。“他得的是肝炎，在西郊隔离，他的孩子这不都放在我们这，不让他乱跑，他偏不听话，我就是不能让他进门，省得传染一家子。”“那你也该让俺瞅一眼俺大哥，再让他走啊。”“不行，那病是要传染的！”虽然不敢抗争，心中还是十分地不以为然：“至于么，多亏还是位医生。”

可作为一个父亲，每天他安排老伴做了营养全面的饭食，一天两趟，拎着饭盒，不辞辛劳搭公交车给他的儿子送饭。

到了门前，也是只开一门缝，交换了饭盒，回头就走。两个专用的饭盒一来一去，一进门就让二大娘蒸煮消毒，而他也是先进卫生间反复地冲洗。这让我既看到一个慈父关爱长子，不厌其烦地细微照顾，同时也让我领教了一个遵循卫生常识，一丝不苟的刻板大夫。

我们当面不敢违抗这位未免有些个教条的长者，可也会阳奉阴违呀！我们背过二大爷，由其他兄长陪我蹬着自行车，到西郊去探视被他们的父亲“囚禁”在那里的大哥。一个敦厚、诚实的中年汉子，和我常看到故土上的那些清秀、单薄、尖刻的家族爷们完全是两码事。

二哥我没有见过，从照片上看，有我们家族的风骨，高个子、俊朗、清秀、灵气外露。他上初中时，凭借先天优势，被空军部队招募，成为一名职业军人。后被部队送入军事学院深造，成为空军部队的一名高级技术军官。“文革”中，受空军内部斗争牵连，被关、被管了好一阵子；林彪事件后虽平反改正，但由于受了残酷的折磨，落下恶疾，英年早逝。每当提及这位兄长，家人都无不惋惜。

二哥虽长得很英俊，娶的媳妇却不可二大娘的心。婆婆总嫌媳妇配不上她的那个十分出众的儿子。二哥很会调解婆媳之间的关系：“妈呀，你仔细瞧，多看几遍，越看越漂亮。”弄得二大娘也没了脾气。二哥嫂伉俪情深、忠贞不贰，也得到了应有的回报。二嫂在二哥蒙难、害病期间，百般照顾，使他在单位上遭罪之后、身患重病之时，体会到了来自家庭无微不至的关爱与温情。这也是在喜新厌旧的家族传统风格中别树一帜。

二大爷恨透了旧式家族的传统与模式，可他在自己的家中依然是一副封建大家长的面孔。五个儿子没一个敢贸然顶撞、违其宗旨的。用我父亲的话讲："都是成家立业了的儿子们，在二哥面前，一个个耷拉着爪子，毕恭毕敬，不敢造次。"这和我们家没大没小、蹬鼻子上脸的家风形成了极大的反差。

比如"文革"前，父亲到北京二大爷家，已在空军部队任职的二儿子当着我父亲的面，征询他的父亲："爸爸，咱们家到底是什么出身？""自由职业。"二大爷是大夫，这没错。"那俺爷爷是干什么的？""城市平民。""咱老家都是什么情况？""你有完没完？咱们都在北京多少代了，谁知道老家是个什么情况！"父亲深知二哥的脾性，那么喜欢考证来龙去脉，什么都要交代个清清楚楚、明明白白的父亲，此时也只有屏住那口气，一声不吭。他知道这层窗户纸不敢捅，一捅就会捅出娄子来。每提此景，父亲总会说："二哥捂得可真够严实，那么大的儿子了，也可以给他们交代交代了么。"每逢此时，我们会在为哥哥们感到可怜，连他们爷爷是干什么的都不知道的同时，也暗自窃喜，他们家的那点子事，我们知道得比他们还清楚呢！

三哥中学毕业正值六十年代困难时期，各地都在裁员下马，求职是相当地困难。可二大爷到点就不管饭，他得赶紧设法寻吃喝。于是远赴安徽蚌埠，报考了一所半工半读、管吃管住的中专技校，在那里完成了一个中等教育。通过不懈的努力工作，为福利事业如义肢、翻身床的设计做出了贡献，也在高级工程师的位置上退了休。

一九六六年我在北京，正值三哥回家探亲，见了我很有一个哥哥的样。看我是个女孩子，专门领我去华侨商店，用侨汇券买了两双尼龙袜相赠，这让我记了一辈子。今天的尼龙、塑料产品并不稀罕，而在六十年代，哪个女孩子能有一件的确良衬衫，穿上一双塑料凉鞋，有经久耐磨的尼龙袜子，那可是件很时尚、让小伙伴羡慕不已的事。三哥的礼品让我太高兴了，它们伴我度过了下乡的岁月，避免了补袜子的劳苦。在和济南的堂姐共叙往事时，提到了这两双袜子的事，得到了堂姐的认同："你说这事可说到点子上了，咱那三兄弟就是实在，会送东西，当年什么都凭票的时节，俺家就愁肥皂不够用，人家老三从安徽给俺们背了好些肥皂，把一家人喜得可了不得！"所以送人礼物，不一定价值几何，只要送到节骨眼上，能投人所需、济人之难，这就最让人难以忘怀。三哥就具备这样的素质！这又和家族中那些从小受人呵护、没有眼色、不知疼人、不明事理的爷们形成对比，也说明从小自立、离家谋生的三哥在民间历练得知艰难，能助人，懂生活。

老四同样遇到的是初中毕业就不管饭的局面。所幸长得人高马大，被云南军区招募到体工队打篮球去了。那时节部队拉练、下乡是常事，南方雨水多，道路泥泞，加之小咬侵扰，让北方长大的孩子多少有点不适应。于是写信回来，希望家中能支援一双高筒雨靴。二大娘一辈子没工作，是没有经济自主权的，只能和二大爷商量，二大爷只说了一句“没有，让他自个儿想办法”，愁得二大娘唉声叹气、叫苦连天。幸小女已清华毕业，有了一份工作，娘儿俩背着老爷子凑出一双雨靴寄往云南，还得掩饰得不露痕迹，否则会招来一顿训斥，出了钱还落不着好。

老五“文革”前后就的业。他是二大爷家最后一胎的小儿子，又是双生仅存活下来的一个孩子，可以讲先天不足、后天失调。比起哥哥们，从个头到健康状况，明显差了一截。架不住全家人为小弟的生存权益向老爷子求告，这时已到迟暮之年，心硬如铁的二大爷终于松口了：“只要他能考上我就供。”可就遇上了无学可上的“文化大革命”，又留恋北京市的户口，不愿下乡，一咬牙，干上了谁都不愿干的行业——屠宰场。这份工作是又累又脏，又让一般人都看不起，小弟就这么干了一辈子。这样的时代使他没有哥哥们那份机遇，所以一生都处在家、业皆不如意的境况，郁闷之下患了恶疾。手足们念小弟一生不幸，为他包下治疗条件最好的单间病房，让他在手足们的呵护中走完他的一生，幸二大爷、二大娘早已谢世，不致再为幼子的遭遇伤心。在二大爷的教育方针指引下茁壮成长的姐姐哥哥们，尽心尽意地替二老为可怜的幼弟送了终。

二大爷是位极全面的大夫，曾担任北大和济南齐鲁大学校医，也曾办过私人诊所。由于经常面向故乡亲朋，还有赤贫民众免费义诊，使他入不敷出、难以为继，只有再入公门行医，在解放战争中，他成为战乱中抢救解放军伤病员的骨干、模范。连续夜以继日的手术，橡胶手套内的双手因高频率消毒、洗刷，过敏、生疹、肿胀，几乎不能持刀，幸而二大娘用民间土方救治了夫君，保他立功。这也是二大爷回到北京，并得以出任西城卫生局局长的重要原因。

二大爷又是位极其普通的大夫，是北京街头可以经常见到的那种老人：干净、简朴、悠闲中透着些许矜持与世故。中等的个头，皮肤白皙，较胖，夏日总是一身白色中式裤褂，手拎一副拐杖，但步履并不艰难，很是从容。口袋中装着北京市公园年票、公交卡月票，早早起来，穿戴整齐出门到公园遛上一阵，归途买足一天的蔬菜，有时会拎上一把时令鲜花。一切照常行事，很有规律。行为也十分检点。据说在单位上一贯谨言慎行，工作中一丝不苟，让人很难挑出一点错处。因他身兼一个小医院的院长职务，别有用心的人嫌老头碍事，就不断寻错，可老头就是不说一句出格的话，不干一件授人以柄的事。那就查查他的经济账，一查发现老先生出差开会，从未报过一分钱的车马费。这让今日之人太不可思议了，自个儿掏腰包出公差，可我们的二大爷就是这种做派。那年头运动一个接着一个，各种调查层出不穷，二大爷就在各式各样的运动中小心翼翼地跨过险滩、渡过暗河，躲过一个又一个圈套，一步一个脚印。甚至每隔几年他就搬一次家，不让街道、单位、同事摸清他家的底细。他的一切喜怒哀乐全不动声色地压到心底最深处，就连家人都不好捉摸，今日想想，老爷子寂寞、孤独啊，他苦啊！

可在自己的家中，他绝对是一个威严的大家长，说一不二。他不在家时，二大娘总是哭眼抹泪地叙述她称之为“老东西”的不是，可“老东西”一进门，二大娘马上迎上前去摘帽换鞋，端茶倒水，恭顺得犹如一位仆人，不敢有一句顶撞的言辞。二大爷的东西从来都收拾得井井有条，抽屉虽不上锁，可你只要动一动，他立即察觉。记得一早他去公园遛弯，我到他的房间翻看两位姐姐的照片，吓得二大娘：“可了不得！老东西的玩意不敢摸，你一动他就知道！”“不咋地，我照原样收拾好不就行啦。”我格外小心地按顺序翻看，再照原样仔细码好，自认为干得天衣无缝，哪知老头一进门，刚坐到书桌前就发话了：“这是谁又动了我的抽屉？”二大娘赶忙向前：“那是三姑娘想看‘大鼻子’‘小鼻子’的照片翻来着，家里可没人敢动你的东西。”走出屋用指头狠狠点着里屋冲我说：“我说什么来着，老东西的玩意是动不得的，你别看没上锁，他都有暗号。”这让我又领略到了家族爷们的精细和多疑。

二大爷出生于二十世纪初，历经了晚清的衰亡、军阀的混战、民国的动荡以及新中国建立后的各式各样的运动。加之在各朝各代的各种政权中都有他那割不断理还乱、藕断丝连的远亲近戚，饱经风霜的他看遍了“你方唱罢我登场”的政局，也领略了大家族中兴衰变幻的世态炎凉。他比谁都清醒地知道，朝中有人未必是件好事，人家得势时是没有精力来顾及这些亲属的，可是一旦落难失势，清算起来，无论是封建王朝时的夷灭九族，还是后来各种运动中的狠打深挖，你一准难逃面对屠刀或身陷囹圄的下场。所以他避贵戚于不及，最好的办法是各干各的，彼此相忘于江湖！他绝不高攀，也请对方高抬贵手，别乱攀扯。

二大爷的育子方针和为人之道有利有弊，他用隔断族亲的方式，让他所有的子女都走上了一条科技立业之道，与我们家族的诗书传承的传统文化分道扬镳了。在故乡可以看到那些虽然落魄了的子弟们，即使沦落在破屋陋巷，依然能吟诵出颇具风情的诗词，画出飘逸的青山绿水，写一笔颇见功力的毛笔字，可在二大爷家，这种家传的文化气息已消失殆尽了！其实我的堂兄弟们胎中带有的才情并不薄，却被武断的父亲扼杀了。可再和那些败家颓废的旧式子弟相比，二大爷家的兄弟们一个个神清气爽、器宇轩昂，健康地走上了一条以科技立业、自立自强的道路，果然如二大爷所愿，没出一个纨绔子弟，没出一个败家子。今日梳理利弊，二大爷的育子理念应该是成功的。

二大爷和父亲都是多子女、多艰辛的一对堂兄弟，和他们其他的父兄相比较，他们走的是一条洁身自好、不沾恶习、自足自强的道路，他们撑起了一个负担相对沉重的家，也干出了一些值得称颂的业绩。老天不负苦心人，他们也成为家族中难得的“寿登耄耋”、创家族记录的长寿老人。所以一个品格端正的人，终究是一个对社会有用、对家庭负责的人，而他们本人也会受惠其中。当他们远去的时节，我们可以发现他们的一生尽了他们应尽的义务，也算得上不负此生。

父亲母亲与他们的前三个女儿，一九四六年摄于陕西蔡家坡

我是父母的第三个孩子，有着一个幸福的童年。襁褓中被父母抱着离开了抗战八年的大后方、我的出生地——陕西蔡家坡，父亲应聘河南大学历史系副教授之职。所以说我的出生标志着父母进入大学执教生涯的开始。

——《我与我的父母》

作者与父亲最早的单独合影，一九四七年摄于河南大学

我家六个子女，从老三、老四中间分为两部分，前三个女儿、后三个子女间隔都是两岁，唯有我和弟弟间隔是五年，这说明，别人都是当了两年老小，我却有当了五年老小的经历。

——《我的母亲高昭一》

作者全家福，二十世纪五十年代末摄于兰州

王瑶伯伯就说："放着青岛小神仙的日子不过，跑到那么个偏僻、落后的地方你受得了么？就是不为自己打算，也该为孩子们想想啊！"可父亲决心已下，非走不可。

——《我与我的父母》

父亲在一九六〇年，摄于山丹县。当时父亲被下放山丹农场劳动，期间因受伤住院十五天，稍有恢复，即拍照寄回，以慰家人。

在一年多的时间里，只要有车去农场，只要有人去山丹，只要家中省下一点点吃的东西，妈妈都会夹在衣物的包裹中求人捎去或通过邮局寄出。父亲后来讲，一听有包裹到，他马上意识到，他又能活下去了。

——《在苦难中磨砺》

一九六〇年坚持将受伤的父亲送入医院，让父亲免于一死的严华大夫

以严华院长代校领导视察的“钦差”身份，父亲才得以在山丹县医院住了十五天，这十五天也无疑降低了被饿死、病死的几率。

——《在苦难中磨砺》

父母暮年，作者与大姐侍奉身边

每天早晨迈入兰大家属院去为父母做饭时，散步的熟人会招呼一句：“回来给老爷子做饭来啦？”然后不免揶揄我一下：“你呀，在你们家是只配御膳房行走！”是啊，我在父母的垂暮之年，一直扮演着一个“烧火丫头”的角色。

——《我与我的父母》

父母暮年，摄于二〇〇五年

学术上他们是尽情交流、探讨、辩论的同道，
生活中母亲像对待一个孩子样地照应着父亲。

——《我的母亲高昭一》

作者和母亲的最后一张照片

摄于二〇〇五年

母亲确实不漂亮，可上帝公平，再美的人一生也会有容颜憔悴、凋零的时节，而再丑的人也会有容光焕发的时候。母亲在古稀之年成为一个气质高雅、神清气闲的漂亮老太太。

——《我的母亲高昭一》

作者和父亲的最后一张照片，摄于二〇〇七年

谢谢父亲，在那不允许我们受正规教育的严酷年代，是您亲授文化，不弃不舍地将子女们引领到传统文化的队伍中，一个都没有舍弃！

——《告别209室》

母亲和她的五个子女

母亲对六个子女的评价也是公允的："后三个不如前三个身体好，不如前三个智商高，也不及前三个对家有责任心。"我往往补充一句："但这并不妨碍您偏着后三个，使唤着前三个。"母亲就不吱声了。

——《我的母亲高昭一》

父亲母亲与他们的子孙们

五个不敢讲济济人才、倒也整齐健康的子女，每个人皆能自立、不卑不亢地生存下去，这恐怕也是父母晚年颇为欣慰的事了。

——《告别209室》

作者与夫君，唯一一张标准照合影，摄于一九八四年

如今，也真应了他的那句“再也找不到我倪某人这样的”。人往往在世间不是在寻最佳的配偶，而是在觅最适合于自己的伴侣。独行二十余载，再也没有第二个异性能像他那样让我赏心悦目。

——《忆亡人》

作者与夫君、儿子

结婚结得实在简单：两人把行李往一起一堆，也就是“家”了。床、桌是借公家的，被褥是两人拼在一起的旧物，没置新衣。日后每每忆及，总会冲夫君讲：“连块手帕都没买。”反过来再想想，比那“半间草屋做新房”，起码还有从公家借来的一间土坯房，两人相爱就得了。

——《忆亡人》

作者挥毫作画

如今父母走了，每当提笔，冥冥之中总能感到他们在另一个世界注视着我、鼓励着我，为我加油！

——《我与我的父母》

作者画作

当看到百无聊赖的我又捡起儿时的爱好——临帖画画时，父亲眼睛一亮，立马有了主意，并给予鼓励和指导。他将多年收集的印刷品名人画册悉数翻出，全部转赠给我，并一一指出何人的笔法可以承袭，要认真反复地临摹；何人的路子看看即可，切忌照搬。

——《扉页上留下的痕迹》

晚年没课可上、无书可教的父亲，把眼前我这段老木朽根当成了他的试验品，每天都敦促我不可松懈，要干活，而且要干有意思的活，要拿出有质量的活。在他眼中，不干活无异于“耍流氓”，就是“不务正业”。

——《迟交的作业》

父亲在作者画作旁留影

第二辑　忆旧

王瑶与父亲

王瑶伯伯是父亲清华时代的同学和好友。两人一生保持着若即若离的友谊，彼此都有些不屑于对方，但又终生相互牵挂，以至于王瑶伯伯谢世后，父亲对他的弟子与传人予以了密切的关注。这说明透着骨子的老同学的情分依然存在。如今父亲也故去了，我回忆起和王伯伯有限的几次见面，还有父亲生前对王瑶伯伯的描述，以及社会上总是把他们拴在一起来评议，使我对这两位老同学产生了浓厚的兴趣。因为我发现他们尽管在表现形式上有所不同，但不论在性格、作为、思辨、语言表达方面都有很多相近之处，我愿意把对他们的一点感性认识记录下来，这样也能从侧面提供一些对两位学人更进一步的了解和认识。

谢泳先生曾撰文把周一良、王瑶、赵俪生三人归入一个类别来评点，并将这三个人和在美国成为“世界级大家”的杨联陞、何炳棣相比较。作为旁观者，客观地说，这两组学者没有什么可比性，更何况前三者也绝不属于同一类型的学者呢！倒是王瑶和父亲，不管他两人怎样地相互攻讦，他们的风格、思维方式却比较类同，而且他们把他们思辨的方法、看问题的视角顽强地传承了下去，以至于他们的后学源源不断、精英辈出，这也说明这两个并非一流的学人，却带出了许多一流的学生。

周一良与王瑶和父亲是不属于一个类型的学者，周伯伯是世家子弟，受了系统的、完整的东西方教育，一直非常体面，循规蹈矩地做人、做学问，为人温文尔雅，待人彬彬有礼，不张扬，不激愤，一派大家风范，是传统学人的楷模。这种温良的个性，在巨大反常的压力下，和众人一样，只能屈从。所以他晚年写的《毕竟是书生》，道出他这一辈子的委屈和无奈，其公子也在多篇文章中为其父所受到的不公正待遇进行疏解和辩诬。这让我们深深理解和同情，有如此身世、如此学问，守身如玉的学者却遭此百口莫辩的尴尬局面。我家这一代和周家后人也还保持了很好的联系。

而王瑶和父亲在学人群中属于另类。两人身上都带有几分狂狷之气，表现也绝对地张扬、绝对地尖刻、绝对地调皮。他们总是看到人家不愿让看到的那一面，非要提人家捂住不让提的东西。这是一对绝不讨人喜的学人，他们语言犀利，表达观点时淋漓尽致，用词无不用其极，具有很大的感染力，同时也具有极大的煽动性——还是一二·九学生运动传承下来的风格。稍有区别的是，王瑶偏重于幽默而尖刻，父亲则更加犀利和义愤，所以他们的倒霉程度也就不一样了。王瑶一沾北大巨匠多多、“天子脚下”的优势，又恰逢“反右”高潮时失足落入下水道住院抢救，侥幸躲过了一顶“右派”的“桂冠”。而他当时的高足们似乎无一幸免地全部落网。所以事后他得以自嘲：“我现在是苟全性命于治世。”父亲生性鲁莽，多少有点“二杆子”，使他就没有王瑶的那种机缘，被金钵死死地扣住，这一扣就是二十余年。

第一次见到王瑶伯伯，是五十年代初我刚上小学时。因王伯伯揶揄过父母的婚姻，告诉所有认识父亲的清华校友，“赵甡结婚了，娶了一个并不漂亮的女人，生了一窝并不漂亮的女儿”，于是“这一窝并不漂亮的女儿”自然就耿耿于怀，憋着劲地要和这位王伯伯干一仗。时间大约是一九五三年，地点是山东大学蓬莱路一号父亲的书斋，演出了这大不敬的一幕：两个老同学坐在书案的两侧，面对面地唇枪舌剑，三个女儿，以大姐为首席地坐在地毯上，排成一排，像拉拉队似的有节奏地吆喝：“小黑牙，滚蛋！小黑牙，滚蛋！”声高时，王瑶伯伯用手指着坐在地上这群没家教的孩子，冲父亲说：“你看看，你看看，你这是怎么教育子女的？”虽然父亲也“去，去，去……”地轰我们走，我们不走时，他也就不以为然地冲王伯伯说：“说咱们的，管她们呢！”多年以后，我暗悟当年这无礼行径竟为父亲包容而未加制止，实属老爹对师兄的无礼，同时也让我们背负了一生对王瑶伯伯的歉意。

我们渐渐长大，对文学产生了浓厚的兴趣，在饱读各类文学著作的同时，也去读读王伯伯有关文学史的理论文章，提高了我们的文学素养，开阔了我们的视野。加之又是父亲少小同窗好友，我们和王伯伯的距离一下子拉近了。

二十世纪六十年代初，王伯伯到兰州大学来讲学，一进门就对母亲深深一揖，由衷地说了句：“还是老夫人好哇！”其间有对年轻时失礼的言语致歉的含义，同时也有对母亲几十年和父亲同舟共济、共渡苦难的钦佩和赞赏。讲学期间，姐妹们倾巢出动去听他作的曹禺戏剧的大报告，这次不是逐客而是捧角，这让王伯伯很是高兴。大家团聚一起，热烈讨论，叙旧事、谈学问，也谈时下局势，真是神采飞扬、妙语连连、其乐融融。经过了“反右”和困难时期，两位老同学比当年稍有收敛，加之厚道的母亲在其间周旋，众儿女簇拥的热烈场面，没有发生相互攻击的一幕。“我现在是苟全性命于治世”这句话，就是那次聚会时，扔俏皮话时扔出来的。

一九六六年初，我应另一位世交、古生物学家周明镇先生之邀，去北京小住月余，其间去北大拜访了王伯伯一家。王伯伯因未遭“右派”之灾，故安享三级教授待遇，加之有发表文章的机遇，当然两位老同学之间的物质生活可以说有天壤之别。这也是王瑶伯伯一摆谱，父亲就跳高的一个缘故。王伯伯家殷实、富裕，一九六六年家中已有电视机，这只有在相当层次的人家才能见到，满墙书橱俨然大学者的派头。王伯伯喜骑单车，三个子女大、中、小一人一辆，这也绝不是一般知识分子所能达到的。但王家姐妹着装却异常简朴，显得规矩、老实。看样子王伯伯的家教是要比父亲好得多。我和周家公子、王家姐妹同游了颐和园、碧云寺，照片至今夹在父亲的影集中，当时王伯伯从四清点上打来电话，让伯母盛情款待。在王宅的那一餐饭吃得两家工资待遇差不多的周公子多年后提起，也觉得对接待我们这样的晚辈来讲，有点奢侈了。为此周公子还和他父亲探讨：“你们都差不多，人家咋那有钱？”这一问还引来周伯伯一顿科学家不如文人的感慨。没几天，“文革”即起，我匆忙返回兰州，哪知这一别竟是二十几年呢？

再次进京已是一九九三年了，二十七年历经了太多的沧桑，北大镜春园的旧居中，只有杜琇伯母一人留守，我们的王伯伯走了已近五个年头。伯母待我犹如家人，在共叙往事之时，我为父亲对王伯伯失礼之处向伯母致以歉意，伯母制止了我：“你不要再说了，在你父亲和王伯伯之间的事上，不光是你父亲做得不对。”也就是说，王伯伯在处理老同学关系上也多有不合适的地方。这让我看到，极难驾驭、很不好侍候的两位学人，之所以还有一个稳定、和谐的家庭，与两位含辛茹苦、百般宽容的女性有着极大的关系。王伯伯去世后，父亲应邀写了《宛在的音容》，母亲亲自把场、定调子：“不准写一个字的不是！”理由就是人都去了，不要再刻薄了。而在家中表现得更加专制的王伯伯，这一辈子也是给王伯母带来了不少烦恼和哀怨。王伯伯去世后，父亲调来了灵堂送别的录像，当看到王伯母扑向灵前跪送的场面，老泪纵横，冲着母亲说：“看见了没有？将来我走的时节，你也得这样送！”结果招来众儿女一致声讨：“得了吧，将来你得像这个样地送俺妈，俺妈是你老大姐。王伯母是王伯伯的学生，她这是在执弟子仪！”可见这两位不省心的学人，硬是让两个厚德、守信、有毅力、有耐心的女性给陪下来了，所以说，他们的学术成就中凝聚着两个默默无闻的女性的宽容与照料，否则他们的后果绝不比储安平好多少。

这两位老同学只要凑到一起，就是相互攻击，从年轻到故去，似乎就没消停过。可他们又彼此深深地牵挂、欣赏，谁也忘不了谁。但在嘴上从来不认账、不服输。父亲在《宛在的音容》中生动地形容了大学时代的王瑶伯伯，并写道："当他露出快要发脾气的时候，同时却又流露出一股孩童般的真纯。这个境界很美丽、很高乘。"有时我会想，父亲是不是想刺激出他那美丽、高乘的境界，故意挑衅呢？这当然是我一个做晚辈的善良企盼罢了。父亲在文章中也表示："假如我是个女同学，我一定爱上这个人。"父亲看人的眼力很准，他能这样说，那我们的王伯伯一定是个魅力十足的男子汉了。王伯伯虽也不断给父亲闹难堪，但在母亲和我们面前却不讲父亲的不好，总是提当年清华园里的赵甡是如何地漂亮、怎样地聪明，王瑶伯伯的常用笔名为昭琛，明眼人一看就知这是当年赵甡名字的谐音，这说明他也是欣赏、喜欢父亲的。可就是不能见面，因为只要碰到一起，就是一个不服一个。比如五十年代初教授定级，有大学研究生文凭、身居北大的王瑶伯伯定为三级教授，来青岛一问，居然大学肄业三年，且是外语系出身的父亲在山东大学历史系，也定为三级教授。本来就不舒服了，哪知父亲还要挑衅这已经很不愉快了的师兄，摆出了一副"怎么样？别看我没你那两个文凭，哥们儿照样和你平起平坐”的架势。结果王伯伯只有抬出北大的牌子来抵挡:“我可是北大的三级，你可是山大的三级。”就是到老，暗中较劲也没减势，王伯母毕恭毕敬寄上《王瑶文集》七大本，父亲放置案头，对母亲讲:“将来我的文集出来，绝不比王瑶兄差！”《赵俪生文集》刊印出来后，父亲击案长叹:“可惜王瑶老哥看不到了！”

就是这样一对“不是冤家不聚头”的老同学，他们一同听课，一同吃饭，一同买书，一同游行，相互批驳又相互感染。王瑶伯伯是有政治抱负的，因投身革命遇阻而求其次。父亲是关注政治的，因崇尚自由而远离政治。抗战时，两人在乾县窑洞分析形势，相约都入“儒林传”，果然两人沿着不同的途径走上了治学、育人的道路。后来王瑶伯伯成为北大校园学院派气息浓厚的大教授，而父亲成为边远地区屡遭厄运，被学界放逐边缘的一朵“寒葩”。他们都努力了，都在“时令不好、风雪来得骤”的境况下，苦苦经营着自己的那点玩意，虽未成“世界级大家”，也确属锲而不舍。都执着、勤奋地做了一辈子学问，留下了让后人众说纷纭的话题。

正因为关心政治，注重民生，这两位学人在解放后选就的研究项目都是非常时尚、贴近政治和颇具开拓性的。王伯伯选了“现代文学史”的课题，而父亲则选了“中国农民战争史”，这让别人会有一种赶时髦的看法。如果他们唯唯听命，按上边的调子来调整自己的学术路子，他们会是很能出风头的人物，可这两个自视很高，很有头脑，同时也很自信的学人，偏要独立思考，于是这一对有着敏锐气质的老同学就不断地试探禁区，虽不敢明目张胆，却也在允许的范围里顽强地表达了在这两个敏感领域中，他们独到的研究心得。这一点点“可怜”的“自己的东西”或许为今日之学人所不屑、所指责，可谁能想象他们是在什么样的精神压力和物质贫乏的状态下写就的？父亲没有奢望文章生前就能见天日，每篇文章后均署名“篱槿堂遗稿”，如此寂寥无望的前景、悲凉的心境，还在苦苦坚守自己的一点信念，这是那些“世界一流学者们”所曾经历和承受过的么？

每个时代的学人都留下了他们辛勤的劳作，也留下了那个时代他们自己的风骨和人格，当然也留下了他们深深的反思和无限的遗憾。他们超脱不了现实给他们划定的范围，他们从童年就打下了坚实的传统文化的基础，到少年时受“五四”新文化的感召步入新文艺领域，青年时代在民族危亡的关口，放弃学业，投笔从戎。解放后，为信念与追求满腔热情扎入科研、教学领域，又历经“反右”“文革”这样举世震惊的大运动，而他们往往又被推上祭坛，成为接受打击的对象。可以说二十世纪的风云变幻他们一一阅尽，饱尝了那个时代所有的苦难，可他们依然没有灰心，没有绝望，锲而不舍地用最原始的方法默默地耕耘着自己的“一亩三分地”。可有些后学们抛开这恶劣的客观条件，还在振振有词地品头论足，这里没有做对，那里没有搞好，没有达到他们原本应该达到的水准。试问：把你换成他们，你能保证做得像你说的那样完美吗？

诚然，王瑶和父亲绝非完人。他们充其量不过是一个自由主义者、一代学人、一位教师而已，但他们尽了一代学人的责任，他们把他们的思辨能力、认识方法顽强地传承下去，启迪他们的后学沿着这种思维方式更深一步探究他们未能完成、来不及涉猎的学术领地，在教学这个舞台上，这对师兄弟也堪称各领风骚数十年了。

就教学而言，在数量上父亲比王瑶差了许多。因王伯伯从解放到“文革”前后均没有被剥夺上课的权利，可以说一辈子都站在讲坛上，可谓桃李满天下了。父亲的“教学生涯”则始终随着政治时局的时紧时松而时断时续。但两人留给学生们的印象都是恢宏大气、不死板、不教条、非常地生动。就这样，老同学在教学的这一块领地上，也同样能找出互相调侃的内容来。

父亲的普通话虽略带山东乡音，但也算“一口官话”了。而王瑶伯伯至死不改那一口山西腔调。父亲为此不知“臭摆”过他多少次：“多亏在北京上学、教书大半辈子，那个山西调调儿一点都没有改进。”王伯伯颇不以为然地说：“每年开学，都有新生递条子，说听不懂我的山西话，我就告诉他们：‘你就这么慢慢听吧，听习惯了自然就明白了，到时候听懂了，不是我的嘴巴改了，而是你的耳朵变了。’”如此坚守乡音，也实属难能可贵。当父亲知道王伯伯还带有外国留学生时，不无讥讽地说：“你那外国留学生的中国话一定也都是山西味的。”可纵观天下，占据着中国现代文学史这块阵地的许多领军人物、出类拔萃的文化精英，不都是被撇着一口山西腔的王瑶导师带出来的？这种后学不断的王瑶现象不值得人们研究么？这就是王瑶先生的不朽业绩。

至于父亲的“台风”已被他的弟子和传人渲染得极为生动，凡是听过他的学术报告和讲学的，从长辈到晚辈，从内行到外行，从欣赏他的到忌恨他的，无不折服他的“一副钢口”。可内中所付出的劳动也只有家人知晓罢了。特别是晚年，他去上课，母亲就得赶紧找出一套更换的内衣内裤，下了课一进家门已全身湿透，立马就得全脱全换，人像瘫了似的要在榻上休息一两天才能缓过劲来，真像铆足了劲唱了一出《挑滑车》，就这样豁出命地干，才赢得了众口一致“美不胜收”的嘉誉。从五十年代带出的孙祚民、孙达人，到八十年代关门弟子以秦晖为代表的“七只九斤黄”，还有在史学领域这块鲜为人知的寂寥园地，稍许留神拨拉拨拉，凡是从山大、兰大出去占有一席之地的各路名师名家，有几个没有听过他的课，有几个不是他身教口传的呢？像王瑶、赵俪生这样在学界薪火相传、门生们名家辈出的导师又能有几人呢？我想在“第一流的名师”行列中，应该有两位先生的身影。

他们走了，没有为他们应成为而未成为“世界级大师”而遗憾。他们不是不在乎名利，只不过他们只在知己知彼、旗鼓相当、脾性相投的师兄弟间相互攀比罢了，其中多少带着“逗着玩”的色彩，骨子中较量的还是学问做得如何、教书教得怎样，不然也不会如此关注对方的专著和他们的后学传人。他们也以己之长攻彼之短，有时显得有几分不够意思和不守规矩，甚至有时显得有失礼仪，但其中文人间的情致雅趣和真性情又是流露得那般机敏、那般天真和那样可爱。

王瑶伯伯走得突然，让人猝不及防，父亲走得平缓安详，是名副其实的寿终正寝。我相信他们在另一个世界见了面，也还要比上一番、斗上一阵、损上几句，谁让他们是当年清华园中好斗的少小好友呢？

他们走了，但他们那诙谐、幽默、尖刻、一语中的的生动形象深深印在了曾一睹他们风采的人心中。王瑶为绚烂多彩、百花齐放的文学领域平添了几分理智和深邃，而父亲又为枯燥、陈旧、寂寥的史学园地带来了生动和活力。这是多么好的一对老同学，多精彩的两个学人。他们既不是钻进故纸堆的不问时事乡愿式的“老学究”，也不是浪荡社会、追逐虚名的肤浅过客，他们既踏踏实实、勤勤恳恳地做了一辈子的学问，教了一辈子的书，也痛痛快快地张扬了一下自己的性格，展示了一把自己的才华。应该是够本儿了，应该是去而无憾了。

随着王瑶、父亲这一代学人的离去，意味着那个时代、那种文风的渐渐消失，因为他们毕竟是“手工操作”的最后一代学人。在当下随着电脑的普及、信息量的加大，人们的视野被大大地拓宽了。时下的学人已不屑于进图书馆、钻故纸堆、爬格子式的劳作了，“著作等身”在时下学人群也不过

“小菜一碟”了，那种坐拥书城、苦苦思索，一天伏案十数小时着力经营的“小作坊”式的研究方式，已成为历史上一道宁静、寂寥、清雅的风景。父辈们曾品头论足地点评着各类历史人物，而今他们不可免地也成为历史，让下一辈的学人们去评来点去了。在清理他们的遗产时，我们可以发现他们尽力了，甚至尽了一个超出常人所能达到的能量。所以，他们的那些坏脾气，人格上的某种变异和扭曲，甚至在人生途中有意或无意出现的偏颇和失误，这本是人生途中的正常现象，任何人都不可能活得那样尽善尽美，何况父亲又是这样一个性情中人。但他确实活得堂堂正正，无愧于人生，无愧于学界，无愧于那坎坷人生带给他的重重苦难。

父亲可以坦荡而去了，作为女儿，只能遥祝老爹一路走好！

二〇〇八年元月十六日

于父亲逝世七七后作

孔祥瑛女士和她的后代

父亲生前和我们聊起清华园岁月时，曾提到班上仅三名女生，有两位后来很出众，一位就是大名鼎鼎的文化官员、《思痛录》的作者韦君宜；一位就是著名“三钱”之一钱伟长的夫人孔祥瑛女士。孔女士是由天津南开女中考入清华的，祖籍山东，孔子第七十五代传人，少年时就办过刊物，是位教养颇佳、才具不低的知识女性，解放后一直任清华附中的校长。钱伟长被打成“右派”后，祸及家人，孔女士不再担任校长之职，避开了自己敏感的中文专业，而去教一门无法“信口雌黄”的课程——地理，此举甚明智。儿子钱元凯虽是当时清华附中品学兼优的尖子生，也因其父之故不被录取。细想家中既有中文造诣颇深的母亲，又有数学泰斗这样的父亲，他不出家门就可深造，那一纸文凭不要也罢。

二十世纪八九十年代，孔女士陪夫君数度到西北考察。她只是个陪员，没什么硬场面一定需要周旋，于是经常溜号到我家私访，寻她的老同学——我的父亲赵俪生叙叙旧日的同窗之谊。

人老了，难免有几分怀旧，都喜欢唠唠当年风华正茂的青年时代。老同学一见面，那种快乐自然没法说，仿佛又回到了三十年代的清华园，坐在一起掰着手指清点他们班同学的境况，这些人现如今都在哪里，都在干什么，哪个死了，哪个病了，哪个上去了，哪个下来了，哪个学问做得踏实，哪个还在那里胡扯淡。总之，老同学眼里、嘴上的同学就是同门师兄弟，他们才不管他官居几品，是哪行哪业的皇皇大家。在自家屋中描摹人物，点评优劣，可是件无须防范、不用顾忌、蛮有乐趣的事，比官方报道出来的要生动许多，更加活灵活现。由于父亲偏居边陲，自然是孔女士知道得多，父亲了解得少。当然，他们也彼此开涮，相互“揭短”，热闹得让你感觉不到这是两位耄耋之年的老人。

孔女士一来，父亲的开场白便是：“多年不见老大姐，不过钱学长倒是经常能在电视中看到，俨然跻身于政府领导行列喽！”孔女士不以为然地嘴一撇：“那有什么，别让人家老百姓不待见。”他们在细数清华十级老同学的去向后，开起了玩笑。孔女士对母亲说：“赵甡可是当年清华园的美男子，有名的调皮蛋。”父亲调侃：“既然我是清华园的美男子，你怎么嫁给钱伟长，没嫁给我呀？”孔女士一下笑翻了，冲我母亲说：“到老没正形！当年他是我们班上最小最小的小弟弟，我们哪个不比他大个两三岁？他那会子还是个小孩子，啥都不懂呢！”父亲不服：“谁说我不懂，××见天趴在宿舍里给你写情书，打发我给你传递，到现在我还能给你背上两段。”于是摇头晃脑、咬文嚼字地背了起来，活脱脱把一个酸腐文人模仿得惟妙惟肖。背完问孔大姐：“有这事吧？”孔女士笑得一塌糊涂，指着父亲对我母亲说：“我都忘了，难得他还记得，那点子记性都用到这上头了！”正说到兴头上，钱伟长的电话来了：“你怎么还不回来，大家等着你开饭呢！”父亲赶紧催客：“钱学长不耐烦了，你还是赶紧过去吧。按说咱们老同学难得一聚，怎么地也得为老大姐设宴接风洗尘，怎奈今儿个我家吃的是庄户饭，太寒碜，实在拿不出手来。你还是去宁卧庄赴大宴去吧。”已经走到门口的孔女士一听父亲这番话，停了脚步，返了回来：“哦，要真是顿庄户饭，我还不走了呢。看看你家的庄户饭。”她径直迈进厨房，一眼就看到火上熬着稀稀的包谷面糊，我正手忙脚乱、连擀带烙做着韭菜鸡蛋合子。孔女士一见，高兴得很：“要是这个饭，我倒要留下了。”进屋里打电话：“你们自个儿吃吧，别等我了。我在赵甡家吃饭了。”饭桌上，父亲让我们姐妹上桌陪客，冲孔女士讲：“孔大姐，这就是我那位并不漂亮的夫人，这就是我那窝并不漂亮的女儿。”父亲一直记住老同学背后的损词，故意在此撂了出来。孔女士满脸笑开了花，冲我们频频点头：“蛮好，蛮好……”妈妈有几分愧疚地冲孔女士讲：“我家教不好，女儿个性都强，都有脾气，所以一个个都没出嫁。”孔女士拍着妈妈安慰道：“一样的，一样的，我家也是这种情况。”这说明知识分子家的女儿待字闺中的绝不仅我们这一家。

一九九三年去北京出差，父亲让我给孔女士捎上他刚发行的一本著作。临离北京的前一天，才去寻钱府。我是刘姥姥进大观园，对新北京真有点摸不着北，偌宽的大街高墙沿道，就是找不着一个门。还是一位熟知此处的行人给我指了一条光溜溜百米长的侧道："拐进去就是。"对着大马路的是个紧锁的车库大门，往里走一截方发现有一侧门，站着几个警卫人员，院里都是独幢琉璃瓦的中式建筑，两层，很是恢宏。警卫态度倒是十分平和，根本没有盘查身份来路。我告知要去钱家，他们指着不远处的一幢楼："就是那儿，不过老两口不在。楼内管道年久失修，正在更换，安排他们去外地疗养了。""我从外地来，带给他们的东西放在哪啊？""他们家还有人，你敲他家门送进去不就行了？"没费什么事，我就这么进去了。

开门的正是钱元凯。虽初次见面，已是久仰了，我从少年时就知道钱公子的故事。就是他的际遇，让母亲严禁我的二姐报考清华，每当有人征询母亲孩子考学选择取向时，只要对方家中不那么硬邦，母亲都会举钱元凯的例子让人家慎行。这会儿，这个例证就这样站在了我的面前。第一印象朴素平实，灰色夹克衫，与马路上穿着工作服上班的职工没有两样，个头不高，貌不惊人。报上家门，立马迎我入室。厅堂已如工地，木地板被掀开，挖了沟槽，家具摆得横七竖八。他说明情况，拖了两把椅子。我们就在一片狼藉之中坐下来寒暄。他像接待经常串门的邻居那样，平易亲切，不见外，不张扬，没有一丝一毫豪门子弟所特有的那种颐指气使的"气派"。我们正交谈间，蹦蹦跳跳进来一个看似只有十几岁的小女孩，齐耳短发，学生装，进来喊了一声"爸爸"。钱元凯叫住女儿："叫姑姑。"孩子听话地叫了。我一打量，父女俩的眉宇之间都留有孔女士的模样，于是开评："你们俩长得都像你奶奶。"我冲小女孩说："不过你不及你爸漂亮。"小女孩顿觉委屈，撅起嘴冲她爸问："是吗？"父亲得意地白了女儿一眼："那还用说。"我赶紧转换话题："上几年级啦？"没想犯了更大的忌，小女孩的嘴又撅了起来。当父亲的赶快解释："在北师大中文系读研究生。"天哪！人家已是"进士"，我还在当小孩逗呢，赶紧致歉。小女孩很释然地挥挥手，道声再见，顺楼梯上二楼用功去了。当我得知钱公子是照相机厂的总工程师时，取出自己的相机抱怨弄丢了镜头盖。钱公子很随意地说："这有什么关系，你把相机放下，三天后给你复制一个。"我很遗憾："我是明天的火车票。""那可来不及，你干吗一到北京不来找我啊？""我咋知道你是照相机厂的总工程师，再说啦，相机放你这，我用什么啊？""你咋这么不开窍，我给你个相机你先玩着呗。"我真蠢。由此可以窥见，虽初次相见，人家坦诚相待，根本没把我当外人。

华灯初上，钱公子一直把我送到大街，过了马路，指点我坐几路车，哪里下，再换几路就可回到我的住处。原本想这国家级人物的门槛不容易进，就算不给脸子，恐怕不是冷漠，就是彬彬有礼、客客气气地打发你赶紧走，所以早就做好敲开门，说明情况放下东西立马走人的打算，没承想促膝交谈到这般时候，人家像接待老相识一样接待了这压根没见过面的世交子弟。这让我想起朴实无华的孔祥瑛女士，一个大家闺秀，受了高等教育的知识女性，着装、言谈、举止得体自然，没有丝毫的矫情、做作，从不虚伪地与人客套。这样的母亲能不教育出平民化的正派子孙么？

几年后，孔女士在上海仙逝。家中收到自称是孙女的短笺，我想就是那位研究生了，方块字和长相都如中学生般端正而规矩，但信写得简练而有感情。因为是写给我父亲的，我只浏览了一遍，大概内容是这样的：抬头的称呼是“赵爷爷”，然后告知奶奶已于某年某月某日因病去世，您寄给奶奶的大作已收到，奶奶收到后始终放在枕边，可以说这是奶奶生前读到的最后一本书。短短百十个字，读得我不胜唏嘘。信简略得不得了，可就是这百十个字，却表达出孔祥瑛女士与父亲之间的那份同窗之谊、牵挂之情。没有相当的文字功夫，是难以概括得这么准确到位的。

孔祥瑛是个高品位的知识女性，无论从哪个角度去观察都让人感到“舒服”。钱氏的世代书香底蕴，孔门家风的代代传承结合后，养育出了不卑不亢、朴素无华的后代传人。这样的人家恐怕也不太多了吧。

平凡中见精彩

——大羽老伯印象

大羽老伯转眼间已走了近三载，作为一个晚辈，总想写点什么来纪念他老人家。大羽老伯是齐派画风的正宗传人，且在继承先师的基础上，发扬光大了大写意花鸟的领域，是承前启后的大家、巨匠。在平时接触中，有些日常小事、生活琐节、情感流露，均能显现出大羽老伯的品格、风貌与情感，这些印象存于脑海之中，至今依然历历在目，挥之不去。

一九九〇年，我率学生由陇上赴石城做毕业设计，前后四十余天，闲暇时间几乎都耗在了陈氏父子的画室之中，两代世交，总算由我的南下联系上了。陈氏父子待我如同家人，使我在陈宅无拘无束，海阔天空。从一见面，大家就像认识多年的故旧那么亲切自然，这让客居异乡的我有了一份家的感受。

大羽老伯的画室挂有一幅个人的特写照片，光着脊背，抖动一头华发，纵情大笑的镜头，留住了大羽老伯的情绪与风貌。给我的第一印象，就像一头雄狮，威风凛凛，很能感染他人。一般有此外表、有此性情的人一定是位爽朗豪放之人，表达观点和渲染情感时一般不会顾及其他的，可从后来的交往中，又让我看到老伯的另一种境界、另一个层面。

我与显铭兄属同辈人，坐在客厅中旁若无人地侃将起来，大羽老伯不时也加入到后辈的行列中，听我们神聊。而他本人却听的时候多，很少插话，听到趣处，会冲显铭说一句“蛮有意思”，算是褒奖，抑或认同。总之，他对属于晚辈的我们采取的是一种包容与放纵，而他自己却从不议论他人的缺点和不足。等我也开始画画，从一笔一划、一草一木开始修炼时，方顿悟老伯的谦恭绝非老于世故，而是他深深懂得绘画路上的艰辛和寂寥。他自己艰苦跋涉几十载，暮年方得盛名，所以对一生未得意的启蒙老师尊敬有之，对同行同道的宽容与理解有之，对晚辈的提携和奖掖有之，而对他人长短绝不妄加品评。在后来的岁月中，我在反省当年的狂妄时领悟到了长者的教诲和做人的基本准则，而这个师长就是大羽老伯，他老人家以其德行对我的感染和教导，让我终身受益。

大羽老伯对家庭的负责是我更加钦佩的一面。大羽老伯的老伴来自广东老家，本来瘦弱，暮年一缩，越发娇小，总是闲坐暗处，一双安详的眼睛，静静地注视着大家，从不说话。显铭兄解释，妈妈不识字，不会讲普通话，也听不懂，无法与客人交流。坐入餐桌，老太太吃得很少，而投向老伯的目光，毫不掩饰其依恋与妩媚。豪放的大羽老伯则一边招待大家，叙叙家常，一边用广东话照顾着老伴的用餐。二老相互传递菜肴，品评饭菜，“相濡以沫”这个词，在餐桌上已被他们演绎得淋漓尽致了。

显铭兄曾让我翻看父母合影的集子，其中有一帧大羽依然是豪放地开怀大笑犹如雄狮，而瘦弱的老伴如小鸟般依偎于大羽老伯的肩旁，目光祥和充满温柔，是那样地美丽。二老一阳刚，一阴柔，相辅相成，构成了一幅温馨和谐的画面，正所谓最美不过夕阳红。

为了方便生活，为了老伴不慎摔伤的腿，陈宅选在一楼。上街买菜，老太太方便出门。有一天我与陈氏父子坐在客厅里聊天，大羽老伯猛地站起来，拉开大门冲了出去，其敏捷程度让人难以想象是个八旬老人所为。我茫然地问显铭兄：“怎么了？”显铭兄很自然地说：“妈妈买菜回来了，接妈妈去了。”赶到门口，只见老先生左手提篮，右手挽老妻，扶她跨上仅有两级台阶的楼梯，那种关爱流露得那样自然、朴素与诚挚，而这一切又是发生在有一番大事业、非常粗犷和豪迈的大羽老伯身上，怎不让人肃然起敬呢？

世上家庭，夫唱妇随者有之，相敬如宾者有之。但往往有的人家，在彬彬有礼的外表下，同床异梦者有之，勉强凑合者有之，相互嫌弃者有之。而功成名就的大羽老伯，面对相伴七十余载的老伴不弃不离又呵护有加，将拥抱老妻的那份骄傲和满足表达得那么真挚和坦然。也难怪大羽老伯走后，显铭兄在电话中不无伤感地叙述老太太拒绝一切人在她卧室中同床陪护，她不让任何人占据大羽老伯栖居多年的床位，冥冥之中，还在期待着那个相依为命的夫君回归。她对大羽的依恋已深入骨髓，因而执着、顽固地守候在旧榻之上，不肯放弃。

七十二年呀，这是一段多么漫长的岁月！

大羽是画坛巨匠，事业有成。大羽是守德之人，对师长、画友、同行、晚辈是那样的谦恭与尊重。同时大羽是多么有责任心的丈夫，他和夫人郑惜花的挚爱情怀，是一桩既平凡又伟大的爱情，堪称世间佳话、人生楷模。

大羽老伯，一个精彩的男人！

幼年印象中的童书业先生

童书业先生，是父亲赵俪生二十世纪五十年代在山东大学任教时交往最为频繁、感情最为诚挚的同行好友。这在父亲的回忆录和王学典大著《顾颉刚和他的弟子们》的有关章节中，都作了许多的描述，以致王学典先生来兰州采访父亲时，大家谈到他的这部大作，我还开玩笑地对他讲："你简直把老爹和童书业写成一对'同性恋'了。"他哈哈大笑。这也说明当年童伯伯和父亲惺惺相惜，十分相得。他两人有着和常人不大一样的地方——都是有着几分神经质的学人。毋庸讳言，童伯伯本人就有精神病史，由于这切身的病痛，造就了他不但是一代史家，还是精神病领域水准不低的专家。每当他病情发作住院时，都会给精神病院的大夫们开出有关此领域的讲座，令医生们对他这个病人刮目相看。父亲也是个神经质很重的人，于是他也经常请教和聆听童伯伯有关这方面的见解和感受，父亲有关弗洛伊德的知识就是得益于童先生的传授。

童先生在他的书面检查中，提到我的父母对他很是欣赏。其实他不知道，岂止是父母喜欢他，他是最受我们全家欢迎的客人。我们这一群顽皮子女只要一听童先生到，立马兴奋了，该做作业的不做了，要去玩的也不玩了，都聚到书房去听我们的童伯伯又在发什么高论，讲什么典故。要是光谈学问我们太小，听不懂不爱听就跑了，谈趣闻那可是聚精会神。随着他的叙述，兴奋着，惊讶着，以至同情着，连保姆都抽空倚在门旁边剥葱边听着，他可算得上是我家最受欢迎的第一嘉宾。

在老山大人的印象中，童伯伯不修边幅，不讲卫生，终年一袭长袍，足下一双最简陋的万里牌胶鞋。总之，童伯伯的外表不够漂亮。但你如果近距离只盯着他的面孔，他脸上所呈现的那股超凡的智慧，在叙述事情时眉宇眼神张动之间，会让你感受到，这个人美得不得了！他叙述的事件情节生动、语言贴切，让你感同身受。如今的我已到了花甲之年，反思那个时代，深深体会到当年的童伯伯内心有着一种说不出的孤独和苦闷，他非常需要有一个接纳他的场地来宣泄他的情绪，抒发他的心得与体会。有这样欣赏和理解他的父母，又有这么一群挥之不去、顽皮得不得了、没正形的疯孩子，怎能不让他有“几天不见赵，就很难过”的感觉呢？那个时代，留给他表达自己感受的场合和对象太少了，恰恰赵氏群体——我们家就给他提供了最佳的倾诉对象和最理想的宣泄场地，也就自然产生了“非去找他不可，便是挨他骂，也甘心情愿”这样的交代检查。

童伯伯描述他病情发作时的经过很是生动。比如他有一枚金戒指，病犯时总疑心会被人偷走，即便有人碰他一下，他也要再称一下金戒指的分量，生怕被人蹭走了一部分。他还会把金戒指包一层纸，扣一个童书业的名章，再包一层，再加一章，包来扣去，以至于将小小的金戒指包成一个大大的纸球，然后藏到地板下。突然感到不对——金戒指没了，于是又扒出纸球一层层剥开，弄得满屋废纸，搞得精神极度疲惫而紧张。他在描述这段过程时，能让人体会到他是何等地身不由己、苦不堪言。我们也深深地理解，陷入怪圈难以自拔的童伯伯是多么无奈与无助。但他讲完发病的过程，也会大谈病情的起因、症结何在、如何调理，又会让你深深钦佩这个既是病人又是医生的人是多么理智和博学多才。

童伯伯是不吃肉的。一开始父母还迁就他的这点忌讳，嘱咐保姆做素食招待，哪知我家的保姆颇不当回子事，“我就不信他不吃肉”，于是就把肉裹在茄子中，掺到土豆泥里，不是炸茄盒，就是炸土豆饼。看着童伯伯吃得有滋有味，保姆还会表现出一脸“他这不是吃得好好的”神情，我们小一辈也悄悄相互掇弄：“他吃了，他吃了，他吃肉了！”所以要是哪天童伯伯来了而未留饭，连保姆都会流露出一种失落感，我们这群儿女当然也会为失去了一些兴奋点而扫兴。大家都因此而滋生出一丝莫名的遗憾。

当年的一个场景让我难忘。那时我在青岛大学路小学就读，中午放学回家，发现前面交叉的路口交通阻塞了，就近一看，原来有个疯汉，手抡木棒，在马路当中挥舞着，狂喊着。正是放学下班的时刻，人群挤在马路两头，不敢贸然通过。就在人越集越多的时候，童教授下课了，他夹着讲义夹，从容地踱了过去，只拍了拍那个疯汉，说了句什么，这疯汉立马就不闹了，还乖乖地跟着童伯伯，到马路边的墙角蹲下，叙谈去了。于是人流涌动，马路畅通。因为隔得远，听不见他们说些什么，可童伯伯这么灵的一招，还真让我们钦佩得五体投地，至今历历在目。

童伯伯大概患有痉挛，一只胳膊总是下意识地抽搐，前后不停地摸摸索索，牵连面部肌肉也随着颤抖。我家孩子争相模仿老先生的神情和动作，看谁学得最像，结果学来学去，大姐赵绛就学到家——改不掉了，气得妈妈多次用筷子抽她的手臂才纠正过来。这也说明我们这一家关注和欣赏童伯伯的绝非父母两人，凡是进了赵家门的，无论子女或保姆，都非常喜欢童伯伯这样的人，所以他绝对算得上是我们全家的客人。

童伯伯的强记博引，是学术界很少有人能与之相比的，父亲的记忆力就算超常了，可和童伯伯一比，就相形见绌了。童伯伯不但能将史籍原文倒背如流，你只要随口念出一句，他马上能背出上下连贯的通篇古文，而且还能指出该部书不同版本中的这段文字在哪一页、哪一行，真让人感到玄而又玄，同仁们不信，去翻原作核实，却从无差错。为此，同道们还和他下过赌注，有意要考考他，结果是屡试不爽，终归还是不服气的同道们败下阵来。

后来我看到医科杂志上有着这样的说法：“凡是有超常记

忆力的人都是精神病。”我立即想到了童书业先生。这个论断在童伯伯身上是成立的，用到父亲头上也不无道理。其实父亲也是神经质很重的一个学人，只不过没有发展到需要住院治疗的程度罢了。父亲周期性地大发脾气，控制都控制不住，也属于一种狂躁性精神病，这也是得罪了不少人的一个重要原因。每当我家的大夫朋友来为他号脉调理，药方中都要投入几味控制情绪的草药，用来抑制他的狂躁情绪。

我一直深信，当你具备了超常的长处时，同样也具备了超常的短处。我们这个经典史籍过目不忘的童伯伯，在搬到济南后，出了门居然找不到回家的路，被派出所当成流民收容。让他们大吃一惊的是童伯伯自报家门：“我乃是山大教授。”这不禁让这些民警们将信将疑，瞠目结舌，电话打到山大党委，领导认可，确有此人，于是校方派辆吉普把老先生接了回去。这些超常和反常的现象，是难以融入当时那个年代的，也是很难被社会宽容、被常人理解的。具备多种才艺、满腹经纶的童伯伯，却因此而终生落魄、潦倒，奈何？！

和童伯伯的最后一面，是父亲终生难忘的，那是个很凄惨的场面。一九五八年夏，父亲由兰州起解，押往山大去领那一顶“桂冠”，并接受当年的同仁、好友、学生的揭发与批斗，连他睡觉的架子床都糊满了大字报。有一天清晨，父亲刚刚起床，突然听到过道传来哭声，父亲的房门是不允许关的，以便组织随时检查和防止意外。父亲向门口望去，只见一个人背对着他的门，头顶在对面墙上，两手捂着脸在呜呜地哭。这个身形和动作父亲太熟悉了，分明是昔日老友童书业，借这未上班没人的空隙和老爹“叙旧”来了。而老爹此时乃戴罪之人，也不敢贸然向前打个招呼。他们一个是必须划清界限，不敢进门；一个是画地为牢，不敢越雷池半步，于是两个怯弱的老友就这样一个在门内伤感，一个在门外恸哭，以此种方式完成了他们的最后一晤……好一阵，童伯伯才抹着泪水凄然离去。两人终于未交一语，并就此永诀！这一让人心酸的泣别，父亲从未忘却，每次提起，均不胜唏嘘。就在父亲临终前，念叨起旧事，还信誓旦旦，一定要把这段情节记录下来，可当时的他，衰弱得连捏笔的力气都不具备了。如今只好由做女儿的为他补录一笔，完成他最后的这一点夙愿吧！祈愿两位老友能在另一个世界再次聚首，放大胆地共叙学问、畅述别情。

童伯伯生于民不聊生、军阀混战的年代，卒于红色革命如火如荼之际，勉强算也不过六十岁，带走了满脑子的学问、一身的才华。在迷惘中，在失落伤感中，在无助无奈中抱恨而去。其实他连恨都不敢有，有的总是一腔幽怨，几分伤感罢了。

一颗孤独无依的灵魂，一代绝顶聪明的学人，就这样默默地消失在喧嚣的尘世，真是学界之殇啊！

张政烺先生二三事

张政烺先生是父亲赵俪生的同仁好友。我却从未见过这位张老伯，可在这里我一定要记录下我对他的尊重与敬仰。因为在梳理着父亲一生的亲友时，张老伯那宽厚、仁慈、善待同仁的平淡举止，引起我无限的思绪和深深的敬意。

父亲年轻时虽备受老一辈学者们的眷顾和关爱，可在同辈同行中却是颇遭物议和受排斥整肃的对象。当然主要是他头上那顶众人皆知的“桂冠”，使得即便有怜爱之心的同仁，也不得不与之保持一定的距离。那年头时兴的就是“划清界限”么！加之父亲口无遮拦，有时出言不逊的个性也确实得罪了不少的同行。因此，那些一生不曾伤害他，对他关爱有加平等相处的友人，就更是显得弥足珍贵了。而我们的张政烺张老伯，就是其中颇让我这个晚辈铭记难忘的。所以我一定要记录下他那平实、宽厚的为人，以示我对他的缅怀和追念。

父亲的调皮还是颇有些传闻的。这也是让那些中规中矩的同行学人很看不上眼的。可仔细检点父亲的一生，又感到他在大是大非的关键时刻，始终还是拿稳了的。这说明看似不守规矩、不听话的父亲，骨子中其实是个传统学人。尤其面对长辈们的教诲，还是毕恭毕敬地遵从了的。他和张政烺先生终生为友，就是那位献唐老的引荐和指授。

王献唐老先生在史界颇受众人推崇，是中国传统文化领域中不可忽视的一个重量级老文化人。父亲在其面前以私淑弟子自居，只要挤出一点时间，就赶到王宅，去接受老先生的耳提面命，提高很快，受益匪浅。他俩一个老顽童、一个小皮孩，在相互调侃、相互帮助中，缔结忘年之交。这在父亲的回忆录中记下了有关内容。献唐老不仅在学术上引导了父亲，而且在怎样处世、如何交友上也予以了不少指点，看似不听话的父亲，对老先生的两个指教遵从了一生，也使他得益其中。

那时的济南刚刚解放，父亲在政府机关从事着秘书一类的工作，这是教了一辈子书的父亲，鲜有的一段“行政干部”的阅历。当时把持山东的一方诸侯恰是与父亲有姻亲关系的康生，父亲要想攀这门亲戚，上这条船是十分便利的。献唐老以他多年的世故与经验，再三告诫父亲，在政府工作，一定不要往那条路上靠，靠上去是没有你娃娃好果子吃的。当然父亲早年投身革命，奔赴延安，很快退出，也有着自身的感受，生性敏感和怯弱的他，很清楚自己不是这条道上的人，迅速转入“儒林”行列教书、写文章去了。之所以他不往上靠，有自身的是非观点，也有献唐老的谆谆教诲。

献唐老还给父亲引荐了一位学界的朋友，那就是张政烺先生。父亲少年时代虽和张老伯同在青岛上学，但彼此并不相识，是由于献唐老从中引荐，才得以交为朋友。张老伯也是父亲一生中所有同仁、朋友中待父亲最为宽厚、最为平实的一位老学长。所以说献唐老对父亲的教诲何止于学问，在父亲的人生途中，也不乏老人的谆谆教诲和处处点拨了。

张政烺先生为人之淳厚、拙朴，在很多方面均能体现出来。五十年代初父亲的一个学生大学毕业后，父亲郑重引荐给张老，张老欣然收之。不承想，这个学生不久与张老的新夫人产生了恋情，于是撇下两子，离了张宅，两人双栖双飞调往中科院西安分院去了。为这件难被世俗观念容纳的婚恋，父亲被科学院的老前辈们谴责了无数遍。可张老伯本人却从没为此事迁怒过父亲，也从未向父亲表示过他的不满和怨恨，压根就像没这档子事，仍以同仁好友善待父亲。因为他很清楚，此事与父亲毫不相干。倒是父亲难舍爱徒，始终牵挂着这位弟子的命运。特别是该弟子在“文革”中被打成“五一六分子”，逃亡外地，其妻则被造反派逼死在地下室中。其实二人是颇有造诣、年貌相当、水平匹敌的两位学人，有着强烈共鸣的他们能冒天下之大不韪、义无反顾地走到一起，也是相当地不容易。以至于她逝世后，父亲劝弟子无论如何再找个伴时，他满目怆然，十分伤感地对父亲讲：“再找一个她那样的女子，是再也不可能的了……”也难怪在清理其妻遗体时，她贴身装着夫君的一张照片，后面用俄文书写着：“我心中的太阳！”夫妇如此相得，如此相爱，又遭此撕心裂肺的生死离别，也实属感天动地了。

让父亲更为伤感的是，很多年后，父亲到了北京，张老夫妇邀父亲游湖划船，船至湖心，张老夫妇于船头向远处眺望，在船尾张老的儿子停了桨，低声向父亲发问：“赵伯伯，她真的死了么？”他没有用“我的母亲”这个称谓，父亲暗暗点头认可。儿子又问：“听说还有个女儿？”父亲用手一比划：“这么高了，可以给他父亲做饭了。”父亲每提此景，嗓音均有哽咽，儿子惦着生母，可又无从问起，多年后，才借这么短暂的一点间隙，印证一下听到的传言和心中的疑虑。通过这件事，也可以窥视张老先生为人的宽容与大度。老先生中年失偶，独携一双幼子，其艰辛可想而知，但他那宁破已巢、放人一马，事后不怨天尤人、绝口不提此事的襟怀，令人肃然起敬。

父亲落魄边穷之地，每至京城均在黎明天未亮之际，都是非常冒失地去敲张老伯家的门，张老不以为忤，总是披衣开门，迎接远客，从未表示出一丝不快，这种善待同行之作为在今天看来稀松平常，但在当年那个非常年代，是十分难能可贵的。那时家中来了客人动不动就揭发、就汇报，人人要做到六亲不认、划清界限，何况父亲还是归入“阶级敌人”入了另册的分子呢？就在张老的客厅里，进来了社科院的另一位先贤，他是来给张老送戏票的，和父亲撞上了，张老兴冲冲对他说：“俪生来了。”人家连看一眼、点个头敷衍一下都没有，视而不见掉头就出去了。要知道这位先贤和父亲是有过共创辉煌数年的同事之谊啊！什么是“世态炎凉”？张老与这位先贤截然不同的待人方式，怎么不让父亲铭记于心，又怎不让我这个赵氏后人对张老伯感念于怀呢？我虽与张老伯未谋一面，但我会永远地记住他、尊敬他、感激他。当然，那位先贤也做出过反省，拨乱反正后，此先贤有陇右之行，顺路到我们家中造访叙旧，父亲还陪老先生游了刘家峡、炳灵寺。当年之作为也只能归入那个年代不得已而为之的一种态度吧！可我们的张老伯就在那个非常的年代，让我们这个入了另册的家庭体味到浓浓的人情和世间的温暖。

在那个年代，在翻来覆去瞎折腾的过程中，有极个别"不懂原则"、看似"愚钝"的学人却保持了他们做人的基本准则。他们虽被看做"不识时务"，却以不变应万变的沉着心态保持了自身的处世哲学、待人方式，也从根本上维护了自己做人的尊严。所以我要记下这看似平常却值得人们钦佩和敬仰的学人风貌，以此缅怀和感激这位从未谋面的前辈长者。同时，也企盼世间多一些张政烺老先生这样具有淳朴、厚重之风的学人，维护住我们这个民族千百年来流传下的士人应有的风骨。

二〇〇八年端阳之际

一位不该忘记的长者

——记古生物学家周明镇先生

在父亲赵俪生诸多好友中，周明镇先生是比较特殊的一位。因为父亲的好友局限在文史、戏剧、画家一类的圈子中，顶多有几位医生成为父亲一生交往过密的友人。而周伯伯成为父亲的好友，则纯属孩子们是同学，而父亲又是周伯伯和杨钟健先生之间的介绍人。以至于两家之谊从五十年代初，延绵至今已一个甲子矣。

五十年代初，在山东大学校园中，有两位年轻英俊的教授，一位是我的父亲赵俪生，一位是留美刚刚回国的周明镇先生。父亲比周伯伯大一岁，周伯伯比父亲低一级，父亲定为三级教授，周伯伯是四级教授。周家长子周西蒙和大姐赵绛是同学，次子西芹和我乃同班。先是由孩子们的友谊而有了两家大人的来往，哪知随着运动不断，让周伯伯记住了父亲。

无遮拦的周伯伯在介绍美国的先进、自由时，引来了一片谴责声。这让周伯伯有点紧张和不适应。华岗校长在和他谈话中抚慰了他：不要过于紧张，大家并没有一棍子将你打死，比如历史系教授赵俪生就说过，要理解、要帮助、要团结之类的话。周伯伯感念之情由此而生。后来父亲又为他出主意，山大地理系不是久待之地，你一个搞古生物的在此没有前途。当年，父亲在中科院工作时，和古生物学家杨钟健关系甚笃，于是介绍周家举家北上，到了古人类与古脊椎动物研究所。虽然两家分开了，但友谊却一直延续了下来。父亲的友人群中也因此多了一位科学家。

两家两代人虽然是朋友，但反差极大。我们是从吃供给制的革命地区来的，家中又无老底，所以着装极为俭朴，甚至可以讲是“破破烂烂”；而周伯伯自美归，周伯母一直在台湾从事文艺教育工作，周伯伯的母亲还是个工商资本家，所以相当“港派”。我家的“土”和周家的“洋”在山大群体都格外扎眼。青岛是个殖民地城市，有一特定的城市风貌，我家的“土”固然招致白眼，而周家的“洋”也未能被当地人接纳。加之两位教授身高都在一米八以上，年方三十出头，又长得英气逼人，不免让老班底的人有“少年得志”“少年轻狂”的看法，也为他们屡遭非议埋下了隐患。幸周伯伯没两三年就抽身而去，在名流如云的中国科学院、京城天子脚下，也就不显山不显水，而父亲日后的祸事不断，也就与天时、地利、人和都分不开了。

周伯伯身材挺拔，一双细长的凤眼说起话来眉飞色舞，很能勾人。而周伯母柴梅尘女士也确属端庄、漂亮的教授太太。用郎才女貌来形容周伯父母，毫不过分。虽周伯伯功成名就，柴女士却委屈一生，只有三十年代的文化圈内人记住了这位文化底蕴很厚、才情不薄的女士。她一直是巴金、靳以、萧军等人的终身朋友。为避文字惹祸，只能靠她上大学时最不起眼的一门功课——外语吃饭，默默无闻地聊度人生。父亲对周伯伯的评价，有几分不屑："那是个耍孩子。"周伯伯自己也说过，在上大学时，"靠你伯母扔纸蛋过日子"。而在提及柴梅尘女士时，父亲却多了几分尊敬："那是位很有修养有相当水平的女士。"周伯母偶尔也会流露出对周伯伯不屑的神情，周伯伯就会用"她这一辈子没干起来，对我干了起来不服气"来解嘲。应该讲柴女士的综合水平要高过夫君，这让在社会上已是人物的周伯伯回到家中面对妻子，多少会有点底气不足。

两家的两对儿女是同学，大姐赵绛欺负西蒙大哥乃一绝，而像小霸王似的西芹欺负起我来也绝对不含糊。大姐领着被打坏的我到周家登门告状的事时有发生，可西蒙大哥受了气往往就咽进了肚里。但这不妨碍我们是一群结伴上学，也一同出游爬山下海的朋友。青岛短短的两三年光景，奠定了两家相交一甲子的友谊。

六十年代，两家的长子、长女分别考入了北京地质学院、兰州大学。而西芹和我均落魄成"社会青年"。因周伯伯和吴冠中青年时代的友谊，西芹得以求教于吴门攻油画、木刻。而我只有借家中的"死老师"——一堆画册学手，不时也到甘肃的一些二三流画家中聆听一二。我比西芹优越的条件是，可借大学学府的条件，去中文系蹭一段课听听，加之父母就是搞文史的，耳濡目染，自然综合文化基础见长于西芹。

由于命运相近，又都习画，于是开始了通信。加之脾性投缘，信越写越长，笺越传越厚，经常被邮局加注“超重”字样，需补交邮费。柴女士讽刺儿子：“邮局应专门为你们设个邮箱。”因为在信中多叙绘画心得、社会遭际，也常在信中打“笔仗”，这个时候我们反过来了，多是我占上风，讽刺和糟蹋起西芹来没商量，有时确也显得过分。心疼儿子的柴女士会斥西芹“自讨没趣”“自取其辱”，而周伯伯比儿子还愿看我的信，总是抢过来一把撕开信封高叫：“先睹为快！”看我糟践西芹的段落大为高兴，还冲儿子说“有鲁迅笔风”。已长大了的我，在还没见到二老，未到周家之前，周伯父母对我的认识已“泾渭分明”。

一九六六年初父亲接到周伯伯的一封很别致的来信：蘸的是绿墨水，用英文行文，其意思只属两位男性家长明白，父亲读完嘟囔了一句：“这老兄没名堂。”后来我隐隐知道，周伯伯让父亲送我进京，让两家子女试着以同等学力考考美院，我的一切开支归他来承担。似乎也包含如两个孩子还愿意的话，也不妨将来成为儿女亲家。我至今不明白一个留洋多年的洋博士，为何会为儿女将来的成家立业操那么多心，他曾精心设计过两个儿子的婚事，皆不成功。但他自己却始终乐此不疲。

一九六六年四月我启程赴京，在周家住了一个多月，后因“文革”骤起，我匆忙返回兰州。再次和周伯伯相聚已是二十七年以后了，此时伯母因忧郁症厌世而自尽，让我失去了一次再度领教的机会。

应该说在北京东四十条125号周宅的一个多月里，我近距离地了解了周伯父母的性格和习性，也和周氏兄妹四人，特别是后三个朝夕相处。感觉这是一个简单而单纯的家庭。首先是周伯伯阳光而快乐，只要伯母一上课，他就逗着我们玩，像个调皮的大男孩，格外有趣。而伯母在家，几乎就是取一本书，坐在南窗下读书，极少和我们交流。一般伯母在家，我们都各在各的房中收声敛气，伯父会悄悄推开门送进一小碟干果之类的小吃，用食指按住嘴巴，暗示悄悄地吃，别声张。

只有在有客人来时，我方可一窥伯母的另一种风貌。可周家来客是不允外人掺和的，我只能透过门缝“一窥”而已。我只知道萧军经常造访，据西芹讲，这位《八月的乡村》的著名作者沦落在京，靠摆小人书摊谋生。吴冠中来过，因是西芹的老师，西芹也在客厅作陪，而我斗胆拉开一门缝，得以一睹此大师的风貌。他在看西芹作品中，发现了我画的一幅人物速写，他看出不是弟子的画风，端详一阵问西芹：“这是谁画的？”西芹含糊其辞“一个朋友”，吴先生评曰“此人才具比你高”。若在我家，老爹早把我们拉出来和客人过招，还会对客人讲“就是这个孩子画的，你指点指点”。两家风格迥异，奈何！

此时的周伯母满面笑容，和客人攀谈得亲切而热烈，爱热闹的周伯伯倒成了陪客。我发现文艺界的客人都是冲伯母而来，他们在周府显然更敬重的是柴梅尘女士。

有一次我糟蹋西芹有些个过分，伯母难得开了腔：“你别小瞧我家老二，文艺界的大人物他都见过，巴金每次来京赴宴，都是左手拉着李小林，右手牵着我家老二，没他没见过的人。”

西芹后来也谈到他不善交际：“因为妈妈是巴金的朋友，李小林成了我的朋友。因为你父亲和我爸爸是朋友，咱们成了朋友。李成粹（西芹的夫人是国民党元老李印泉先生的孙女）是自个找上门来的。后来，人家李小林考上了上海戏剧学院，不搭理我了。这辈子我就这么三个从小玩到大的异性朋友。”可见周家子弟老实、规矩、单纯，不善交际。

在家中只有我和周伯伯时，周伯伯搬出足有半尺厚的一个大影集。开始向我展示他的浪漫史。青年时代的周伯伯又漂亮又风采，他从第一位犹如运动员的女同学介绍起，一直到他留美时和智利女演员、英国留美同学在草地、在公园的照片。那个浪漫、那种潇洒真是没的说。我们一个介绍得兴致勃勃，一个看得津津有味，突然悄没声地从上方伸过一个脑袋来，我俩一仰头——西芹已立在我们的身后！周伯伯猛地合上影集：“你干什么？”儿子只从鼻孔中发出一声不屑的“哼”声，转身离去。后审问我，他父亲说了些什么，“把他那丢人事四处显摆”，儿子如是谴责。要知道这是在“文革”前夕，留美交女友都属资产阶级生活方式，掩盖还来不及，又展示给外人，当然儿子要如此不恭了。也难怪周伯伯背地里告诉我:“你要防着，老二是他妈的小特务。”

周伯伯在没人处对我说:“没钱就问老二要，你伯母把经济权交在我家老二的手中。”可一看西莓小弟问二哥要两毛钱，不得到手，沮丧地往上铺(哥俩睡上下铺架子床)爬时，嘟囔了一句:“二哥真小气!”我也就从不张口向西芹求援。虽然当时我很拮据，也绝不自讨没趣。

西蒙大哥风尘仆仆自密云地质队回来。餐桌上周伯父母都很高兴，西蒙在单位是被培养的又红又专的接班人，吃饭时也是谈笑风生，眉飞色舞，神情颇有乃父之风。此时的西芹瞪着一双牛眼，阴郁低沉，闷头快吃，吃完迅速离开。后来我知道哥哥多次动员弟弟上山下乡，而且还特意安排去的地方是华侨嫂子的老家海南岛，因此两人之间产生过不快。

嫂子也回来过一次，这位华侨出身的大嫂来时正是午休时间，周伯伯拉住大沙发床上的布帘在午睡，大床仅两尺之遥是小妹的小钢丝床。大嫂闯进来，径直一掀布帘，大喊了一声“爹爹!”周伯伯自梦中惊醒，一看是儿媳:“哦，哦……回来了。”又往起爬，“我起来，我起来……你休息。”于是公、媳俩，一个在大沙发床沿上穿衣服，一个坐在小钢丝床边脱地质队上的工作外衣裤，然后交换了位置，大嫂就钻进周伯伯的被中歇息去了。而周伯伯拎起媳妇的工作衣，发现裤上磨了一个小孔，就来到客厅，找出针线盒穿针引线，准备补裤子。一直坐在南窗未动的伯母斜视了一下周伯伯，周伯伯注意到了，举着针线冲伯母说:“老太太，你给咱们缝两针？”伯母只是轻蔑地从鼻孔中发出一声：“哼！”不予理睬。这个表情和西芹看影集时的那副做派极为相似，只能说西芹有乃母之风。不以为然的我对周伯伯说了一句：“周伯伯，哪有老公公给儿媳妇补裤子这一说啊？”周伯伯举着针线正色道：“你是历史学家的女儿，太封建！要知道我这不是在给我的儿媳妇补裤子，我这是在为我的同行补裤子！”这句话震撼着我，使我铭记终生……

进入五月，从各方面传来的消息都不容人乐观，连在小学就读的小妹都会带来同学们的见闻，讲北京旧市委领导住的小楼漆黑一片，孩子们围着楼拍着巴掌齐声喊着：“快坦白！快交代！”一片风声鹤唳。而在这中科院的小院落中，不时也可闻到烧糊东西的味道，家家已在内部开始清理不合时宜的东西。周家亦不可免，西芹将我俩几年来的通信，满满一大提包分批烧掉，顺着马桶冲得无影无踪了。这也暗示我们青涩的年华已经结束，面临的是一个必须迅速成熟、自立，直面社会，迎接一切苦难的局面。我也迅速地离京回转兰州，一下火车，整个兰大变成了纸糊的一座学府。六月四日返回兰州，二十九日我已经生活在河西走廊、祁连山下的一个农场里了。这和两个月前，周伯伯的美好设计相去何其远也，我们这一代注定要走得更加艰难。

虽然分开了，音讯并未中断，西芹终于在“文革”前夕被安排在一个小厂当了工人，这样就稳住了他的北京户口，也成为周家在那十年浩劫中留守家中的看门人。脆弱的周氏门庭经历了他们难以承受的命运，首先大哥西蒙在“文革”中遭遇冲击，被归入修正主义路线培养的接班人，向来一帆风顺的西蒙受不了这份凌辱，卧轨自杀。可怜他留下的唯一女孩成为遗腹子，无缘见生父一面。周伯伯服毒自杀未遂，捡了一条命；周伯母下放干校；而小弟小妹分别被遣往北大荒和云南农场。当年我在应答的一首小诗中记录了这幅场面："习画十余年，怀才不得展，寄予车床旁，旋转轮三班。世事皆违意，家境亦多难，父母均病离，长兄遭凄惨。独自撑门户，弟妹双屯边，塞外闻此讯，不禁为之叹。如此百事乖，为何聚一端……”西芹也在信中叙及家中这一片狼藉时提到："母亲希望我早日成家，以撑门户。”我们之间虽有过周伯伯的暗示，两人基本也算得上是两情相悦，但是从未直面涉及“婚姻”“爱情”这些词汇，何况彼此沦落到这种局面，我已成了名副其实的“农业户口”，更无他念。其实拎着旅行袋从周家迈出的一刹那间，我早已明白“一切都已结束”。正因为彼此心照不宣，故无一方有怨言，大家还是保持了互通书信的友谊。当时接到此信，河西的田野中正开放着一片凄然惨淡的或白或蓝、星星点点的胡麻花，无边无际。于是，我摘了几枝柔弱的蓝色小花，在书中压扁，夹在回信中遥致他“幸福”，当时的境况也仅能如此表示。时隔四十余载，我与周家兄妹之间已延续成一种近似手足般的情谊，谁说“爱情至上”？有时一段持续、绵长的友谊会远远超越了爱情，让人有一种弥足珍贵的感受。

比起从“反右”就落水的知识分子，也和大多数十年浩劫历经苦难的家庭相比，周家的灾难来得迅猛惨烈，但结束得也早。中美关系恢复后，留美且在美有着广泛友谊的周伯伯被派上了用场，他在古人类与古脊椎动物研究所的赫赫有名的五大权威中，年龄最小，且又有留美的阅历，于是研究所所长在杨钟健之后就非他莫属了，同时还兼任北京自然博物馆馆长。自幼就擅长雕塑古动物的西芹也因此而调入博物馆，成为一名熟练的古动物复原的技术人员，一切都在朝好的方面发展。

一九八二年西芹赴澳前来陇上辞行，与我们夫妇叙旧，背过人他悄悄说了一句：“真没想到你嫁了这么精彩的一个人！”而夫君在提及西芹时，就只有一副居高临下的口气：“唉，一个孩子……”说明周家子弟的单纯。哪知仅四年后，夫君就撒手人寰。我回青岛疗伤，在大洋彼岸洛杉矶落户的西芹夫妇不时有信来慰问，成粹（西芹夫人）在殷殷抚慰之余也写道：“西芹经常梦见青岛，是否让他回青岛陪你一段时间？”此提议虽被我拒绝，却令我大为感动，这也是我经常和西芹提及的：“我们的友谊得以延续，有赖于成粹的贤良和倪君的宽容……”

伯母一反常态地给我多次来信，鼓励我要“勇敢”，要注意自己的身体、情绪，还寄来了三毛怀念亡夫的散文，嘱我一定要“好好地活下去！”我是活下来了，哪知为家事操劳过度的周伯母自己却患上了忧郁症，没能勇敢地好好活下去，于一九九二年自尽身亡了。没想到我们的京中一别，竟成永诀！再次赴京已是一九九三年。时隔二十七年，在黄庄院士楼，只能与周伯伯独自叙旧了。周伯伯一见我就将我揽到怀中，拍着我的背说："二十七年了，你才来看看我这个老头子，你伯母已经不在了呀……"小妹为待客出去买了一个硕大的西式饼，配几个小菜，周伯伯指着那个饼告诉我："在中国买这么个饼是摆阔以示高级，在西方却是贫苦人为充饥才吃这么一份。"早起，小妹夫妇已上班去了，周伯伯打开冰箱取一袋凉奶撕开就喝，一大早这么凉的东西充早点让我实在担忧，周伯伯却不以为然地说："习惯了，没有什么，挺好。"这让我想起我那一天三顿，顿顿要新鲜、要热乎、要全面的老爹，周伯伯太好侍候了。

我在周府住了一宿，为的是重叙友谊、再温旧情。临睡前小妹找出一套被盖，我夹在怀中问道："我睡哪？"小妹回曰："问老头。"我立在周伯伯的卧室门口再问："我睡哪？"老先生坐在他的沙发床上，一指两米以外与之平行的一张小床："喏，就睡那。"我睁大眼睛，周伯伯一见我这神情又说："这有什么关系，我的女儿、媳妇回来都睡那，你坐卧铺来时，那六个铺位全是女的么？睡在这，夜里咱们说话方便。"我赶忙解释："不是的，我的睡相不好，还打呼噜，怕惊扰了您老人家，这样吧，我到客厅的大沙发上囚一夜如何？""随你，封建脑筋！"这又让我和那封建透顶的老爹比了一番，我家就在只有一间屋时，也是用柜隔开，以示男女有别。野外出身的周伯伯，住帐篷，睡野地，自然也就养成了一副野外习性，只要高兴，有人说话，无所谓性别区分了。这样显得倒也坦荡！

看着健康快乐的周伯伯，实指望他年还有聚首之机，没承想三年后，即一九九六年病逝，享年未及八十。这在那一代知识分子中称得起“英年早逝”！凡是熬过“文革”的知识分子们都仔仔细细珍惜着他们的生活，打点着这熬过来十分不易的岁月，一个个都闯过了耄耋之年。可我们这么英俊、挺拔的周伯伯却未及这个寿数，怎不让我悲痛之余为之扼腕呢？

在发现北京猿人的周口店旧址上，安卧着为古人类与古脊椎动物研究做出卓越贡献的五大院士，他们依次是杨钟健、裴文中、贾兰坡、吴汝康、周明镇。他们的研究成果有目共睹，在国内外都达到了巅峰，受到全世界的尊敬。如今他们故去了，后来人没有忘记他们，让他们和他们的成果共存周口店，成为那里的一景。我一定要在有生之年，去瞻仰这几位值得尊敬的科学家，献上晚辈迟到的鲜花；同时和我最亲的周伯父母叨叨几句，告诉他们，我终于又来给你们致敬、给你们请安了。

一件拓片的来历

在父亲的回忆录中，有两段涉及他和古生物学家杨钟健先生的交往，十分简短，附录于此：

> 编译局和国际联络局。前者的局长是杨钟健先生，陕西华县人；后者的局长是钱三强，我在清华时的高年级同学，名教授钱玄同先生的儿子。我被分配在杨老手下工作，按副处长待遇，每月650斤小米。[1]

> 在半年时间里，我跟杨老一直配合得很好。原因之一是我在陕西当过八年教员，像个半拉子陕西人了，在语言和某些习惯方面，能达到和谐。当时局里其余的人都还没有来，只我们两人匹马单枪创办起一个局。[2]

> 杨局长对我一直很好，他把他父亲杨松轩先生（陕西咸林中学校长）的墓志铭初拓本送给我。至今事隔五十年，我还有时找出来在客厅里挂挂，因为这份墓志

[1]《赵俪生高昭一夫妇回忆录》，第120页，山西人民出版社，2010年。
[2]《赵俪生高昭一夫妇回忆录》，第121页。

> 铭是张伯苓撰文、于右任书丹、马衡篆额、李书华撰铭，真是一派名人，可以说得上是“扬名声，显父母”的事。特别是于右任那带有魏碑气息的小楷书，我在其他地方没见过。所以，我一直把它当做一件文物珍品收藏着。[1]

有关父亲和杨钟健先生的交往也就这么寥寥几个段落，但他赠父亲的这份墓志铭拓片却被父亲裱好珍藏了半个多世纪，从一九四九年迄今也一个甲子有余了。如今父亲和杨老先生均已作古，这件拓片中堂现在我的手上。由于自己也画几笔，故与陇上的书画家时有往来，也注意到至今未见杨家后人展露此件墨宝。于右任也是西北人，民间流传他的墨迹甚多，基本是行草书之类，从未见过如此规矩精致的小楷。经书画界朋友们鼓励再三，我让学生潘荣对此碑文进行了抄录、断句、标点、拍照，这样以供后人研究于右任书法也未尝不可，顺便将父亲的回忆录中没有提及而我知道的有关来历作一回忆。

父亲曾断断续续讲过拓片的来历。当年父亲仅三十出头，是个愣小伙，跟在杨老手下跑腿，干得也还带劲。闲暇之余他们会聊起陕西的风土人情，人文地理。西北当年是偏僻之地，被京都人视为“小地方”“土包子”，根本入不了人家的眼。有这么个在陕西教过八年书，对关中历史文化十分感兴

[1]《赵俪生高昭一夫妇回忆录》，第122页。

趣的年轻人，杨老先生自然就会觉得很喜欢，两人的话题、关注面也很契合。于是杨老就把他珍藏不多的他父亲的墓志铭初拓本转赠了父亲一份，并讲了此拓片的来历和珍贵之处。

父亲讲，杨老先生告诉他，墓志铭刻成即拓了百余张分给诸子孙珍藏。杨老乃长子，也不过分得十来张。到转赠父亲时，手中也仅剩四五份了。“不拿可就再没有了”，这是杨老的原话。再提及此碑下场时，杨老不胜惋惜地说道：“土改时此碑已被砸了，彻底不存在了。”可以想到，刚解放时国民党要员都是被归入“战犯”“反革命”范畴，这么大个的文化人和国民党要员拼凑成的墓志铭当然留它不得，砸了是它唯一的命运！

此碑长约一百二十厘米，宽六十厘米。千余字的碑文，于右任老是以甚等样的耐心，完成了这样马虎不得的工程的？据父亲告诉我，当年的润笔费高达一个字一块大洋，这个价码不禁让人咋舌，所以父亲才这样讲，这是“扬名声，显父母”的事。只是落在了改朝换代的时节，一派名人联合制成的碑，很快就灰飞烟灭了。不知这个拓片会不会是“仅存”，因为当年杨老告诉父亲，刻完了碑即拓百余张，那么杨氏家族也应有幸存下来的拓片。不管怎样，有此拓片在，于右任那魏碑气息的小楷书将让我们领略到一代文化人的墨迹和功力。

当然，最后的落款“长安白廷锡刻字”也不容疏忽。此人应当是当年民间的刻字高手。在刻字过程中，刻工水平的高低对保留书法原作的神韵起着至关重要的作用。无疑这位值得钦敬的白匠人在我们欣赏于氏楷书的同时，也让我们领略到他对书法的理解以及运刀时那种老辣的功力。

逝去的已无法挽回。幸留此拓片以展示那个年代的文人、官员以及工匠们对民族文化的传承与发扬！

另附：

华县杨松轩先生墓表

余为办私立学校之一人，深知其艰苦。陕西华县杨松轩先生亦为办私立学校者，其生平所遇之困穷，正多为余所身受。故余对先生之长逝，不禁深有感焉。先生与余从事教育事业，均远在二十余年前。时风气未开，新学为人所反对，社会上对于办学之阻挠，诚有吾人今日梦想弗及者。幸余所办学校在通商口岸，地方平靖，风气较易转移，而先生僻处西陲，只身奋斗，其所遇之艰难困苦，实百倍于余。此事之所必然也。溯先生之初办教育也，发起教育研究会，为研究之机关，附设两等小学校为试验之场所。当初办时，无校址，无学生，经费仅有二金，忠实同志无一人。所历艰险，不可胜举。继而应地方需要，倡办咸林中学校，规模既大，阻力亦多。然先生卒能于是非不明，变乱相寻之社会中，再接再厉，百折不回，每遇艰险，辄曰“阻力即助力”。任劳任怨，终不少懈。十六年春，为发展校务计，合并两校，增设师范、职业二部，在陕东造成一中、小教育兼备之咸林学校，并附有咸林医院、公储局、合作社、园艺部等组织，蔚为大观。凡亲受先生教泽者，咸多有所成就，其成绩诚足令人惊异。设先生办教育不在县城，而在省会，不在西北，而在东南，以先生之精神毅力，其成效当不止此。先生为人精明刚毅，守正不阿，输身教育数十年如一日，为学校而忘家忘身，每当地方不靖，兵匪逼临，辄独自留校，支撑一切。先生自谓，视学校如家，爱学生如命。诚非虚语。然先生一生事业固在教育，而其他事迹，如省长教育司、副省议会、筹办振务及处理地方上各种兴革事业，虽因阻力之多少而有成效之差别，然其规模组织，已足为后起楷模。总观先生生平言行，实不愧为时代之先驱，其治事才干尤为人所难能。惜其毕生困斗于腐朽固陋之环境中，事事不能达其志愿，诚可慨也。十七年夏，先生正在县擘划校务，家中陡遭劫匪，房屋被焚，二弟遇害，先生于策进校务外文，忍痛谋家事善后，只身支持危局，艰劳备尝。同年十二月三十日，竟以脑溢血疾，终于校。距生于民国纪元前四十年八月二十二日，享寿五十有七。先生讳鹤年，父讳增龙，安葬于县东南龙潭堡北祖茔。呜呼，先生之死，在西北失一办理教育之领袖，在中国丧一服务社会之人才，而在余则少一教育救国之同志矣。痛哉！

铭曰：阻力即助力，百折愈前进。困极处之泰，逆来受以顺。二金作基本，乐育一时儁。集义与友仁，云从犹雷迅。唯以精诚感，能使盲聋奋。绸缪社会事，阐发修齐训。匡时以兴学，倾家亦无吝。龙潭不测深，太华无量仞。明德有达人，咸林骏之靳。

天津张伯苓撰文　滦县李书华撰铭

三原于右任书丹　鄞县马　衡篆额

男钟健华　孙新感慈　孝谨立石

中华民国二十一年五月縠旦

长安白廷锡刻字

后来听说西安碑林也有此碑拓片出售，然是残片，缺失了几十个字。因乃传闻，不敢断言。真希望此碑就是损毁也应留下部分残体，供我们后人学习与赏鉴。

偶逢遇罗克

——一个已经模糊了的印象

二十世纪八十年代，昔日好友周西芹从北京寄来了一本《当代》，并告知其中那篇《冬天里的童话》的作者是遇罗锦，她是遇罗克的胞妹。“记得么？你在我家还和遇罗克海聊了好一阵呢。”经西芹的提醒，那淡忘了的往事又依稀浮现了出来，毕竟事过境迁，脑海中的印记总显得是那样朦胧，那样模糊了。

“文革”前夕，我赴京住在了北京东四十条125号的大院中。那是中科院的家属院，身为古生物学家的周明镇先生居于此，是父亲在山东大学时期的同事及好友。他们两个可算得上当年山大校园中最年轻、最漂亮的两位教授，加之子女们正好又都是同学，所以两代人的友谊延绵半个多世纪，至今未曾中断。周伯伯知道父亲自遭“五七”之灾，子女众多，难以支撑，写信让父亲把我送到北京，和他习画的儿子一同试着考一下美院，并表示我的一切开支归他承担。当年这个美好的设计在不到两个月后就被彻底打碎。两家子女都在席卷而来的“文革”中，遭遇了厄运。可一九六六年的初春，两家的长辈还是抱着一个美好的愿望让我去北京的。

当年，周家的状况比我家好许多，但看别人挨整的人家比挨了整的人家更战战兢兢、提心吊胆。所谓“杀鸡给猴看”，鸡们已死定了，跌到谷底，也就这个样子；可猴们却惶惶不可终日，不知何时屠刀会架到自己的脖子上。所以两家的风格有较大的差异，谨言慎行是周家特色。当然唯一例外的是我那风流倜傥、潇洒漂亮的周伯伯，他那难以剔除的美式风格怎么掩饰也掩饰不了，只好任由它了。所幸他研究的是亿万年前的古化石，和意识形态牵扯不大，加之为人单纯随和，于是吉人自有天相，这辈子倒的霉还不算太惨烈，可我们的西蒙大哥——他的长子卧轨自杀的惨剧，让周伯伯这一辈子难以释怀。

家风如此。所以，每当有什么活动，领着我玩的西芹兄总是要避开熟人，走在路上、进了公园也是一前一后，绝不并肩而行。临出门还要嘱我不要这样，不要那样的，弄得我老大不耐烦，所以和遇罗克的那次偶遇，还真让我们着实地吵了一架呢！

记得是一个午后，西芹让我在家歇着，他出去冲照片，顺便再买几个胶卷。那年代照相机是奢侈品，留美且从事野外工作的周伯伯有多架照相机，西芹也着迷并长于此道。但每次出门，都有点藏藏掖掖，把相机塞入一个大布口袋，从未潇潇洒洒地挂在脖子上。到了公园无人处，指个地方，“站这，给你来一张”，“咔嚓”完了赶紧再塞入布口袋。所以那次京中之行，除几张背影还令我满意外，神情几乎全是沮丧和不耐烦，少有佳作。这天临出门，他又嘱咐：“有人找，千万别说我洗相买胶卷去了啊！”又不做贼，用得着这么小心么？我没当回事地就顺口应下了，一转身也就把这清规戒律忘到了九霄云外。

可就在他前脚走，后脚就来了个找他的小伙子。我们未通姓名，或许通过而不记得了。两人坐下就聊了起来，对方似乎是西芹的朋友，屋中的一切他都很熟悉，也没把自个儿当外人，很是随和。至今能想起来的就是个头不高，脸色苍白，戴一副白边眼镜，背似乎略有些驼，有书卷气，但似乎显得羸弱、老成。他告诉我，他和西芹是东四片区街道办事处组织社会青年学习的小组长，前来通知西芹去开会。我知道那阵子三天两头动员社会青年上山下乡，撵了一拨又一拨，所以西芹最头疼的就是去街道办事处开会，何况我俩还约好他一回来，我们就去北海玩呢。于是告诉这个小伙子，西芹没空，他洗相买胶卷去了。小伙子并未在意，而是翻翻我们正在读的文艺书籍和西芹画的画，聊了起来，不外是观感和看法，具体内容现在已经全部淡忘想不起来了。西芹回来把客送走，一进门就吵了起来：“叫你别告诉人我去买胶卷了，你还是满世界地给我宣传。”我顿时来了气：“你用不着教我骗人，我这辈子还没学会撒谎！”出游的兴致全让这次偶遇破坏了。十几年后，西芹告诉我，那个让我们吵了一架的青年就是遇罗克。

如今，栖居洛杉矶的西芹，经常会在越洋电话中和我共叙当年。他也谈到了他的胆小和懦弱：遇罗克遇难后，他经常徘徊在遇家的巷子口，几度进巷又几度退出。因为遇罗克家是个死巷，只能原路进原路退回，而那时街道上的小脚老太太，阶级斗争的弦绷得特紧，何况西芹家已是自身难保的斗争对象了呢。固然惦着这位旧友和他落难了的家人，可始终没有勇气而未能迈入那个院落。

光阴荏苒，一晃四十多年过去了，如今我们每人抱着一本遇罗文的《我家》，共忆那段难忘的岁月，不禁滋生出几分“存者且偷生，死者长已矣”的伤感之情。

为张珏女士送行

近十几年来，在成县这片古老而偏僻的土地上，成长着一批才具不低的文化人。在传承和弘扬传统文化方面，取得了令人瞠目的成果。无论是书画、诗歌、文学等领域，都展现了令人振奋、令人欣喜的作品。之所以有此成色，有赖于几位茁壮成长的人物：画家杨立强，诗人陈廷栋，史界胡祥庆，其中，最年轻、最独特的唯一女性——张珏女士，是《同谷》杂志的副主编，又是资深女作家。他们共同构成了成县“四杰”，个个好样，让每一位到成县的文化人见到他们，都会产生肃然起敬、相见恨晚的感受。

前两年，胡祥庆先生以不治之症辞世。成县“四杰”痛失一员，已令人扼腕；今晨接成县学生折瑞兵电话，张珏已于昨日（九月四日）突遭车祸，不幸身亡。怎么也想不到最富生命力的一位才情不薄的女作家，竟会在四十四岁的大好年轮走完了她的人生！让我举着电话，无法表达我的那种心境、那份感受。噩耗来得没有一丝预感，没有一点缓冲的余地，好端端的一个人，突然间说没就没了，只能怨上天妒才，收走了我们年轻、美丽、孤傲的张珏女士。

有幸结识张珏，是我的第一次陇南行。大约在二〇〇六年的深秋，应画家杨立强先生之邀，在成县得以一睹成县四杰的风貌。由于都是女同胞，于是和张珏交往就略多了一些。观其仪表，美丽、高雅、寡言、娴静，略显几分孤傲。但你又会从她不时递过来的一把剥好的石榴籽，塞到你手中的一份餐巾纸，领略到她作为女性所特有的那份温存与体贴。

身为作家的张珏，善笔述而不长言谈。后来我发觉，她之所以不爱讲话，一是性格所致，二是略有几分“口吃”。缓缓而叙，不露痕迹，一旦说多、说快，就容易“露怯”。极端自尊的她，于是就三缄其口，很少侃侃而谈，让一般刚结识她的人，会产生一种孤傲而不近人情的印象。她曾对旁若无人、信口开河的我羡慕不已：“我要有你这份口才就好了。”我也和她调侃：“我要有你这么漂亮的容貌、一支绚丽的生花之笔也就心满意足了。”我曾委婉地劝慰她，以我的外貌为例：人要珍惜上帝恩赐于你的这个丑陋的体躯，肉体不可再造，灵魂可以重塑；所以我从来不在乎别人怎样品评我的外形，那是怨天尤人也无法改变的。长得不够漂亮不是我的错，我只需重塑灵魂就行了。当精神气质昂扬起来，肉体自然也显不出丑陋了。我还列举了托尔斯泰、鲁迅一类的大文学家，他们的外形并不漂亮，但却显得分外精彩。我小心翼翼地回避了她的缺陷，因为我深深懂得，她内心那份强烈的自尊，与那带在眉宇间淡淡的忧郁，是和埋在心底更深一层、不愿示人的自卑交织在一起，难分难解，纠结成一种让人难以理解的“怪异”。心理上的自闭，某种程度限制了她向更高、更深领域发展，因为饱读诗书的她，已具备了一个一流女作家所应具有的素质。今天随着她的离去，怎不让我遥望陇南，枉自兴悲叹呢？

我要感谢成县文化界的朋友们，感谢《同谷》杂志，当然具体到人，我更要向张珏致一份知遇之恩。之所以在花甲之年斗胆提笔，小试文风，我是在《同谷》杂志上出的道。而张珏的确也在推荐我的文章上颇费了一番心思。我和她曾随同谷画院的采风团驱车作河西行，一路上专拣冷僻之地去采风，让我这个“老河西”又重新认识了河西走廊更原始、更荒凉的景致。因我俩是仅有的两位女性，吃住在一起，朝夕相处。我“哇啦，哇啦”地说个不停，她忽闪着那双美极了的毛眼眼，紧盯着我的面孔。故事讲完了，她最后评点，然后说：“把你讲的这个故事回去原样记录下来，理成稿件，是一篇很生动的文章，写完后发到《同谷》，我要！”于是河西之行我给她讲的各种人物、故事都在她的敦促下记述成文。可以这样说，我就是这样一步一步被诱入了写作行列。

这几年，作为编辑的她，因引用外地作者的文章多了一些，照顾本土作者不够而颇遭物议。为了不给她添麻烦，我加入到《老照片》《温故》的行列，再未给她投过稿件。但我将永远记住我是在《同谷》杂志上出道的，我衰年起步，是在张珏的鼓励和关注下走入了文化圈内。这份友谊让我永远记住了她，我年长张珏二十岁，但在行文写作这一行，我永远是个后来者。

张珏是位美人，美得冷艳、美得忧郁、美得孤傲，随着她的离去，又让我领略了一段新版的“红颜薄命”。翻着她送我的散文集《我心蒙昧》，那娟秀的小照，规矩、流畅的题签，那篇篇或绚丽、或伤感、或锋利的散文，叩击着我的心灵。我们曾经有约，她一定来我家小住一段时间，两人如在河西时那样，盘腿坐于床上，没白没黑地穷聊大侃。我说，她评。我俩一外向、一内敛，遇在一起，彼此会刺激出一些灵感，生发出一些念头、一点思想，再以女性所特有的视觉，写出些别致的文章。而这一切一切的美好愿望，都随着张珏的离去而成泡影了，让我遥望陇南，说不尽的悔恨。多美好的设想如不付诸行动，都会稍纵即逝的！这不，连个招呼都不打，你就这样匆匆而去了，让我如何不怨你、不想你、不哀你呢？

报丧电话一挂，满脑子的往事历历在目，张珏那淡淡的美丽容颜浮上脑海，展在眼前，挥之不去。于是我旁无他顾，伏于案头，书此小文，以寄哀思！权当我们又聚了一回，又聊了一次吧，还是我说你听，只是再也无法收到回音了。

二〇一〇年九月五日

于张珏逝世次日作

刘 宝

一转眼，多半个世纪就这样一晃而过了。昔日的同学、同事，有热心者就会把大伙召集一处，所谓“同学会”“下乡友”，名堂甚多。倒也排遣了暮年难免的空虚和寂寞。这种聚会参加得多了，我会发现一个现象：不管如今官居何职、财发何大，还是位卑小职员或下岗工人，每当酒至半酣、口吐肺腑之言时，回忆起的往往都是自己一生最苦、最难的那段生涯：人们记住了那饿得要命的年代，在牛棚被折磨得生不如死的境况，而女同胞们最爱涉及的却是那艰涩岁月中一段刻骨铭心的初恋。当年这些秘而不宣、难以启齿的隐私，到了如今这把岁数已无所顾忌，都会很坦然地把过去的一段幽情私会渲染得有声有色，其中也不免有添枝加叶的成分。大家叙述得淋漓尽致，也不乏有失控者会嚎啕一番，引得众人一片唏嘘、热泪盈眶。

终于，在一次聚会上，我成为众姐妹的主攻对象。当年对我调离农场或愤愤不平、或艳羡不已的女伴，依然毫不掩饰当年那种酸溜溜的醋味。而如今这陈年老醋，已少却了当年的火药味和战斗锋芒。我只有洗耳恭听，任她们你一言、我一语地话说当年：“你可是沾了省五七干校的大光啦！省干部组一纸文下，你就‘农转非’了，成了国家干部。我们可整整在那里熬了十来个年头……”

“你眼高，一下挂了个大学生。跟着人家调进学校，别看文凭不咋地，这满校园的老师长、老师短地叫着，多风光啊……”

忽然其中有一人设想了个题目：“如果没有干校，那你就没有调离农场的机遇。你是我们这些人中的老大姐，像我们似的熬个十来年，你可就是奔三十岁的人了。你会不会嫁人？在农场找对象，你会嫁给谁呢？”

这个题目，立刻得到众人的响应：“是啊，当年就那么几百号人，岁数和你相当的没几个，家境、文化和你匹配的微乎其微，你真会当一辈子老姑娘么？”

我思考着她们出的题目，这已经是个不可能发生的故事。可我也知道，不真诚地面对这伙喜欢刨根问底、穷追不舍的老姐妹，会落一个“不实诚”“瞧不起人”之类的评价。何况我一向自以为还是个比较坦荡、比较诚恳的人呢。

我只有边想边说：“第一，农场四年，我有幸沾五七干校的光，提前结束了下乡的岁月；可我和你们一样，工种并未调整，二十七元的工资整整拿了八年。第二，当年的那种氛围，不是别人配不上我的问题，确乎是我没人要的状况。我头顶‘狗崽子’‘可以教育好的子女’的光环，身背一份吓死人的现行反革命的材料，长得也是粗粝不堪。没听当年那些小头头们议论‘那是个没人要的野婆娘’么？”

“那是他们不识货……”“那是他们吃不着葡萄说葡萄酸……”又是一阵七嘴八舌。其实她们很明白，当年的我是个嫁不出去的老大难，此刻不过在打马虎眼罢了。

我只能继续说将下去：“那年头咱自个儿的条件就是不好。当年找对象最基本的条件：一，出身是不是贫下中农；二，本人是不是党团员。这两条过了关，才能涉及财礼多少的具体事项上。咱哪条都不搭界，嫁谁啊？”

“那咱就瞎猜猜呗。”

“那你们就瞎猜猜，都活到这把年纪，也不怕你们编些黄段子来恶心人。”于是，这群不到黄河心不死的老姐妹，开始给我编排当年可能和我配对的人选。这个说张三，那个道李四，多是我们这一伙一块下乡的大龄男青年。根本用不着我自个儿辩解，他们这个说，那个就给否了。好在是一伙离老年痴呆不远了的祖奶奶们，闲着也是闲着，就让她们拽出个线头来瞎编乱扯算了。

可就在这时，一个人的影像浮上了我的脑海。一个土生土长、非常淳朴的农工形象展现了出来。我和他从未促膝畅谈，偶然四目相对，仅仅隐隐点头示意而已。为什么在姐妹们吆喝着要让我回到当年嫁个人时，我会想到了他？是偶然的么？好像是。可为什么在想可以嫁谁的时节，会想到他呢？这恐怕还得退回到那轰轰烈烈的“文革”年代。

进场不久，某日田间休息，林荫道上过来了一群男劳力。

我们这边的婆姨、丫头，和那边的男人们同时爆发了一阵欢呼。戏谑之明确、欢呼之热烈使我们明白，这是冲一对已定亲而未婚的青年男女来的。被哄闹的男工是一个敦厚、健壮的青年：国字脸上一双浓眉大眼，阔嘴、隆鼻，非常端正，黑红的面庞被众人闹腾得越发红得犹如吃醉了酒。虽一声不吭，但从微笑的面容上看去——写满了幸福。而我们这边的一位细眉细眼，具备着民间古典美的小女子早背过身去，用头巾将羞红的半边脸遮了起来，默默地在绣一个鞋垫。那挪针的指尖在微微颤抖，说明姑娘的心中有几分激动、几分慌乱。

从众人嘴中，我们了解到二人的身世。

男方姓刘，名字似乎是三个字，因其末尾是个“宝”字，大家看了电影《柳堡的故事》，于是把他的名字简化为“刘宝”，原本的名字倒无人叫了。因家中是地主成分，考大学无果，就来离家十来里的农场就了业。当年的高中生在农村已算个小知识分子了，省上的一位果树专家相中了他，精心给他传授了一手修剪技艺。刘宝虽口讷，但心慧，悟性极好，几年间就成了农场数得着的顶尖技工。所以他经常在老果园干活，大田中很难碰到。

女方王美蓉，是随父母由河南逃荒至此的难民。因这家男主人会调弄牲口，被农场留下当了一名车户，女儿也就随当地知青参加了工作，成了一名农工。到了男婚女嫁的岁数，刘宝的人缘口碑都是被众人认可的，这由河南来的外来户也需当地人支撑，于是在众人的撮合下，定了百年之约，只需备全财礼，大家就可以喝喜酒了。哪知随着我们这批省上知青的到来，这已成定局的婚姻竟有始无终了呢！

我们这批知青中有一位大龄男青年，也是河南人，一进场，就借老乡关系，频繁出入王家。一来二去，就把这桩婚姻给搅黄了，他登门入室，成了王家的上门婿。本来就对省上这批能吃不会干的知青很反感的老农工，更加谴责我们这些外来户的不道德，让他们土生土长、颇受众人尊敬的刘宝落了单。老农工们一提这件事就愤愤不平，比他们自个儿的媳妇让人拐了还义愤填膺。可暗暗观察当事人刘宝，却好像什么事都没发生：既无愤怒之情，也无伤感之态。只是变得更沉默、更寡言。每日果园、食堂、宿舍一条线，一副逆来顺受的模样。和他一起进场的那伙小青年，一个个不是当了生产队的小组长，就是当了小会计，最不济的也能落个库房保管当当。每个人也都在当地知青或我们这伙人中相中了对象，出双入对。唯有他们当中最有教养的刘宝却自始至终扛着铁锨把出门，形单影只。所不同的，是他腰间别着一套修剪果树的工具。这就是当时的我，仅仅了解到的一点皮毛内容。

一九六七年冬，即将农闲。运动的火药味越来越浓。从这个场的场史就能得知，每逢农闲都是“整顿”的绝佳时间。“整顿”期间斗人、打人是这里的传统。据说一件新棉袄，一场斗争会下来，会被众人撕抓成一堆棉絮套。也就在这个节骨眼上，我被老农工们定为一定要揪出来的“现行反革命”。连硬挺省上知青的支左部队都抵挡不住，暗地通知我的友人孙慧芳，让我“赶紧走”！孙慧芳表示第二天是大礼拜，她亲自送我去火车站。

当时我身上只有刚发的二十几元工资，父母家那种状况是不能回的，只有远奔山东半岛——我的故乡而去。可从河西走廊到山东半岛，那年头坐火车要走三四天，还得在兰州、徐州转车，这二十几元是无论如何不够用的。我一个出逃之人，又不敢轻易找人借钱，而且那年头，人人活得艰辛，够用就很不错了，哪有闲钱借给别人啊！初冬的季节天短，我徘徊在已经渐渐昏暗下来的院中，心中有几分焦虑。忽然对面走来一个人——刘宝，情急之下我上前拦住了他，他用惊讶的目光注视着我，因为这之前，我们还从来不曾说过话。“我的情况很不好，待不住了，我要走了。”他点点头，表示他听明白了。紧接着我吐出了最难启口的一句话：“我没有路费，能不能借我三十块？”他连犹豫一下都没有：“你在这待着，我给你取去。”一会儿的工夫，他从宿舍中出来，没看我，径直从我身边走过去，错身时，塞到我口袋里一卷东西。回宿舍打开一看，崭新的三十元钱！这一晚我躺在炕上百感交集，这辈子向一个素无交往的陌生人张口借钱是第一次，也绝不会有第二次。我对自己又冒失又大胆的举止感到吃惊，多少有点狗急跳墙的味儿！同时也对自己敏锐的第六神经感到庆幸：我没看错人！没这三十元，我无法出走，总不能沦落到沿街乞讨的地步吧！虽事出突然，但经过一年多的观察，自信此人能帮我，即便不帮我，也绝不会出卖我。

第二天一早，我就踏上了出逃之路。孙慧芳一直把我送上了火车。候车期间，我翻遍了全身，将所有的饭菜票掏了出来，也就是不足二十元的饭票、几十斤粮票而已，郑重拜托孙慧芳：务必将这点东西转交刘宝。因为惶惶然如丧家之犬的我，实在不知道今后的路在哪里，还能不能回来，只能尽我最大的努力，少亏欠一个在危难中救济过我的好人。前程渺茫的我，就此踏上了一条流亡之路。

七八个月后，我又回到已改制为省五七干校的农场。省上各厅局数千名干部被下放此地，几百号工人与之相比，数量不抵干部的四分之一。下放干部们已开始反思这场运动，明显带有消极抵触的情绪。而工人们动不动就摆出一副“工人阶级领导一切”的架子，这让干部们十分反感。于是，不买账的干部就不断和工人们的“革命行动”大唱反调。所以当老班底耿耿于怀地给我拼凑着反革命的材料时，干部们却明里暗里维护着我。我就在这样的夹缝中过得安然无恙。两年后干校撤销，于是索性将我夹在干部中分配走了。

我确实因祸得福！

流亡回来后，在没人处碰到刘宝，我表示会尽快攒足了三十元钱还他。他却只说了一句：“你没有欠我。那些饭票、粮票早顶够了。这件事已经过去了，不必再提了，你也不要把它放到心上。”说完就走了。交往一如从前，碰上了点个头而已。稍许多了一点的就是：嘴角微微上翘，流露出一丝不易觉察的微笑。他从来没到宿舍和我套过近乎，也从未以恩人的面孔出现，平淡得就像什么也没发生。

想至此，看到老姐妹们还在苦思冥想地给当年的我找个对象时，就打断了她们的哄闹："得啦、得啦，用不着你们费心了，我自个儿找一个算了。说实话，当年一定要我嫁在农场，那我就会嫁给刘宝！"

一阵哗然："怎么会嫁他？一个当地乡里人！"

"乡里人又咋啦？你又是多大地方来的？人家堂堂正正一条汉子，为人憨厚，行为端正，吃喝嫖赌一样不沾。现如今，上哪找这么个好男人？"

有了题目，姐妹们就有了发挥的余地，开始了她们的节外生枝："好人确实是个好人，你啥时和他套上了板？"

更有甚者："没想到你能和他有一腿……"

说风就是雨，碰上了这样一群有事就添色的老娘们，弄得人是有口难辩、哭笑不得："是你们非要让我回到几十年前去嫁个人，我就给你们找了一个。说好的是瞎编，等给你们编出来了，你们立马就添色。我倒无所谓，可对刘宝这么老实的一个人，你们下得了手么？"

孙慧芳这个唯一的知情人也出来作证："啥也没有，就是三十元钱。"老姐妹们还神神道道："事情不会这么简单吧？"

"那你们就编吧！"可她们怎么编也觉得对不上刘宝的号。

但只要有根线头让她们拽着，那就会被扯得没完没了……

我还是从老姐妹们的嘴中得知，刘宝最终也未能在农场找到对象，而是回老家大满公社娶了个地地道道的农民。他的工龄完全够带家属的资格，不知为什么，他始终未把家属迁入场中。每逢休息，他会回家，好在只有十来里路，也还方便。据不多的几个到过他家的人说起，媳妇条件不咋地，配不上刘宝。我知道在众人的心中有一把尺子，衡量的标准，是当年的那个王美蓉。

其实，王美蓉的境况也并不好。她随丈夫调回省城，没几年成了第一批下岗工人，只好到我们一位开酒楼的知青店中去打工，当了一名库房保管。一次，我们在这个酒楼聚会，有人悄悄告诉我："王美蓉就在这里打工。"我问老板："王美蓉在不在？请出来一起坐坐。"老板不情愿地嘟囔着："又不是咱们这一伙的。""那也是一个锅里搅过稀稠的么！"不容分说，我奔进后堂，死拉硬拽地拉出了王美蓉。依然细眉细眼、低声敛气，还是怯怯地有些个发抖。只是眼角添了许多鱼尾纹，脸上布满了沧桑，比年轻时更加自卑、更加忧郁。我将她拉至身旁坐下，问一句，答一声。知道她一直在为两个读书的孩子苦熬苦挣，我悄悄在她耳边说了句："刘宝多好的一个人，你当初真不该扔了他。"王美蓉登时两眼泪花，嘴角抽搐，哆哆嗦嗦地说了句："我没命，配不上人家，那是个再也遇不上的好人啊！"拍拍我的手背，迅速站起来跑掉了。我没去追，我触着了她的伤心处，这会儿一定背过人哭去了。

没过多久，传来王美蓉病逝的消息，终年未及花甲。

刘宝终于凭借多年在果树栽培上的经验与实力，被任命为分管技术的副场长。时隔三十多年，我曾有顺路旧地一游的机遇，一位朋友开车送我进场兜了一圈。见到了刘宝，还是那副黑红的面庞，还是那个憨厚、敦实的汉子，只是头发过早地花白了。他见到我，亲自下果窖抱了一箱苹果，装进了后备厢，并当即给库房保管掏了二十几元钱，让他入账。这说明已是领导的刘宝为官廉洁，做人清白。我说了句："不好意思，又让你破费。"他还是很平实地说了句："应该的。你们当年在这里吃苦了。这片果园的树都是你们种下的，如今都挂果了，也该尝尝自己的劳动果实了。"

这让我大为感动！因为当年的老农工们一提起我们这批知青，恨得牙痒痒，好像我们在这里没干一件好事。这里的书记一把手，娶的就是我们这批知青中的一位，有人想沾沾他的光，托他夫人带话，发个函办一个三十周年纪念会，大家也好借此旧地重游。哪知书记大人说了句："还没把人害够啊？还想回来折腾？算了吧！"

同为领导，同是当年战天斗地、跌打滚爬过来的知青，一个在我们当中寻到了终身伴侣，一个却和我们有夺妻之恨。但二人表现出的却是如此不同的境界、不同的胸怀！我一想起刘宝的那句"你们当年在这里吃苦了"，心中就十分难过。我在这里仅仅四年，而他却在这片土地上奋斗一生！有谁对他说过一句"你吃苦了"这样的话？他将自己一生的不平、一生的委屈、一生的苦难咽进肚中，却对别人的困境施以援手，对别人吃过的苦看在眼里、记在心头，并给予关注与呵护。不念旧恶，不求回报。做人如此，还要如何呢？

后来，我无意流露想吃河西新磨的包谷面，被农口一个系统的老姐妹捎话传给了刘宝，刘宝到省上来开会，顺车捎来了一面袋包谷面，交到老姐妹们手上，让转交给我。他本人连招呼都没打就又回了河西。不甘寂寞的老姐妹赶紧又编排情节，认定刘宝是我的“梦中情人”，她们在电话中嚷嚷着：“难怪你要嫁刘宝，你看人家多实诚，一听你想吃那的包谷面，一带就是一面袋。撑死你也吃不完！我们一个系统这几十年了，咋不给我们带呀！”

我只能听着，心中的愧疚与感念油然而生。我们之间，只有我欠他的，他却悄没声儿地关顾着我。

几天后，大家聚会，人家扔给我一个塑料袋：“给，你梦中情人捎给你的包谷面！”

打开里面只有一个空面袋。“面呢？”

“我们大家分了！那么新鲜的粮食给了你，吃到生虫都吃不完。趁新鲜大家分分。就给你留了这个口袋，你抖吧抖吧，里面足能抖出二斤面来。够你搅糊糊喝了！这个该死的刘宝，你甭说，还真实诚！说不定就是对咱老大姐有点意思，要不咱老大姐嫁人就要嫁刘宝呢？”

“面你们吃了，还得把故事给编上，人家刘宝哪惹你们了，再别给人家身上泼脏水了……”

这么多年过去了，有时会寻思人的这一生。很多朋友大家在一起玩了一辈子，经常见面，不时聚首，可过去也就过去了，没留下太多的印象。而和刘宝的交往，确实梳理不出太多的内容：仅仅三个场景，两三句话。不过三十元钱，一箱苹果，一袋面粉而已。情节这般简单，内容如此粗陋，却让人萦绕心怀，刻骨铭心，难以忘却！

刘宝终于退休了，农场在县城盖了一座大楼，老职工们每人分到了一套百十平米的大房，刘宝也在其中。但他不愿住在城里，和老家务农的弟弟对调：他回到农村，侍弄弟弟自留地上的一片果园。他这一辈子情有独钟的恐怕就是那不会言语、只会奉献、不求回报的果木了！它们伴他一生，任他调理，任他修剪，不弃不离。有时也会深感树木比人还更知情意。我只能遥致他在他的果园中悠然自得，健康长寿。

刘宝，一个堂堂正正的男子汉，一个终身可托的好男人。

二〇〇九年十二月

记“砾石居”主人

“庞启扬死了！明天一早火化，你们要去的话，直接上山到火葬场。”晚间方接到老姐妹的报丧电话。老实说，这个突发的消息让我既不意外，也不震惊。对庞启扬这样一个体况和生存状态来讲，能活到六十五岁，应该还算是一个不错的寿数了。一因通知过于仓促，二是春来天气变化无常；又逢清明前后，近段时间就一直在骨灰堂和坟地间穿梭，再无心力去参加一位故人的丧礼了。仅在电话中表示“知道了”，没有赶早去火葬场送他最后一程。但在此后的几天里，内心反复回忆和咀嚼着那已逝人物和他那比常人更加不易的人生。有时会想：是不是在这“心祭”之余，再来一番“文祭”呢？

庞启扬从其名讳上看，就可以判断还是从有一定文化的城市家庭中走出来的。当年在农场时，他的父亲曾来探视过他，相貌虽然丑陋，体格却分外挺拔，足在一米八以上；据云，刚解放时，曾任国家仪仗队成员。可能是遗传基因出现了问题，庞启扬摊上了其父的相貌，却未承继优越的体形。他只有一米五左右的个头，身体还伸不大展，细细的两条胳膊，一般的女孩子搡他一把，他都会有些招架不住。用“手无缚鸡之力”来形容，恐不过分！从现如今的医学标准来衡量，他已接近残疾人的行列。

民间有两句很形象的谚语：“每个羊的下巴底下都有一撮青草”“老天爷饿不死瞎家雀儿”。这样的说辞用来对应庞启扬的一生，还真就是那么回事！他不仅有一份比上不足、比下有余的工作，还娶妻生子，也还过着正常人的生活。虽然在单位、周边群体中，他属于被人小瞧的那类人物，但他从来都秉持了一种不卑不亢的心态，尽可能地挺直了瘦小的身躯，维护着属于自身的人格尊严。

据他们一个单位的人描述，庞启扬是在打乒乓球时，突然间胳膊僵住不能动了，马上送往医院，没几个时辰就走到了人生的尽头。如此迅猛快捷，让人猝不及防！可回过头再一想，若结局一样，和身染沉疴、病卧榻上、自个受罪、家人受累相比，这样的走法也算得上“善终”了。用世俗的观念，这种方式的了结应属于“积了德”的结果。

庞启扬积过德没有，现如今已无从调查了。观其一生，实属芸芸众生中最微不足道的小人物。我和他于一九六六年一起下放河西农场，他仅比我小几个月，年近二十岁。加上他那小个头，绰号“小二十”，学名倒很少有人提及。身躯的缺陷使其无力和其他男性相对抗，经常厮混到女孩堆里去聊天。身虽弱小，但脑子够用，怪机灵的。女孩们多喜把他呼来吆去地使唤，而他生性脾气好，特别是几个漂亮点的小女孩一叫他，更是屁颠屁颠地跑得挺欢。但他很有自知之明，和女孩子们仅保持拉家常、跑“狗腿”的关系，从不对任何一个女孩抱非分之想。于是，他也就成为让女孩子尽可放心的异性玩伴，就是亲亲热热、打打闹闹也绝不会招致闲话。每到下工后、公休日，经常会听到有女孩立于门口大呼小叫："小二十！"他一定会闻声而动，招之即来。使唤得多了，有良心的女孩会分他一点零食，匀他几斤粮票，也替他补补裤子织织袖口。对他来讲，这比什么都实惠。他也曾这样说过："那些男的们，咱打也打不过，争也争不来。混到他们中间，白受欺负。"他深感钗裙队伍中的温馨与安全，加之男同胞捉弄和欺凌他的事时有发生，这样就越发把他推向了女流之辈。

四年后，随着我的调离，庞启扬的事就不得而知了。再次聚首是大家通过不同的渠道，又返回原来的省城。庞启扬是根据下乡知青返城的政策，调回农口本系统的农科院，仍是一名农工。农科院属于科研单位，即使在大批工人下岗的年代，他依然有一份旱涝保收的工资。就因其端的是个铁饭碗，这样的条件使他得以娶了一房媳妇。其妻是农科院周边农村的一个农民，较之庞启扬有几分猥琐、瘦小的体形，媳妇堪用"彪悍"这个词汇来形容之。人虽壮实，似乎脑子不大灵光。可像庞启扬的这种状况，有人嫁已是不错的了。农科院旧日同事经常会传来有关小两口的笑话，讲庞启扬的老婆像拎小孩似的，一把提溜起庞启扬，按在床沿上，像打孩子似的狠狠揍他的屁股。叙述人难免有夸张之处，但从这种阴盛阳衰的组合上来看，也绝非空穴来风。就这样，两个都有些缺陷的人组合后，倒弥补了彼此的不足：男的有头脑，人很机灵；女的有健硕的身体，使不完的力气，于是凑合成一个相对完整、稳定的家庭。他们陆续生了两个儿子，外表看也算正常，但据说“脑子不好使”，学习很不像样。

最初的一段日子过得很是艰辛。庞启扬不高的一份工资需要供养四口之家，而其他三口还属农村户口，不享受城市供应，这样的状况比其他家庭就更加不易。在政策允许业余可以干点额外营生的年代，他弄了一辆“黄鱼车”，下班以后，在当年还未有公交线的沙石路上拉拉过往行人，挣个块儿八毛。以他那瘦小无力的身躯，已属在顽强挣扎了！他就是以这种卖命的方式，尽可能地多挣一点，以便让家人过上温饱的日子。

坚持了没有多久就支撑不下去了。他很明白，这个家如果一旦没了他，剩下的三口人可就惨了！于是他另辟蹊径，从出卖苦力转行到“巧取”之列。颇有心机的他，瞅准了刚刚火起来的旧货市场，于是他从粮票、火花、烟盒、邮票、钱币等方面入手，凡是能搜寻到的这类旧玩意，他全要！可谓是全面开花。一到周末，就卷上他的这点玩意，到隍庙摆个地摊。在捣腾旧玩意的过程中，他认识了不少搞收藏的朋友，拓宽了眼界，增长了见识。也是在隍庙摆地摊的这份阅历，使庞启扬渐渐地成熟和老道了起来。谈起这各样玩意，他说得头头是道，眉飞色舞，颇有心得。似乎在这条道上蹚的结果，也使他尝到了甜头，获利不菲。体格不行的他，终于靠其智商脱了贫，撑起了他那个有缺陷的四口之家。

随着两个儿子的渐渐长大，庞启扬的烦恼也与日俱增。这俩不省心的傻儿子读书不成，又被社会上一帮流氓无赖所勾引，走上了犯罪的道路。他们从未成年就染上了偷抢的恶习，偷别人难上手，可偷老子那可是顺手牵羊的事。儿子们把庞启扬辛辛苦苦“淘来”的一点家业卷了走，仨瓜俩枣地卖了并挥霍掉，直把这刚刚起步，寻到一条可行之道并渐渐脱了贫的庞启扬弄得血本无归！也只能哀叹家门不幸，出了这样的败家之子！

把老子洗劫干净了的儿子，又将手伸向了社会。凭他俩的那份智商，只要一出手，就会被逮个正着。没多久就双双栽了进去，一个在押，一个在逃。有政府和社会替这两口子“照应”着这两个不学好的儿子，他们的日子倒比有儿子时宽松、清静了许多。

总得寻点额外的营生干干，生活才会显得有些起色和生趣吧？没了本钱、搞了多年收藏的庞启扬不甘落寞，开始把目光投向只需体力和眼神的无本生意上——拣黄河石去！

一对不健全的夫妻同心协力，反比一个完整的人强了许多。因为庞启扬并非一点力气都没有，而妻对生存之道也颇有心得，“把家”把得很严。庞启扬在家中的自主权绝对处于弱势。但各有各的曲曲道，他虽然多少有几分惧内，但多年下来，摸准了老妻的脾性，能慢慢捋顺她那不会转弯的犟劲，属于“很会做思想工作”的那种人。天长日久，随着岁月的积累，两人磨合得越来越默契。所以说这两口子堪称天公作合的一对“绝配”！

庞启扬给我描述过这十几年拣石的艰辛。一大早吃饱了饭，戴上草帽，拎着两个结实的大编织袋、两个大号的饮料瓶，推上那嘎嘎作响的破自行车，夫妻双双出门，直奔黄河沿而去。那年头河岸还未开发，周边多是农田，他们到了河滩上，灌两瓶黄河水，就开始冲洗石头。洇过水的黄河石会呈现出各种色彩和花纹，这时考验的就是拣石人识石的能耐了。搞了多年旧货的庞启扬，此时也历练得独具慧眼，很快就触类旁通，精于此道了。他拣出有用的石头，交代给媳妇，而妻也不惜力，多大的石头她都能看住、护住，并和庞启扬同心协力地拉回家去。没几年的工夫，他们一楼的小院中堆满了成吨的石头，活像一个石料场了。

在庞启扬不大的家中，别无长物，四壁一周，由底到顶的博古架上，摆满了品位不低的黄河石。他为自己有此收获而欣喜不已！并将其石室命名为“砾石居”，央我为其室求得名家题匾。随着拣石人越来越多，而石头越来越少，加之沿河都开发成风景区，他拣石的步伐也渐渐停止。由于起步较早，他拣下的那一院石头足够他收拾和打理的了。于是他从拣石，渐渐转移到交流和研究黄河石的领域，居然也能在小报上发表两篇他研石的心得。一家电台还专门采访、报道过他的“砾石居”，俨然不大不小的一位“石家”了。庞启扬终于玩出了名堂！他也靠卖石来养石、养家，小日子终于从温饱走向了丰足。

大家均迈入了暮年，我居城东，而他在城西，多少年也难得一聚。每当发表了小文，有记者采访，他总要电话告知。如今的他也开始有点扬眉吐气的味道："我这点子事，也只能和你老大姐说说。咱们当年的那伙人都是些文盲，嘛也不懂！"一向被人不待见的庞启扬，终于在暮年找到了出人头地的感觉。

我曾相中他的一块石头，不过大口杯大小。淡红的石底上有暗红色花纹，似有一只小鸟踏于花枝之上，起名为"鸟语花香"。这在他诸多藏品中绝非上佳之石，这份淘石的劳苦，也让我不敢掠其精品。我一个画花鸟的，相中了一块不大的花鸟石，以我们的交情应该是可以奉赠的，可他不断看看那位一声不吭、背身于我们坐在通小院门口的老妻，示意我千万别动。送我出门时，再三表示那块石头他一定会留给我，但必须做通妻的工作，因为这些石头，都是妻子千辛万苦驮回来的。没两天电话来了，他很高兴地告诉我："老大姐，老婆子的工作我终于做通了！费老鼻子劲了！我从咱们在河西时，老大姐经常接济我粮票说起，一直说到我搞邮币生意，老大姐白给我多少邮票、粮票，救过我多少急！落魄时老大姐从来不小看我，我不能昧了良心！换任何一个人，甭想从老婆子手中拎一块石头走，这次可是给了面子，点头了！真不容易啊！我已经用报纸把那块石头包好，塞架子底下了。是你的了，下次来时，你放心拿了去吧！"

其实，我并未当回子事，此后多少年，我再没去过农科院。所以，一直到庞启扬去世，那块石头还安放于他的架子底下。只能说我没这份“石缘”了。石未到手，心意却到了，这就行了！他把我看做能理解他的同道，愿意和我分享他的劳动成果，这份情、这片心意，比什么都贵重！我将永远铭记于心！这是我们之间最值得我缅怀和珍惜的了。

庞启扬虽然走得仓促，但他应该是快乐而满足的。他将自己最后的人生定格在黄河石领域，把那些荒滩之上的石头打理成有模有样的艺术品。“室无石不雅”，而他的“砾石居”摆满了品位颇高的黄河石！这些看似不会言语的石头，烙印着黄河的足迹，虽为“哑石”，却皆能诉说，把他那寒舍四壁映衬得熠熠生辉、光彩照人！让每一个到过那里的人，都会有一种美不胜收的感觉。一生未走到人前的庞启扬在迟暮之年玩出了品位、玩出了档次！送一顶民间“石家”的称誉，想不过分。

“千淘万漉虽辛苦，吹尽狂沙始到金”，用刘禹锡的这两句名诗形容庞启扬这一生当是贴切的。我与他相识近半个世纪，却未能以老迈之躯亲临灵前送他最后一程，只能于灯下用笔草此小文，遥祭这冥途之中还未走远的小弟兄……

二〇一〇年四月底

笑对人生

——朱开发去世三周年祭

祭奠友人，按一般人之常情，是一件伤感的事情。特别是面对五十岁出头倏尔而止的生命，更应该是忧郁的、惋惜的。可朱开发这个小弟兄走了三个年头，每到端午前后他的祭日，就想为他写篇文章。一提笔，展现在眼前、涌入脑海的，全是些让人可笑、快乐的事情，就连他在人世间最后的一个夜晚，也是在谈笑间遽然而逝的，这使得我不敢轻易下笔，因为笑谈和祭奠是一种矛盾；不写吧，梗阻于心间的块结难以消散，于是终于在他走后三周年的时节，动笔了。

一九六六年六月二十九日，我参加了工作，奔赴同一岗位的是六十三名知识青年。那时候，红色革命正搞得如火如荼，在这个时节搭上列车，从省城向西到园艺场去的，可想而知十有八九是亡命而去的“狗崽子”，所以站台上下，一片嚎啕。我连哭的资格都没有，因为家中已无一人送我。我只身拎个破行李卷，惶惶如丧家之犬，只想挤上列车赶快逃离此地。突然，我被一位中年妇女一把拉住了，这使我有幸认识了这六十多名知青中的一个另类——出身好、家庭好，且不足十五岁的朱开发。

“姑娘，你多大啦？”“二十。”“麻烦你跟我到这儿来一下。”满脸忧虑、焦急的妇女将我拉至一个嬉皮笑脸而又憨态十足的孩子跟前。现场的人都在哭，只有他在笑。妇女指着孩子对我说：“姑娘，这就是我那个不听话的坏仔仔，一天到晚瞎害，让他老子打了一顿，人家就把年岁改了，户口转了，要到农场劳动去。我娃还不满十五啊，一天门都没出过，我看你年龄大些，麻烦你一路替我们照应照应。谢谢你了！”

虽然满脑子的烦心事，但受人之托，终人之事，于是上车后就坐到了朱开发的身边。列车开动时，才看见窗外焦虑的母亲已是泪流满面，而不知人间愁滋味的朱开发似乎不懂离别之苦，依然憨态十足，嬉皮笑脸的。若不是他母亲在下面跟着列车小跑，我真想回身给他几巴掌才解恨。就这样，我和小我六岁，且鸡兔相克的朱开发相交了近四十年，一直到把他送进火葬场。

一路上不肯消停的朱开发还没到目的地，“朱娃子”这个雅号就已诞生并使用了，而且这个雅号跟了他一辈子。他很懂得出门在外要有所倚仗，从一九六六年就叫我“老大姐”，叫了一辈子，并始终和我走得很近很近，一直走到犹如手足，走出了一种虽无血缘却有亲情的友谊。

农场报到后下连队，有幸也有缘，我和“朱娃子”分到了一个连、一个排。我只能抽空简单地照应他一下，床铺好了没有？日用品可备全了？饭票买了么？要计划好，别弄丢了。那年头是计划经济，粮票可是最要命的。但不久后我就发现，我这是瞎操心。因为除了在粮食定量不足、吃不饱这个问题上需要我不时接济他外，在其他问题上，与其说我关照他，还不如说是他关照我。

这是一个熟悉农业的孩子。那时因物质供应短缺，各单位为解决粮食、副食不足，都办有机关农场，“朱娃子”的父亲就是民航局农场的管理者，自身就是农业上的行家里手。飞机场地广人稀，“朱娃子”从小就像生活在农村的城里娃，在田野中长大。如果说所有的知识青年都不同程度地遇上了城乡、劳动上的困难，需要学习，需要克服，需要适应的话，“朱娃子”简直可以说是如鱼得水，马上就适应了这里的一切，并迅速地和一切人，包括农场周边的农民老乡融为一体，打成一片了。

“朱娃子”是按知识青年的身份来到农场的，但其文化程度是比较低的，写家书需要别人代笔。记忆中，这件事他从未找过我，他是如何与家中联系的，至今不甚了解。但他确实又算这批知青中数得着的能工巧匠，悟性强，什么一看就会，和任何一行的老农工在一起干活，都配合得很到位。几乎每个知青都遭受过老农工的训斥，嫌干活干得不像样；可“朱娃子”却从未遭遇过这样的贬斥，说明这孩子懂行、巧、有眼色，所以他经常被分配干一些技术性的活，后来就一直开手扶拖拉机。他似乎很少干纯苦力的活，不是照顾他小，而是他确实胜任一般知青不会干的技术活，这个长项也跟了他一辈子。什么样的活经他手，都不会那么苦，那么吃重，随便一鼓捣就成了。这也是他经常帮我干完活后，不无自豪地要说上一句:“你咋那么笨。”是的,“我咋这么笨”,这只能归结到家庭环境、家族遗传和个人接受能力方面了。从这个角度上说,朱开发完全胜任“知识青年”这个称谓。

我在园艺场只待了四个年头,而“朱娃子”却在那生活了十年有余,一直到了要成家说媳妇的年纪,家中才想办法把他调回民航局,专门干机械仪器的管理、保养和维修,这很适合他。我们从不同环境又回到了当年的起点上。

农场生活了十余载,这正是“朱娃子”长身体、学本事的时节。从一米六左右窜到后来一米八三的个头,说明农场的伙食让这个孩子长了足足二十公分,而这二十公分是由什么样的营养物质维系的呢?!遇到劳动强度大的农忙时节,如春播、夏收、秋灌、冬藏,一天十几个小时的超负荷劳动,女孩子们三十九斤定量都难以果腹,何况是一个正在长个头的小伙子。在那个年头,要想不至饿坏,除家中补贴点粮票、钱物外,唯一的出路就是“偷”。每个知青都有偷的阅历。比如,如今已是某大单位工会主席的饶某,工人子弟,瘦高条,一副近视镜,是个让人备觉斯文的乖娃娃。某天,他光脊背坐在窗台上,望着一件撑得如麻袋般肥大的背心愁眉苦脸,我问他:“咋啦?”他一翘下巴,示意那件大背心:“还咋穿呀?”“怎么洗成这样了?”“哪是洗的,撑坏了。”“啥撑的?”“铁蛋子。”(河西一种极甜的小甜瓜)原来昨晚上他去偷瓜,背心里塞得满满当当,瓜是吃了,可背心却穿不成了。买背心那得用布票、钱去置办啊,我们一个月拿二十七元,十八岁以下的只能拿二十四元，这个数光买吃的都紧巴巴的，哪有钱置办穿的呀。那时候，几乎每个人都是将家中的破衣烂衫卷来补补再穿，下地时，人人穿的百衲衣，活像一群逃荒的叫花子。可在当时，备觉光荣的劳动大军，仍扛着语录牌，唱着革命歌曲，就是在地头歇息的十分钟，还得揪出个斗争对象批斗一番。但在这种场景里，是很难觅“朱娃子”踪影的，他早已游离于这个群体之外，去干他自己的活去了。在偷窃的行列中，他无疑也是个技艺超群，有奇思、有高招的窃贼，他那二十多公分的个头也就是靠这种补充一点点地长起来的。

刚到农场不久，“喂猪模范”兰州知青孙慧芳就气急败坏地冲进我们排景组长的房中高喊：“景组长景组长，管不管你们的‘朱娃子’？你们的‘朱娃子’把我们猪娃子的鼻血都打出来了！”嚷嚷得景组长一头雾水，进猪圈一看，才知道“朱娃子”饥不择食钻进了猪圈，从饲料锅中拽了一个硕大的甜菜根，去其粗糙又肮脏的外皮，得意地享用。也许是口福之快激起的冲劲，他把无法再吃的菜根用力一甩，不承想竟砸到小猪的鼻子上，这让身为饲养员的孙慧芳气愤不已。自此，“朱”“猪”抢食、“朱”“猪”不分的笑话不胫而走，也使得“朱娃子”这个称谓益发响亮，“朱娃子”也就成了整个农场无人不晓的捣蛋鬼。其实，猪饲料是刚下农场吃不饱肚子知青窃食的主要来源，用不了一年半载，弟兄们窃取食物的本领就八仙过海、各显其能了。

民以食为天。终日里在半饱状态下的这群城里娃，随着环境的熟悉，个个令头头们防不胜防，揪青掐黄的行为是相当普遍的。老农工们可以偷些蔬菜、饲料，回家煮煮以补不足，而住集体宿舍、吃大灶的知识青年就不具备这样的条件，只能找一些立即能塞进嘴里的吃食——偷几个果子，摘两个瓜，或地边拽个萝卜什么的。只有到了冬季，烧炕了，这才有了用饭盒煮点东西吃的条件。可能吃的东西又全都入窖了，而能得到下窖干活机会的又全是些顺眉顺眼的干部家属、听话可人讨领导喜欢的小女子。像我这样五大三粗，既无姿色，又不驯服之流，只能跟在马车后边，往大田里送粪去。可就是能入窖干活的女流之辈，即便往外带洋芋，一次也只能揣一个半个的，多上几次厕所，也不过带出五六个而已。可我们在“朱娃子”处可以频频得到烤得非常到家的热洋芋。每次他冲我打个手势，我立马心领神会随他去，他将门关紧，喜眉笑眼地对我说：“老大姐，使劲闻，看能闻出什么好东西来。”他知道我有鼻炎，嗅觉不好。我当然能闻出那般妙不可言的烤洋芋味儿来，大叫：“烤洋芋！”“别吵，只给一个。”他迅速从炕洞扒出一个黄黄的烤洋芋，看着我烫手烫嘴饥不择食的馋相，他笑眯眯十分自得。吃完，伸出一个指头指着我说：“把嘴擦干净，谁都不准说。”我当然没事人一样地走了出去。有时也纳闷，如今大田里的洋芋已挖完入窖了，他又从来不下窖干活，这源源不断的洋芋是从哪来的呢？终于事发，除了为他捏一把汗外，也为他的偷窃手段叫绝。原来他弄了一根长长的竹竿，头上接一个锋利的锐器，夜半时分，到窖外的通气口将竹竿捅进去，一扎一个，不到半小时，就有了一堆洋芋。后来终于被一位起夜上厕所的小排长撞上。那时阶级斗争抓得厉害，一句话说差了，都群起而殴之，可偷洋芋的事好像并没有人过问。多年以后，我问“朱娃子”，他给了我这样一个解释：“我扎了那么多，都送给那些揭不开锅的人家了，你老大姐才吃了几个。你不知道农场那些住家户的可怜，咱们二十四元一个人都过不下去，他们二十八元养活六口之家，国家供应的粮都买不回来。你从来不串门，看不着那副惨状，他们老职工家家吃过我‘朱娃子’的洋芋，所以绝没有一个人愿意把我拉出来的。”再加上他岁数小、憨憨的，这件事就被当做笑谈，不了了之。

园艺场是个万亩果园，又是个试验新品种的基地，每到瓜果成熟的时节，那可是防不胜防，当然几乎百分之八十的盗窃行为都属于“家贼”。“朱娃子”尝遍万亩果园里的每一个品种，却从未被看园人发现过，弄得被逮住的小毛贼怨气冲天。后来连队领导从“以贼治贼”的角度，居然安排“朱娃子”去守果园。天哪！这岂不是孙大圣进了蟠桃园，如鱼得水，我敢说，园中最好的果子，全让“朱娃子”享用了，他不仅自己吃个口甜肚圆，还储存了一冬的果子。这是我调离园艺场以后才知道的。

在新单位报到上班后，还有些手续没办，有一天我回到园艺场，办完手续去和弟兄们辞行。“朱娃子”下了夜班，正迷迷糊糊，我一把推醒他。他翻身爬起，一眼看见我两脚泥泞：“外面浇水了么？”“正浇着哩。”“浇到第几段上了？”“三段。”“坏了。”言罢拎起一个旅行包窜了出去，十几分钟后，竟拎回满满一大包苹果。他这才告诉我，刚下来的果子又酸又涩，放开吃也吃不了几个。他事先在果园地埂上挖了几个果窖，每个窖能储四五斤，再用草皮伪装好。他不无得意地告诉我：“不瞒老大姐，我有一冬的果子吃哩！”我只能狠狠骂一声：“好你个积习难改的贼娃子，别让人家逮住。”“哪能呢，让人逮住的全是些笨贼。”

六十年代末，园艺场改制为省五七干校，数千名干部撤到这万亩果园，我们的排级领导都是厅级干部。为了改造干部，把这些人重新安排和工人同吃同住，被审查、有问题的干部房中往往配上基干民兵，勒索、偷窃、欺压干部的事时有发生。记得当年大学毕业不久，以三门干部（家门——校门——机关门）身份下放到五七干校的夫君对此不以为然，自恃出身好、没问题，伙同三名同样状况的干部结为舍友，拒绝接纳农工入住，为此招来农场领导的强烈不满（那时是双重领导，农场方面的土领导促生产，干校任命的抓革命），指责这个宿舍里住的是最不接受改造的干部。他们的行为得到与农场方面较劲的干部领导的默许和支持，这下农场方面的领导也就干气没奈何了。

只有“朱娃子”住的宿舍从未发生过失窃现象，为此赢得下放干部对“朱娃子”的高度评价：“谁说‘朱娃子’是贼，我们住一起这么长时间，从来没丢过一两饭票、一分钱。”这说明“朱娃子”有他做人的起码底线，他曾说过：“饿极了，穷疯了，也不会去拿属于个人的东西。”又冲我挤挤眼：“走投无路时，不是还有老大姐么。”他确乎有很多次来问我要过饭票，自知无力偿还，明白无误地声明是“要”而不是“借”。他要得也很有趣，进了门，趴在你面前问：“老大姐，你看我这几天瘦了没有？”我不经意瞅他一眼：“没有啊，还是那样儿。”他委屈地站起来，走到门口，不好意思又心有不甘地回过头来：“我没饭票了。”“没饭票就说没饭票了，拐那么大弯子干吗？”“吃你吃多了，我又还不上，你也不富裕。”他能为自己的窘况和对方的不易做出准确的解释，这是个领情的孩子。其实很多小伙子受过我的资助，除当时千恩万谢之外，到该揭发你的时候毫不含糊，还把给他饭票说成是“拉拢他、腐蚀他”，可到走投无路时又赖着脸皮子来讨要。而“朱娃子”在什么样的严酷状况、危险关头都从未揭发过人、坑过人，困境中你对他小小的援助，竟让他记了一辈子，一直记到他离开这个世界。

秋季的包米进入了成熟阶段。上工铃响了，干部、工人鱼贯而出，向劳动的地方走。“朱娃子”混在人群队伍中，如老农般倒背铁锨，一边走一边冲路旁即将成熟的包谷地发出感叹：“包米啊包米，你望着我笑，我望着你笑。”紧步其后的老排长——那位厅级干部眯起佛一般的笑容，撇着一口地道的河北腔：“看不出来，咱‘朱娃子’还是个诗人哩。”结果没过两天，大字报出来了，揭发朱开发偷食玉米，吃法也让人耳目一新，是在发动着的手扶拖拉机的水箱里煮玉米，嫩玉米的香味暴露了他的盗行。这次是以大字报的形式张贴出来的，这就令人有几分忧虑、几分担心。

所谓吉人自有天相，“朱娃子”人缘颇好，无论干部、工人中间皆无民愤。有些不更人事的小伙子，只要斗人，马上拳脚相向，以示革命。而“朱娃子”表面装作什么也不懂，从不往革命阵营里掺和，在批斗会上也不发言，躲避不过也就是不着边际、令人捧腹地说两句，所以他被一切人看做是一个啥都不懂的憨娃娃。其实，他内心明白着哩，其骨子里蕴含着千年积淀下来的做人的原则——绝不平白无故地加害任何一个人。天性使然，你奈我何？多年后，提起那场革命，他曾说过：“他们都说我傻着哩，其实他们才傻着哩。”

大字报风波以“朱娃子”在排一级小会议上敷衍几句言不由衷的简单检查而结束，也为大家所宽谅，没有上纲上线。当然原因也不外乎是一个没文化、没长大的傻小子，你拿他有什么办法？但据说他在一个僻静的地方，堵住了揭发他的那位知青，打到人家鼻青脸肿、伏地喊爷为止。事后他矢口否认人是他打的，而被打者也不敢讲是被谁揍成了这个样子。我问过“朱娃子”，他不认账，但他讲了他最恨的就是出卖人的人，“他吃了我的玉米又去告状”。

至于不时听到的“朱娃子”炖冻死的狗仔、猪娃，像吃叫花鸡一样地烧麻雀的故事，经常耳闻却未目睹，问他，他既不承认也不否认，只憨憨一笑了之。就这样，四年后因我的调离，他的事情就知之不多了。

后来我在城中的一个农机供应公司工作，只要朱开发开拖拉机进城，势必要来看看我。饭总是要留的，塞几斤粮票也是正常的，叙一叙弟兄之间的趣闻，参观一下新单位的农业机械也是必需的。他对机械情有独钟，对让我这个一窍不通的人干这一行很不以为然，我也知道让他干一定比我强得多。“贼不空走”，回去的时候顺手掖我一套配发的农业机械方面的工具也是有的，我也积极配合了他的贼行，因为我知道，这些工具在他手中会物尽其用的。

我辗转回到省城，他也通过父母调回了民航局。一天我走在马路上，后面跟上来一辆自行车，在我侧旁刹住：“老大姐！”“呵，‘朱娃子’！”他坐在车座上，不无骄傲地用大拇指朝后座一指：“这是我媳妇！”我一看一米七的个头，端庄、老实，“你咋找了我们‘朱娃子’，他可是个贼……”声音未落，已让“朱娃子”踹了一脚：“别胡说，结婚证还没扯哩。”再看看当年的那个小娃娃，如今已长成一米八以上的大小伙了。我的儿子都要上小学了，咱们的“朱娃子”是到娶媳妇的年龄了。

大家都为家室所累，交往也就稀松。到一九八六年，夫君在住院七十二天后肝癌辞世，“朱娃子”又以一位昔日挚友的身份向我伸出了关爱之手。

我是一个不善料理生活的家庭主妇，平日多为夫君宽容和包办，使我产生了一种依赖的习惯。他的突然离去，使我的天空塌了，我的心一片茫然，不知所措，活得十分消沉而无助。每到年节，朱开发总要把我叫到他家中款待，临行还要包上他做好的糟肉、炸好的丸子，告诉我凑合的办法："老大姐，街上买两个馒头，肉一蒸，馍一馏，夹上两片，这两碗肉就能凑合上几天。人是铁，饭是钢，你一定要吃，别老饿着，饿出病来，可没人伺候你呀！"有时来到我栖身之所，先巡视一下厨房，看我锅凉灶冷，就又踱出门去，街边买一束青菜、一个饼子，嘴上叼根烟卷，三两下扒拉出一个菜来，摆到我面前，抽着烟看着我吃："老大姐，你把这点菜和这个饼子吃下去，你就能活。"万念俱灰的我，对着这再朴素不过、再自然不过的言语，只能含泪食之——我的不是手足、胜似手足的小弟兄啊！

我从中年丧偶的深渊中走出，感受到很多亲朋的关爱，这其中朱开发所表达出的那份关切尤其让人难以忘怀。每次到他家中，他那年迈的老娘都不顾七层楼上下的艰难，一定赶来要与我叙叙旧；出门拎人家的吃食时，身后那位憨厚、老实的弟媳总要帮腔："拎上、拎上，只当是他还你的杂粮票。"看来"朱娃子"对母亲和妻子没少叙述我对他的帮助，这使我逐渐理解这个看似不谙世情的"朱娃子"，懂得如何处世、如何待人、如何念旧，其身后原来是一个温良诚厚的家族，其身后也有着一位明理晓义的母亲啊！

其实，从小独立生活的"朱娃子"在社会上也沾染了些不好的习气，嗜酒如命是最坏的一个毛病，这个毛病最终要了他的命。在单位上，因酒惹出的事虽不大，但影响不好的事情也时有发生。后来因肝硬化越来越严重，就不得不提前退休。在离去世的四五年中，他不断住院、抢救，每每发生这种情况，他都是出院后才告知一下，让我们这群一起战天斗地、摸爬滚打过来的弟兄们忧虑重重。我就经常斥责他："你是我们这伙人中岁数最小、单位最好、工资最高的，放着福不享，自己把自己糟践成这个样子，难道让我们老的送你这个小的不成？你想想你的爹娘！你把老婆孩子扔给谁？"其实朱开发的心极细，给我算了一笔账："老大姐，我已成瘾、成病，没治了，肯定得走在你们前头。我家弟弟妹妹个个比我有出息，老爹老娘不用我操心了，儿子马上毕业，我一定把工作给安排好，他娶媳妇的钱，我早存够了，房子也买下了。我走后你弟妹愿意和儿子过最好，过不下去再走一步我也没啥不放心的。我不管现在还能活几天，只要高兴就行。"对生死如此坦然、豁达、乐观，身后事又安排得如此精细和到位，我们还能再多说什么呢！

果然，儿子刚刚到民航局上班，一天黄昏，我接到朱开发一个电话："老大姐，我不行了，我想最后再见你们一面。"我惊呼："'朱娃子''朱娃子'，你怎么了？"呼来的是弟媳的声音："老大姐，他昏过去了，正在抢救。"我问清情况赶紧给在当地的弟兄们打电话，第一时间赶到医院。病床上的朱开发已被抢救过来，脸色蜡黄，见了我们很是欣慰，还能讲讲笑话。透过他坦然的神态，我们感到事情并不似想象中的那样玄，其妹妹、妹夫告诉大家："一点也不玄，这是迟早的事，后事我们都准备好了。"言罢，拦住我们大家，一定要到附近餐馆用餐，"代我们大哥谢谢诸位"。

我一共探视了他三次。第三次他已谈笑自如，恢复成往常的样子了。因正值端阳，我捎给他一个荷包——一只洁白的小兔抱着一棵油绿的白菜。他对我知道他的属相很是高兴，一定要让我挂在他视线之内的吊瓶架上。下面的话，当时就让我产生了一种不祥之感，告辞的时候我对他说："多多保重，过两天我再来看你。"哪知他竟说了句："下次再来，一进门，这床上就没人了。"我的心里咯噔了一下，他又嬉笑着说了句："我就出院回家了！"我赶紧说："那我到你们家去看你。"这样的话使我忐忑不安。第三天清早，朱开发的妹妹哭泣着打来电话："老大姐，我大哥今天凌晨两点多大出血，人已经走了。"后来才知道，原定那天出院，结果院倒是出了，不是回家，而是去了太平间。先一天晚上，一直服流食的他，竟吃了一顿炒面，吃完兴犹未尽又吃了一只桃子，大约这些日子来看他的人，全是小时候玩大的弟兄，这勾起了他对过去岁月的怀念，和室友们笑谈往日趣事到半夜，显得格外兴奋。刚刚躺下，突然翻江倒海呕吐起来，大夫紧急抢救而血已吐光，竟找不到血管扎针，就这样朱开发在宣泄完快乐后走人。事已至此，回天无术，只有赶往灵前，一叠冥纸，几炷念香，对着仍旧笑嘻嘻的遗像，寄托我们的哀思。何谓"哀思"，坐在一起的弟兄们缅怀的内容还都是这位已去弟兄的淘气、巧思、不害人的一生，阳光而有趣。这就使得灵堂里的气氛越发地祥和而生动起来，也暗合着朱开发的一生。这也是亡人所企盼的吧。

朱家兄弟姐妹让我劝劝老娘，阻止她执意要去太平间一睹儿子的遗容，他们觉得老娘向来是肯听我劝的，哪知倔犟的母亲一口回绝："他大姐，你别劝我，我心里明镜儿一样，我知道我娃得的是啥病，他走了是正常的，可谁也别想拦着我看娃最后一眼。我一定要给我娃点十几盏长明灯，让他一路走好，别迷了路！"时隔三十九年，我目睹了这对母子的生离、死别，我感受到了人世间至亲至大的母子情深，还有什么理由能阻挡一位母亲为她的儿子送行呢！

朱开发终于在五十三岁的年轮上为他的一生画上了句号，生死无常，这原本就是人生经历中再平凡不过的自然现象。每到旧友聚会之时，我们就会想起他，提到他，会为嗜酒如命的小弟兄奠上一杯酒，寄托我们大家的怀想和思念。"朱娃子"是一位再寻常不过的劳动者，也许会有人认为写这篇祭奠之文不必，甚或多余，我却从一生中或高升、或富贵的友人中挑来拣去，只有"朱娃子"活脱脱跃入眼帘——率真、快乐、自然。他生命短促，能力有限，但他却实实在在地活了一辈子。为此，我要书他一笔，让我们记住他的笑，记住他真实、快乐、达观的一生。

二〇〇七年夏

运尸记

总有十来年了，记得是二十世纪末的一个暮春，阳光和煦的午后，我去拜访一位和我家有过多年交往的大夫。因彼此很熟，没有预约就贸然前往，哪知开门的是我从未见过面的一位老妇人。她将我让入里院，告诉我女儿、女婿有事出去了，只她一人在家，我这才第一次见到这位朋友的丈母娘。

午后的小院，清爽而宁静，一只老狗卧在墙角昏昏欲睡，连眼都懒得睁一睁。主人斟一杯清茶，我们分别坐定，于是也都懒洋洋地靠在躺椅背上，有一搭没一搭地扯了起来。哪知这一扯，竟扯出一段尘封多年既惊心又苍凉的往事呢！

起因不外老妇人问我在哪里工作，我告诉她出了兰州市区，绕过大青山，就靠着柳沟河。老妇人一听顿时来了精神，向我叙述起三十几年前在大青山脚下，她自己的一段经历。

兰州市通往榆中县的中途，要路过一座犹如屏风的大青山。这座山的北面阳坡是当年兰州市最大的一个公墓区，是市民们凭吊逝者的一个伤心地；南面阴洼陡峻凶险，清晨或黄昏时节，经常有成群的寒鸦在空中盘旋，“哇、哇……”的叫声凄凉而恐怖。呈 S 形的山路弯多坡陡，路两侧是很深的两道山沟，属于车祸的高发地段，被人称为“阎王沟”。一侧的沟里有一孔窑，是专门烧制那种最简陋的粗制花盆的，除此之外，这条S形山路和两边的山峰再无人烟。我在这条道上来来回回有二十余年，每逢车辆贴着路边行进时，总要不经意地瞥一眼这沟里的小窑，暗想此户人家经年累月守在这前不着村、后不着店的深沟中，是怎样生活的呢？会不会是个如《乌盆记》中所描述的，在此劫道、杀人的黑窝点呢？由于这些非非之念也就从未想，也不敢贸然驻足一探究竟。

如今面前坐的这位头脚干净，显得格外爽利的老妇人竟和我提起了这孔窑，不无感慨地说，她在六十年代初，曾在这孔窑中待过一宿。我听了不免一惊，试想三十几年前，这位老妇人也不过是个中年妇女，不说长得格外靓丽，却也应该清秀、顺眼，独身一人，下到深沟和素不相识的烧窑人待了一宿，这需要一种什么样的胆魄？于是我一下来了精神，直起身来，听老妇人叙述这段夜宿阎王沟的故事。

三十余年后，当事人在叙述这段离奇的运尸过程中，已不再显得辛酸、伤感，反而用的是一种十分欣慰、自得的口吻，这说明随着岁月的流逝，已把当年的那种酸楚、无奈、无助、恐惧的心情打磨得干干净净，仿佛是在叙述着另外一个人的遭际。

“我家老汉是榆中县上挺有名气的一位中医。一九五七年摊上了一顶‘右派’的帽子，下放到了劳改农场，一九六〇年死在了那里。因为他是个有名的大夫，就没让他劳动，留在了场部医院专门给人看病。那天早晨吃了早点上班，正给病人号着脉，头一歪，就死了，死在了突发性心脏病上。

“那时我家孩子还小，又都是些女娃，一年后，我才带着他们梁家侄儿去搬尸。酒泉那边是干旱地区，扒开坟堆，见到尸体还真没大变，连黑棉袄的颜色还依旧原样，脸面认得出是我家老汉。要不是临死前吃了早点，尸体会很完整，正因为吃了东西，那点食物就在肚中腐烂了，尸体拦腰断了。我捧着他的下半身往上一搡，和上半部接到一起，用带去的一大块油布把他卷起来扎好，和侄儿抬着他就上了由酒泉开往兰州的一列火车。

“那趟列车是慢车，价低、站多，管理也松，而且基本是夜间行车，乘客也以农民为主，大家都是大包小包的，我们就瞅这个空子把具尸体带了上去，要是让人查出来，那可是不得了的事。我把我家老汉放到货架上，对我的侄儿说：‘你到隔壁车厢坐着去，有天大的风险我来担着。’车上的人还不算多，一路上我的心一直在怦怦跳，不敢抬眼。过来个乘务员，我就一直盯着人家从进来到出去，生怕他停下来摸摸行李、整整货架，提心吊胆地走了一路。偏偏斜对面坐着一对年轻男女，像是谈对象的，女的偎在男的身边，指着货架上我们的老汉，给她的男朋友说：‘你看架子上那件行李，像不像是个人睡在那里。’我的心都要跳出来了，幸亏那个男的兴趣不大，只是顺着女的说了句‘还真像’，就又趴下睡觉去了。我就这样绷紧了那颗心，不吃不喝地熬了二十多个小时，总算平平安安地进了兰州站。

“孩子们都在站台上迎着，帮我把他们爹装了棺木，雇了物资仓库的一辆马车，将棺木装上。我心疼孩子，让侄儿领他们赶另一趟火车先回榆中，我独自坐着拉棺的车随后到。一路上就这样慢悠悠走着，心中松了一口气，算计着怎么地赶天黑也就能到家了。

“合该着有事，要不人家都说绳绳偏在细处断呢！过了东岗镇，翻过铁道，爬上大坡，刚走到那前后不见人家、四面大山的阎王沟，车胎爆了。车上没有备用胎，得回仓库去换，赶车人将棺木卸在道边就回城了，可就把我个女人家和一副棺撂在了这荒山野岭处，把我难心、凄惶坏了，真是叫天天不应，唤地地不灵啊！偏偏老天又下起蒙蒙细雨，除了沟里那家烧窑的，我还能求谁？我先在老汉的棺前烧了把纸，和他念叨一阵，数落几句：‘我千辛万苦、千里迢迢地把你给驮回家，眼看就到这家门上了，你给我下的什么害？让我在这路边边上可咋办呀？你咋让我活得这难心呢？’就这么哭一阵、叨几句，下着小雨，两手的泥，抹来抹去，估摸着把个脸也糊成个花的了，就蓬头垢面地下到沟里，连里面的人是个什么模样都不敢看，只是哭兮兮地向人家哀告，让人家惜我个孽障，当家人在外地缓下了，朝老家运，这半道上车爆胎了，车户回城换车胎去了，下着个雨，求人家让我在窑边上避避雨，车来了就走。身边最值钱的就是一路没舍得吃的两个馍，递上去算个礼，那年代两个馍可金贵了，是有钱买不到的救命物。对方没吱声，将馍接过去，递个小板凳给我，我就脸冲外坐在窑门口，盯着坡上路边的那口棺，心中不断念叨：‘天快亮，车快来。’那一夜熬得我是又怕、又冷、又凄惶，窑里人从背后递过来一碗热清面汤，我不敢回头，接过来和着眼泪咽到肚里。

“这一夜，我没敢回头望一眼，也没人和我搭一句话，也不知窑有多深，里面有几个人，估摸没有女人，因为要是有个女的，怎么也得出来说两句家常话吧？隐约感觉到递汤的那个人是个黑瘦弱小的男人，伸过来的手又黑又枯，估摸着是个上了年纪的老汉。不过那年头饿得男男女女都显不出年纪，分不清男女，人人都是又老又干的模样，我至今不知道那窑里住的是什么人、姓什么。我一声不吭地坐在窑边，眼巴巴瞅着坡上路边的那口棺……

“天亮后，车终于来了，两宿未合眼、没吃东西的我，不知哪来的一股劲，给人家窑里人连招呼都没打就窜上了山坡。那时节到底年轻不懂事，我应该问问人家姓什么，谢谢人家一夜的收留，可当时一晚的恐惧让我什么都不顾了，只一门心思地想着——赶紧走，快回家。

“离着榆中还有好几里远，白茫茫一片穿孝服的人迎了过来，个个脸上都是焦虑的神情，失踪一夜的我让整个家族都不得安宁，那年头又没电话，也找不着车，只有干等一宿。我是一望着他们梁家人，立马瘫倒在地，再也爬不起来了……

“经过了这趟搬尸后，再遇着天大的事我都不怯火了。”

老妇人娓娓讲述着她的这段历险记，脸面上却十分平静、祥和，让我读懂历经苦难后一个过来人的心态。如今的她，已将几个子女抚养成人，安享暮年的幸福生活，知足又快乐。

这几年阎王沟被彻底改造平复了，那孔窑已埋在了几十米的地下，但每次路过，还是不自觉地朝那个方向看两眼，总想考证一下这孔窑的主人以及发生在那个年月、那个夜晚的故事。想法如不付诸行动，就会留下无尽的缺憾，随着那孔窑的掩埋，我已无从证实这个故事的来龙去脉，若再不记下老妇人的这段口述，那这离奇的运尸记也将被湮没。趁我的头脑还有记忆，赶紧笔录下这小小的一段，同时也希望，这样的故事不要再重演。

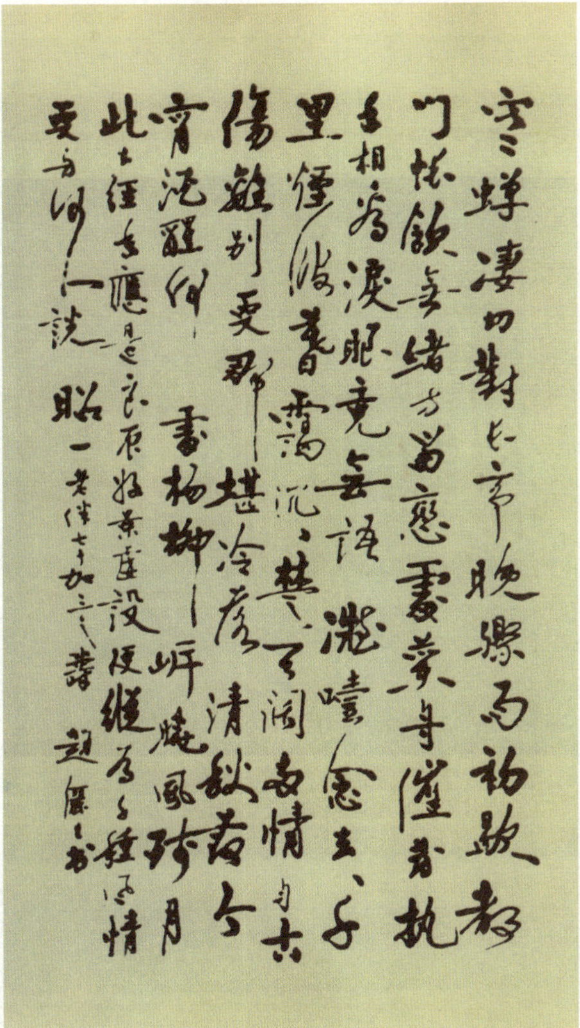

赵俪生书法

当时学界就对父亲评价有几漂亮，即“人漂亮，字漂亮，课讲得漂亮，文章写得漂亮”。

——《我与我的父母》

父亲与同仁好友张政烺，一九六五年十月摄于中山公园

父亲落魄边穷之地，每至京城均在黎明天未亮之际，都是非常冒失地去敲张老伯家的门，张老不以为忤，总是披衣开门，迎接远客，从未表示出一丝不快。

——《张政烺先生二三事》

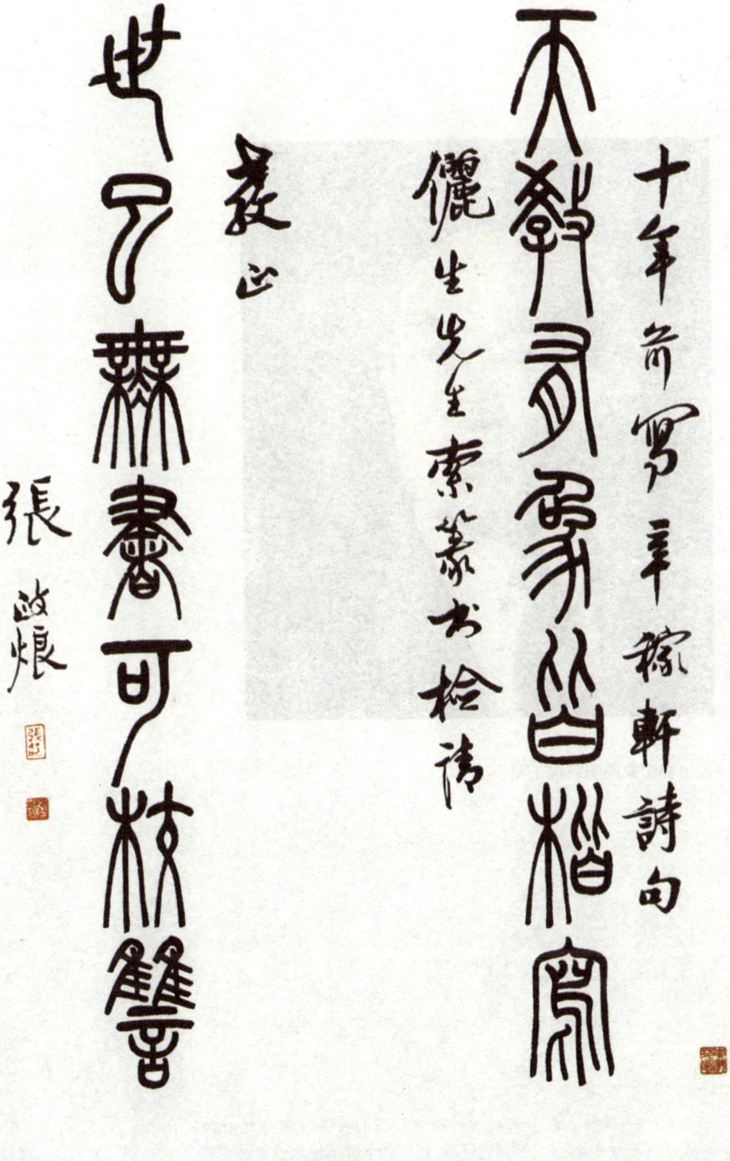

张政烺书法

古生物学家周明镇院士照

五十年代初，在山东大学校园中，有两位年轻英俊的教授，一位是我的父亲赵俪生，一位是留美刚刚回国的周明镇先生。

——《一位不该忘记的长者——记古生物学家周明镇先生》

“文革”中相濡以沫的周明镇夫妇

周伯伯身材挺拔，一双细长的凤眼说起话来眉飞色舞，很能勾人，而周伯母柴梅尘女士也确属端庄、漂亮的教授太太。用郎才女貌来形容周伯父母，毫不过分。虽周伯伯功成名就，柴女士却委屈一生，只有三十年代的文化圈内人记住了这位文化底蕴很厚、才情不薄的女士。

——《一位不该忘记的长者——记古生物学家周明镇先生》

带有几分狂狷之气的王瑶，摄于二十世纪六十年代

王瑶伯伯是父亲清华时代的同学和好友。两人一生保持着若即若离的友谊，彼此都有些不屑于对方，但又终生相互牵挂。

——《王瑶与父亲》

一九九三年，作者与杜琇女士摄于北大镜春园王瑶旧居

二十七年历经了太多的沧桑，北大镜春园的旧居中，只有杜琇伯母一人留守。我们的王瑶伯伯走了已近五个年头，伯母待我犹如家人，共叙往事。

——《王瑶与父亲》

父亲（左一）与钱伟长（左二）、孔祥瑛（左四）的一张合影

二十世纪八九十年代，孔女士陪夫君数度到西北考察。她只是个陪员，没什么硬场面一定需要周旋，于是经常溜号到我家私访，寻她的老同学——我的父亲赵俪生叙叙旧日的同窗之谊。

——《孔祥瑛女士和她的后代》

父亲挚友童书业山水画

我们这一群顽皮子女只要一听童先生到，立马兴奋了，该做作业的不做了，要去玩的也不玩了，都聚到书房去听我们的童伯伯又在发什么高论，讲什么典故。

——《幼年印象中的童书业先生》

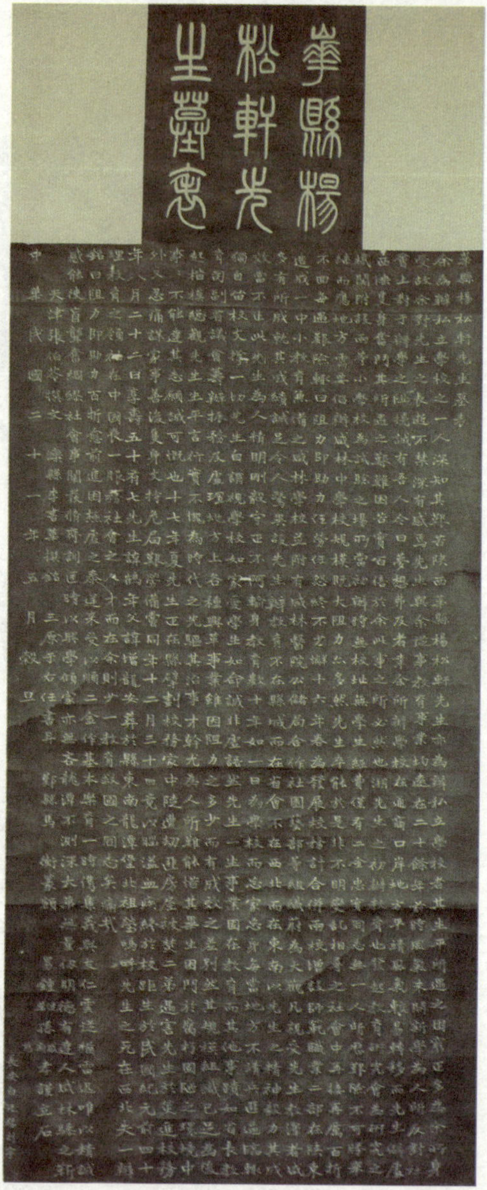

于右任书法：华县杨松轩先生墓表

有关父亲和杨钟健先生的交往也就这么寥寥几个段落，但他赠父亲的这份墓志铭拓片却被父亲裱好珍藏了半个多世纪，从一九四九年迄今也一个甲子有余了。

——《一件拓片的来历》

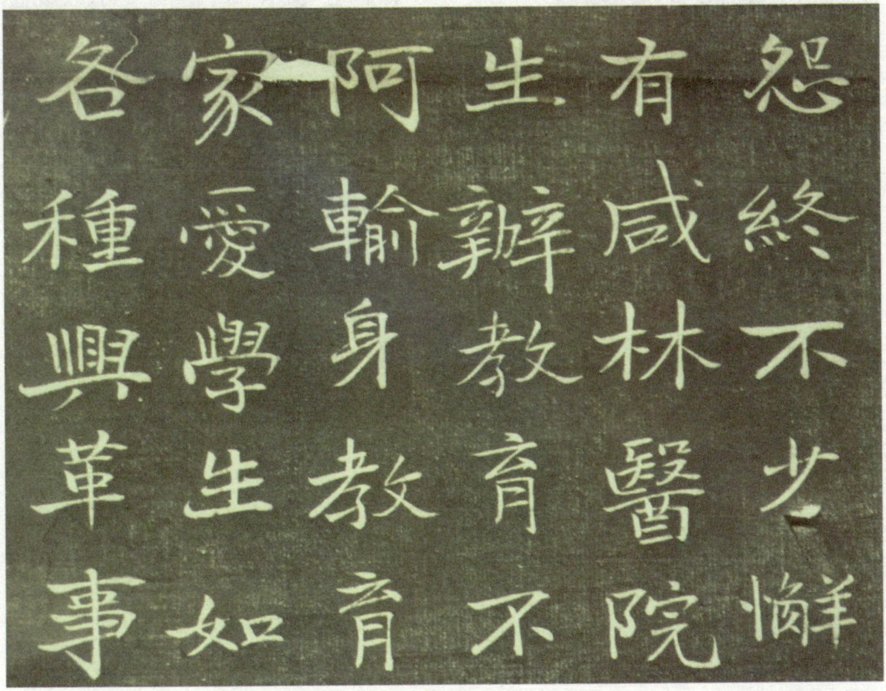

于右任书法：华县杨松轩先生墓表（局部）

有此拓片在，于右任那魏碑气息的小楷书将让我们领略到一代文化人的墨迹和功力。

——《一件拓片的来历》

一九九〇年，作者与画家陈大羽夫妇、其子陈显铭摄于南京

显铭兄曾让我翻看父母合影的集子，其中有一帧大羽依然是豪放地开怀大笑犹如雄狮，而瘦弱的老伴如小鸟般依偎于大羽老伯的肩旁，目光祥和充满温柔，是那样地美丽。二老一阳刚，一阴柔，相辅相成，构成了一幅温馨和谐的画面，正所谓最美不过夕阳红。

——《平凡中见精彩——大羽老伯印象》

陈大羽花鸟画

大羽老伯是齐派画风的正宗传人，且在继承先师的基础上，发扬光大了大写意花鸟的领域，是承前启后的大家、巨匠。

——《平凡中见精彩——大羽老伯印象》

作者与女作家张珏，二〇〇六年摄于成县

由于都是女同胞，于是和张珏交往就略多了一些。观其仪表，美丽、高雅、寡言、娴静、略显几分孤傲。但你又会从她不时递过来的一把剥好的石榴籽，塞到你手中的一份餐巾纸，领略到她作为女性所特有的那份温存与体贴。

——《为张珏女士送行》

二〇一六年春，作者与何鄂（中）、何玫（右）摄于何鄂雕塑院

谁说泥巴没有生命？在何鄂的眼里和手中，她都会瞬息万变地赋予它们以生命，让它们一下变得鲜活而生动，体现出雕塑这门艺术的无限魅力。

——《何鄂印象》

作者画松鼠，兴武补葡萄

命运如此，画风如此，也使得兴武对历代落魄画家有一种特殊的偏爱与仰慕。从兴武笔墨中有意无意地也能感受到像“八大”、徐渭这样的大家的影响。

——《指墨间的情趣——小议张兴武先生指画》

第三辑　谈艺

何鄂印象

何鄂的大名早已是如雷贯耳、颇不陌生了。所以在迈进何鄂工作室时，就做好了大吃一惊的准备，然而还是预料未及，在一下午的拜访中，会让我如此地感动，如此地震撼！

何鄂以城市雕塑而闻名于世，看过一些有关她的报道、评价。每当有亲朋好友来到陇上，少不了的行程就是陪他们沿黄河两岸一游，观赏在全国都名列前茅的几尊大型雕塑。之所以兰州城雕如此恢宏、壮观，缘自一位引领城雕潮流的女雕塑家——何鄂。她的代表作《黄河母亲》，为兰州城雕立下了一个标杆。所以城市规划者、建设者们在审查城雕过程中，不可免地以这座雕塑为标尺，才有以后陆续出现的城雕普遍都不能粗制滥造，必须达到相应水准才能出手的现象。于是，几十年下来，兰州城雕在全国都闻名遐迩，成为兰州名片滨河路上几颗璀璨的明珠，让来自国内外的游客都赞不绝口。

就是这样一位引领城雕潮流的雕塑大家，当你坐在她的工作室和她面对面交流时，无论如何也难以置信她纤弱的躯体如何承担了像《成吉思汗雕塑群》那样场面宏大、气势宏伟的大型雕塑工程。本以为会接触到一个男性化的女汉子，可面对这位慢声细气、神清气闲且身临暮年的柔弱女性，不禁让人心生疑问：她就是这巨大城雕的设计制作人么？顿时让我产生除仰慕以外的许多疑问。既然有了兴趣又产生了疑问，那不妨“打破砂锅问到底”，一路追寻下去，探索一下这个历来由男性占绝大优势的行当，如何会让一位年已古稀、渐临耄耋的老妇人干出了一番令须眉汗颜的成就来呢？

雕塑是一门立体造型艺术，始终要和一些坚实的建筑材料水泥、砂石、金属打交道，和其他门类的绘事相比，就不那么潇洒、优雅、宁静、安闲。它既要求具备绘画、造型艺术的技能与功底，还得有工匠的体力和气魄，对一个女人来讲，就需要克服多方面来自性别上的局限。当少女何鄂迈入西北艺术学院（西安美院前身）美术系雕塑专业时，发现这个专业只她一名女生。这就很说明一个问题——这个行当不是一般女人所能承受和担当的。何鄂不仅承受了下来，而且勇敢地坚持担当了一生，默默地做出了这样一番令人瞠目的事业。面对她的人生、她的作品，怎不让人由衷地钦佩与赞叹呢？

何鄂是一位循规蹈矩的知识女性，虽生于战乱，长于忧患，她都默默地与那个时代、那种生存状态共存和隐忍下来。没有抗争，也无怨言，心中只装着她的专业——雕塑，认真服从着组织上每一次调遣。无论是工艺社的作坊，还是教书的讲台，抑或是离家别口地走向荒原戈壁，进入敦煌千佛洞从事临摹，她都顺从地去承担了，只要和她的专业相伴，她已是很知足了。哪怕和夫君常年分离，和女儿们不能长相厮守，她唯一能宣泄的只是背过身去暗自抽泣，抹去眼泪的她义无反顾地走进那荒原，进入那沉寂千年的冰冷洞窟，面对一尊尊塑像，开始了年复一年的临摹复制工作，无异于一个出家人。十二年的磨砺，沧桑岁月已镌刻在她那渐渐老去的面容上，那一双长年和泥巴打交道的手已根本看不出女性特征，分明是长年从事重体力劳动的工匠之手。当她面无表情静坐在对面，让你似乎读出一位苦行僧的阅历，没有任何的伪装，而是漫长岁月流淌过程中留下的印迹。只有当她微笑时，方能体会到她是很温柔的一个女人，同时还是一位妻子、三个孩子的母亲。她最好的年华与寂无声息的洞窟共存，与菩萨、佛像相伴，寂寥时也只能对着这千年的石雕、泥塑喃喃自语。等她走出洞窟，已由少妇步入中年，这是无论社会、单位，甚至连自己都不看好的年轮，可就是在这个节骨眼上，何鄂突然开窍，萌发了要自闯一番天地的念头。

何鄂面对《半边天》栏目的采访镜头，很简练地叙述了她这一段转折。她叙述得平淡自然，我却被深深地打动了。二十世纪八十年代，她复制的几尊菩萨送到日本、法国巡展，这在那个年代是多么不易和荣耀的事，对她面壁十二年的磨砺无疑是一种肯定。何鄂也没有掩饰自己当年的那份欣喜、那份兴奋，听到国际上的如潮好评，“精美极了”“简直可以乱真”等等，这些毫不吝啬的赞誉稍稍抚平了她面壁十二年苦行僧般的艰辛。那一刻终于得到了国际雕塑界的肯定，放到任何人身上，都会产生一份成就感。何鄂是个女人，也是凡人，完全不必假装谦虚。她的兴奋，她的欣慰，都是自然而然的流露，无须做作！

可她话锋一转，当她看到在她制作的佛像下所挂的标签："摹制者何鄂"，心一下凉了："我干得再好、再精致、再乱真，也仅仅是个'摹制者'，而非'作者'。"这"摹制"二字深深刺痛了这位雕塑专业出身、年已不惑的女人，她顿时心有不甘："我为什么只是摹制者？为什么我不能拿出属于自己的作品？"这一喜一痛在瞬间转换，令何鄂顿时开窍了，一个即将成功的雕塑家就在这刹那间得到升华，视野和胸怀变得更加开阔、更加遥远。

命运之神一向青睐有准备的人，从事了三十年"摹制"工作的何鄂，已练就了一整套娴熟的技艺，只差创新和机遇了。在八十年代中期，她终于和城市雕塑结下了不解之缘，承接了《黄河母亲》这座雕塑的设计与创作。这座雕塑于一九八六年落成，迄今已近三十年，依然屹立在黄河之滨，成为黄河岸畔的一颗明珠。何鄂在塑造这一对母子时，融会了东西方的雕塑技法，运用河水流动的旋律，表达出中国妇女所特有的柔美与贤良，是一位典型中国妇女的模样。记得我问过一位行内人："何鄂长的什么样？"对方答："见过《黄河母亲》么？""当然见过。""那个母亲就是美化了的何鄂。"当我坐在这位女雕塑家面前时，深感这个说法有道理。那柔顺如水流动的长发虽已花白，但依然飘逸；那椭圆的脸庞和她的作品也相吻合；那注视着婴儿的目光，微翘的唇角是那样地慈爱、安详，分明也是中华大地上最普通、最原始、最民族的女性写照。等我看到何鄂女儿童年时的一张裸照，不禁喊出："这分明就是《黄河母亲》中的那个男婴嘛！"何鄂将对女儿的思念、歉疚、爱恋融入了作品，为她缺少母爱的童年在自己的作品中无言地做出了诠释、宣泄与表达，女儿一定能读懂母亲的心声："任何一位母亲永远牵挂自己的孩子……"

《黄河母亲》给何鄂带来了许多的荣誉和奖项，《人民日报》、《红旗》杂志刊登了这座大型雕塑的照片，澳门回归时也将一尊汉白玉的复制品纳入艺术馆珍藏，何鄂因此获全国雕塑优秀奖。但她没有因为《黄河母亲》而固步自封，打消继续创作的念头，毅然成立了自己的工作室，独挑大梁，办起一个属于自己的雕塑院。二十年的风风雨雨、坎坎坷坷，室内室外奔波着，忙碌着，在全国许多省市如北京、上海、深圳、江苏、吉林、陕西、内蒙古等，留下了她五十几座城雕作品，也为她赢得了多种荣誉——全国三八红旗手，十四大代表，甘肃省政协委员，全国工艺美术大师，还受聘为英国皇家艺术院的荣誉院士、客座教授。特别要提的就是目前国内最大的群雕《成吉思汗雕塑群》，五组雕塑群由何鄂亲自设计，拿出图样。这个工程是她在二〇〇四年七八月间接下的，于二〇〇五年动手设计，十易其稿，于十一月中旬将1：10的定稿由兰州运抵鄂尔多斯管委会。得到最终认定后，何鄂在全国筛选了很有实力的企业，从北京、上海、西安聘请来各路雕塑家，自二〇〇五年年底动工，时经八九个月，这罕见的群雕终于屹立在鄂尔多斯的成吉思汗广场。从设计到完工，参与者多达八百余人，当工程全部结束后，参与者们也面如铜雕，和他们的作品融为一体了。这组群雕在落成的当年就荣获全国城市雕塑年度大奖。从刊印成册的图片中我看到，何鄂这位工程总指挥、工程艺术总监始终头戴安全帽，身着工作服，围着皮围裙，手提凿子、锤子，在高达十六七米的脚手架上穿梭指挥。她已完全成为一个工地指挥员，运筹帷幄，一派大将风度，全身心地投入、沉浸在创作之中，全然忘却自身已是一位古稀老妪了。

此时的何鄂已是一位成熟的雕塑大家，身上多了许多自信、干练，完全没有初次设计《黄河母亲》时的那份忐忑、那种疑虑，一位真正的雕塑家大气磅礴的气度在成吉思汗这个横空出世的历史伟人身上全部体现出来了。这是一次穿越时空的对话，是一段辉煌历史与现代艺术的完美结合。

作为一个雕塑家，何鄂不仅具备着男子汉的胸襟与气度，也具备着女性所特有的精致和美感。从接下任务之初，何鄂已感悟到这是一次难得的机遇，所以特别慎重和认真。她用四个月的时间，翻遍了凡是能找得到的有关成吉思汗的传记、资料、相应历史背景，到投入设计时，何鄂已无异于半个成吉思汗专家了。从她的工作笔记中夹存的便条可看出，绝不凑合、绝不似是而非，是她始终坚持和要求的水准。她要求历史博物馆提供详尽的历史、实物资料，从发式、冠带、刀具，到服装、饰物等都一一核实，同时要求对各民族服饰的装扮一定要精确无误。因为何鄂明白，这是一座传世之作，她必须尽一切可能为这庞大的雕塑群不留下败笔，不留下遗憾而呕心沥血地努力。

何鄂在创作过程中，不可免地要遵循这座城市的意愿，按照城市规划者的思路来设计、修改自己的作品。从某种程度上讲，大型城雕是一个集体的创作，是群体劳动的成果。何鄂作为一名总设计、总监制，她必须采纳来自各方面的观点进行调整与修改。聪明的何鄂总能理解建设方的理念和同行们的想法，与所有参与者很好地合作，从无领头人的强势和架子。她奔波于工地，亲执锤凿，耐心地做着细微部分的修改与完善。她的友爱与谦恭，为整个工程顺利进行赢得了友谊，赢得了时间。这一工程的完美收官，何鄂功莫大焉!

大型城雕是何鄂的长项，可当你漫步于她那宁静的工作室展厅，就会发现，这里的展品才是百分之百何鄂的风格。她按自己的喜好，将技能和感情倾注到一个个鲜活的形象中。那六尊《唐乐》，无疑是对面壁十二年的一种怀念和感悟。六位唐代少女或执板，或弹拨，或吹奏，或击鼓，发式、服饰、手指、表情、衣纹分明是敦煌壁画的再现。此时已非彼时，此作绝非“摹制”而是“创作”了。和泥巴打了几十年交道的何鄂，手法、技艺已烂熟于心。她无须先做木胎，直接用泥从脚向上围捏而成，内部依然空心，一次到位，一气呵成，六个乐伎如一个模子抠出的尺寸。没有几十年娴熟的基本功，要达到这个水准、这种技能，是绝无可能的。

那一排用粗陶制成的《希望星辰》，显现了弱势群体的贫困与无助。失学女孩流露出的自卑与伤感，放羊娃的阳光与洒脱，也表达了乡村孩童的风貌。他们有的羞涩，有的调皮，迥异的表情不能不使你惊叹不已。他们的身体裹着粗砺的服装，但是面部精致的刻画，简洁传神的表达，生动而写实。这一切一方面显示出何鄂的功底，同时也体现了一个女雕塑家所特有的细腻和情思。谁说泥巴没有生命？在何鄂的眼里和手中，她都会瞬息万变地赋予它们以生命，让它们一下变得鲜活而生动，体现出雕塑这门艺术的无限魅力。

无论是坐在瓦盆上头顶小羊羔的《草原之子》，还是那盘腿绾髻的绣花女，是那样地乡土化、民族化，特别是绣花女兜肚上的图纹，鱼样的绣品，让我们看到西北彩陶上的图腾纹饰。这一具有西北特征的图案，被何鄂巧妙、贴切地运用到现代陶塑的制作中，让人真正领悟到“只有民族的，才是世界的”。何鄂作品诠释了这个真理，她义无反顾地在雕塑民族化的大道上走了过来。

何鄂成功了。六十年的雕塑生涯，前三十载她是一个修炼技艺、追求完美的“摹制者”，之后拿出了让世人刮目相看的雕塑作品。何鄂更是幸运的，比起千年洞窟中无数未留姓名的工匠，伟大长城、兵马俑这些辉煌历史遗迹的创造者，何鄂留下了她的印迹，让人们津津乐道地传颂着这位雕塑家的名字，而且是一位女性的芳名。六十载风风雨雨，那些风餐露宿、孤独寂寞全可置于身后，因为她已经和她的作品挺立在雕塑业内并融为一体，千载共存以至不朽！

序，就得这样写

杨立强先生终于把自己漫长习画路上的国画写生作品集结成册了[1]。这一次他没有请名家权威来作序，而是自己操管亲为，将自己几十年来的写生历程作了一次回顾，写出了自己对国画写生的体会和感受。读后感触良深：序，就得这样写。

时下的序，多为华丽之篇。因为有的画家需要虚妄的吹捧，序者就应其所需而搜肠刮肚地穷尽辞藻，一篇篇罗列堆砌而成的序也就应运而生了。通篇评价登峰造极，词语用得极其奢靡，真可谓“语不惊人死不休”，让人读得云里雾里不知所云。如果画作确实达到一定高度，有过誉之词还能说得过去，对于拙劣不堪的作品就让人难以理解。这让我想起了过度包装的月饼，豪华的外衣一层层剥离开来，偌大的体积剥到最后，只剩下比大衣扣大不了许多的几颗要质没质、要量没量的玩意儿。再看那华丽的外衣，已全然成为一堆垃圾，既浪费了资源，又污染了环境。这样空话连篇、华而不实的序不仅起不到应有的作用，反而误导了文艺的潮流，污染了

[1]《当代国画名家杨立强写生集》，北京美术出版社 2013 年 7 月出版。

大众的精神，使原本高雅的艺术落入低俗。

杨立强先生在写生集的《自序》中，以最真实、最朴素的笔调向我们陈述了自己所经历过的一段段学习历程，一个看不到前途、没有着落的小少年，由于痴迷画事而不能自拔，于是倾几十年心血来修炼自己。从羡慕到试笔，从摸不到头绪到近似西洋素描般的写实，从面对景致不知如何下手，到在摸索中逐渐找到国画写生的笔墨技巧。在数千里的跋山涉水中，不管是酷暑难耐，还是四野茫茫，都阻挡不住他对国画写生的那份虔诚与信仰，顽强地走出一条“苦学派”的道路。在《自序》中，作者叙述了自己由外行到入门，由稚嫩而成熟的过程，也写出了对国画写生技法的一些体会、经验和感受，把自己几十年锲而不舍的历练向读者娓娓道来，不夸张、不粉饰、不做作，让读者不仅仅了解到一个画家的成长过程，也对写生集中的作品有了更进一步的理解和感受。文字、画作相映成趣，相互印证，让人在读出绘事之不易的同时，也欣赏到一幅幅赏心悦目的写生作品。

一个画家的成长往往是孤独、寂寞的。一个画夹，就是整个写生途中简陋的行装。杨立强先生沉浸于对国画艺术的执着与挚爱，在这艰辛的跋涉、漫长寂寞岁月的锤炼中，从未觉得其苦，反而自得其乐，并把这种快乐贯穿于整个写生的全过程。不逐虚名，甘于清贫。那幅《旅途中的一顿晚餐》就向读者展示出了画家写生途中一份简陋的伙食。我们的画家面对这果腹的一杯清水、几片干粮，虽挥汗如雨，饥肠辘辘，依然能用如此恬淡的心境记录下生活中的这一丝痕迹，同时也说明任何场景在画家的眼中，都能以独特视觉萌发出一幅生动的画面。画虽简单，却是一种记录，一种诉说，再加上小旅舍灯下挥汗作画的题款，让人看后如何不感动呢？作品只有先感动了自己，才能感动读者，我们欣赏到的不仅是画家的画作，更重要的是读出、看到一个画家的成长，感受到一个追求者的那种执着、甘于寂寞，并以一生的磨砺奉献于绘事的精神。

所以说，杨立强先生的这本写生集，画是好画，文是好文。

指墨间的情趣

——小议张兴武先生指画

与兴武的交往不觉已半个世纪，从不谙世情的青少年，一直到历经沧桑的垂暮之年，笔者虽一直徘徊在绘画的门槛之外，但对兴武画作的风格与演变还是了然的。家父赵俪生先生曾数度敦促兴武将有分量的作品集结成集，他愿以衰迈之躯为自己的学生亲自作序。然兴武终因种种缘故，未能寻到出版画册所需的足够资金与机遇，致使成集之事至今未果。如今家父已归道山，让自己的长者和老师作序已是不可能的现实，只能由我这个半吊子妄评一番，一来了却家父的夙愿，二来也为相交半个世纪的师兄作一交代。于是斗胆握管，让行家们见笑了。

兴武自幼习画，深受西北画风之熏染，尤其对黄胄的画作更是有仰慕之情。二十世纪六十年代初，兴武的人物速写、少数民族风情已颇具黄胄风格，让当年还是小少年，照着小人书涂抹仕女的笔者很是羡慕，总喜立其身后，观其迅笔勾线。这段交往仅仅一年多，兴武就从兰大校园消失了，因为丧父，他失却了继续读书的经济来源，于是只好辍学，携寡母到河西地窝铺谋生去了。在现如今兴武的作品中，那种黄胄风格的人物题材已荡然无存、了无痕迹了，可他合理的布局、准确到位的速写笔法、勾勒之功都来自那遥远的青少年时代，这可算得上半个多世纪绘画经历中的一点幼功吧。

六十年代初的河西走廊荒凉而偏僻，丧父失学的兴武因是大学退学学生，在工厂也被看成是文化人，于是将其调往中学教书。工作之余，在寂寥漫长的岁月里，他重拾旧好，开始坚持临帖、画画。据嫂夫人叙述："一觉醒来，天都快亮了，人家还神情专注地立于案子旁临帖呢。"这需要一种执着的、倾情的坚韧毅力！长年与孤独相伴，又处荒凉的边陲戈壁，没有同道的交流，也无师长的指点，全靠苦临苦练，这段时间打下了兴武坚实的书法功底。以幼年的速写基本功加之这行笔自如的书法底蕴，面对日后成名的山水、花卉也就驾驭随心、游刃有余了。

经历了困顿、孤独的磨砺，也遭际了对传统文化破坏的"文化大革命"，当文艺的曙光渐露端倪的时节，在大漠戈壁沉寂了十余年的兴武，不弃不舍地已在那寂寥无望的年代，打下了深厚的书法绘画根基。这段岁月虽很空旷，然于兴武应是最值珍惜的面壁修炼了。

指画是历代传承下来的一种技艺。古人多喜笔、指结合，笔未达意时，用手指点、抹之。直至清初的高其佩才弃笔用掌、指、甲为工具，创作出了完整的指画作品。所以潘天寿认为："指画创始于清初高其佩。""扬州八怪"之一的罗聘就曾向高其佩学习过指画的艺道。古今文人墨客多喜染指此艺。现代大家潘天寿就对指画多有研究，多有实践，并深得笔、指间的异趣："毛笔画，笔到易，意到难。指头画，意到易，指到难，故指头画，需注意于意到指不到之间。"兴武作为后来人，也不断地探究着笔、指间的区别。在他早年的作品中就有指画的经历，但仅仅偶然为之——小趣也。而早期的指墨多作于生宣之上，虽寥寥数指掌间的铺垫、勾勒，神韵墨色会在纸间留下笔所难以企及的效果，淡雅而拙朴。随着暮年的来临，体况的下滑，兴武开始了他的衰年变法，突然对指画产生了浓厚的兴趣，沉溺其中不能自拔。在观看了诸多大家的指墨，尤其对指画大家高其佩的作品观摩领略后，开始用最难以把握的熟宣来作指画。毕竟积半个世纪的功力，毕竟在笔墨间反复、刻苦地琢磨了近一生的时间，对水、墨、纸间的关系可以讲已了如指掌，只两三年的工夫，即佳作多多，竹、兰、梅、菊、鱼虾、蔬果、陶罐、山石在兴武的掌控下熠熠生辉。几条首尾相连的鲶鱼，虽未见水纹，但随鱼尾的摆动似能看到水的清澈与韵律；弱不禁风的几枝竹、兰，让人能感到在清风中微微摇曳，动感十足。墨色极其生动淡雅，指掌间神韵具备，虽多为小品，观赏、把玩其间，给人以无尽的回味与享受。

兴武一生不慕高堂，游走于民间，加之始终为家室所累，终未能摆脱世俗繁务的干扰，而绘画这个行当，多需足够的资金来支撑。可兴武生存于诸多难以推卸的世俗杂务，仍能不弃不舍顽强坚持在书画界，并取得了不俗的业绩，实属难能可贵。这样的境况多少影响了兴武的画风，但也造就了他别具一格的风骨，为养家糊口，他不得已走向市场，为迎合社会需求，也曾生产出一批流俗的作品，而长期生活、挣扎于民间，也让他的作品带出了一种愤然挺立、不屈不挠的骨鲠风格。同样是荷花，在很多大家的笔下显得是那样宁静、雍容、干净，而在兴武的笔下却是那样地残破与潦倒，显现出的是一幅苍凉和落魄的景象，能感受到的是作者内心一种难以名状的悲凉。这让我想起李义山的名句“留得残荷听雨声”，别人追求着高洁、清雅、出淤泥而不染，兴武却把再怎么旺盛、再怎么美丽的生命，到垂暮之际的那种苍凉、那种无奈表达得是那样淋漓。只有那执焦墨用指甲勾勒出来的莲蓬，仍挺枯杆倔犟地竖立着，不肯屈服。这是一个画家垂暮之年对生命的感悟，对自然轮回的挣扎与无奈。

命运如此，画风如此，也使得兴武对历代落魄画家有一种特殊的偏爱与仰慕。从兴武笔墨中有意无意地也能感受到像“八大”、徐渭这样的大家的影响。尤其在指墨的铺垫、渲染、勾勒过程中，那种构图的简洁、有意的夸张、浓淡交汇中的自然流畅，不禁让人想起历代流传下来的小品中的风味，绝不是简单的模仿，是在历经磨难后，对前辈大家的深刻理解中而产生出的强烈共鸣。

书画行是一生投资、一朝收获的艺术门类。但绝大多数命运多舛的画家是难以看到自己作品的实际价值的。潦倒一生、终因贫困而自杀的梵高，生前一幅作品都卖不出，而如今寥寥几张遗作却被残酷地超天价拍卖。不知梵高的在天之灵，当作何感想？笔者不希望现代的画家们沦落到那般境地，不过也不要盲目地追求实效。只要画出属于自己的风骨，写出自己对人生的感悟足矣。至于画界如何认识，社会如何评价，权可把它抛到九霄云外。我相信兴武的书法、山水、花卉，无论是笔作还是指墨都将流传下去，当会在一定的时节，得到应有的评价。

我与《老照片》

写下这个题目，我就笑了，有几分不好意思，因为和《老照片》结缘，纯属由“要无赖”“敲竹杠”而起。

大约十年前，先父健在，我与原甘肃省美协主席、画家陈伯希老前辈筹划将我父亲的一本师友往来的画册印了出来，寄给诸亲友。济南的堂姐收到后，打来电话问我有没有多余的，她的一位小朋友冯克力看了爱不释手，想得到一本。问题出在她介绍冯先生时多了一句：“他如今是《老照片》的主编，小伙子很能干，刊物办得不错。”这句话让我“心生歹念”，马上告知“有多的，送他两本，可他得回我一套《老照片》”。没多久，邮局送来了一个方便面箱子，内装已发行的三十来册《老照片》。我也没食言，寄出两本画册。“交易”就这样完成，我赚了，赚得确实有几分“无赖”。

冯先生收到画册对堂姐讲：“赵先生家一定是有故事的。你妹妹能不能给我们《老照片》写点文章？”那时，二老健在，我是他们灶下一烧火丫头，终日在厨房中调制四菜一汤，连坚持了十几年的画事都抛到了一边，哪还有精力写文章！当即回绝。那三十来册《老照片》却成了我临睡前的消遣之物，没事就翻翻，自己边看边想，“这样的故事我多着呢”“这个水平的文章对咱来说不是个事”。想归想，但从未动笔。

二老相继在二〇〇六、二〇〇七年仙逝，忙忙碌碌的我一下子被甩到孤零零的一个冷清境界。在痛失亲人的状态中，我连成三篇文章，一篇比一篇长。《告别209室》被兰大校报刊登;《王瑶与父亲》被《文史知识》拿走；最后一篇《在苦难中磨砺》万字有余，刚刚杀青还留在手头。此时，冯先生电话来了，问有无纪念文章。我说:“有，就是长了一些，万把字。”冯先生答曰:“我《老照片》装得下，不妨事，快发过来吧。”于是，这篇文稿在第六十期《老照片》上发表了。接着又敲了冯先生一杠，希望他从上次的三十来册给我补足到第六十期，冯先生慨然允诺，并如数补全。直至今日，每发行一册，我就会收到一本。在和朋友分享阅读之际，难免为拥有全套的《老照片》而得意，同时也让我暗存歉疚——从未谋面，白索人家的刊物。只有多写几篇文章，以弥补这“不雅之举”。从此就被冯先生套牢，所有回顾性文章，凡能配上老照片的，都在《老照片》上刊登了，没有照片的就被他们放入《温故》。七八年间，陆陆续续发了十几篇文章，稍稍抚平了内心深处那份歉疚之情。

和《老照片》交往近十载，仅限电话联系，但彼此已如故交。冯先生总在电话中殷殷期待，催我勤奋动笔。他历来都把作者高抬一把，从不摆谱，无论作者是名门之后，还是街头农民工，始终把他们放在第一位，硬是把我这个半文盲像狗撵兔一样撵得笔耕不辍。如两三个月交不出一份稿件，就像欠了冯先生什么似的。这样的编辑，能不让作者信任、读者拥戴吗？当然，这也是一个编辑应有的品质。可时下一些并不驰名的杂志社编辑，很是自负，挺能摆谱，定要作者毕恭毕敬、顶礼膜拜方可收其作品。这样的编辑，能征得多少有水准的作品？《老照片》如今已坚持百期，在出版业崭露头角，为广大读者喜爱，也让各色作者信赖。在这百期庆贺之日只能企盼《老照片》全体同仁再接再厉，相信他们能把这份小小的期刊办得更加精彩，更加有声有色。

贺《开卷》

《开卷》不觉已坚持了十五个年头，多么地不易。它十分简素的封面，缺乏吸人眼球的色彩，也无鸿篇大论，仅仅是一群读书人把自己偶发的一点思绪、想起的一段往事、读过一本书的感想记录下来，题目挺小，内容简单，却表达得很是精辟。笔者在写了几年文章后，深深感悟，其实这类“千字文”是最难写的。要在不长的篇幅中说明白一件事情，表达出一种思想，抒发出一丝情愫，这是不大容易的一件事。稍不留神，一句不得体的句子、一个不贴切的用词，会像一块硬伤摆在那里，显得格外扎眼。好在《开卷》的作者多是训练有素、阅历多多的大家，信笔叙来，一篇篇小文洒脱随意，情调高雅，文风散淡。闲来捧读，沁人心肺。这也是《开卷》得以坚持十五个春秋的最主要缘故吧！

我家两代人与《开卷》结缘。十多年前在父亲的书斋得识此君。父母逝后，作为子女延续了与《开卷》的往来，偶尔也为其写篇不像样的小文，混在诸大家中冒充斯文。承蒙董宁文先生不弃，也均被录用。通过此刊物还结识了兰州的军旅作家张际会。我们彼此发现在兰州地面上就我俩在《开卷》上发表文章，于是结为文友，不再孤独。两人相互鼓励、交流、探讨，看看哪些思路还可总结一下，写成文章。所以《开卷》先使我们成为它的读者，后逐渐演变为它的作者，同时让我们认识了许多从未谋面的文友，了解了他们的文风，也启发我们把视野投向更开阔的地界，涌动了要表达某种思想的欲望。每次投稿后，董宁文先生都要在电话中再三致以谢意，其实我们应该先谢谢他开辟了这样一块小小的园地，供我们在此逗留、耕耘、欣赏、收获。作为作者，只需提笔一抒己见，将自己的感悟宣泄出来即可，可为他人做嫁衣裳的编辑呕尽心血，如履薄冰艰难前行的苦楚也只有自己独吞。不过也请《开卷》放心，只要你坚守，我们就力挺!

在《开卷》创刊十五周年之际，书此小文以示祝贺，并衷心期望它能在诸文友的呵护与支持中不断结出更丰盛的果实。

二〇一五年雨水节

书 信

——有感于即将消失的一种文体

如果有人认为我还能写几篇小文、记录一些事件、抒发一点感慨的话，仅有扫盲班学历的我，自思自忖：我的思想表达出自何处呢？除了父母永不放弃的教诲，而那属于自身的一点锻炼，几乎全有赖于“写信”这样一种方式。

记得当年下放农场，每逢休息大礼拜（半月一天），别人都进城去了，我从炕席下抽出一叠信纸、几个信封，把被子叠高，用一个硬纸夹当垫，开始向远方的家人、亲朋倾诉我的遭际，我的感受。一般每信三页，密密麻麻，一天下来有七八份之多，直写得握笔的手指僵硬麻木，同时也把积压在心中的苦闷、委屈，对前途的悲观、渺茫统统倾泻了出来。信发出后，会有一种难得的舒畅。因为这些攒在心中，无处表达、也不敢表达的感受，通过“信”释放了！久而久之，每信三纸成了一种习惯，若是哪位友人只收到了两页的信，就会在复信中抱怨：“为何只有两页？想是哪里得罪了老兄？”有时大发感慨，一气也能写上个五六页，那也会得到“大作收悉，一气呵成，令人回肠荡气……”的褒奖。所以，“信”是我前半生记录阅历、表达思想、宣泄情感的一种重要方式。它伴我度过了那孤独漫长的压抑年代，艰辛岁月。虽也曾招致“文字检查”，终因笔触所及还在“容忍”范畴之内，仅被批评教育，而幸免于“文字狱”。但通过写信，历练了我的文笔，使我在那横扫文化的年代，守住了一点最基本的文字训练，不致由一个半文盲堕入到一个彻底的白痴。

所以，我对“信”情有独钟！

“信”是延续了数千年文明的一种文体。《古文观止》在选文时，书信几乎占了十分之一的比例。在远古那种驿路不便、信息不通的年代，人们通过“信”来遥致亲朋间的问候，告知自己需要陈述的事件，急待发作的情绪。除有些确属应酬的信件外，一般都是坦荡和诚挚的。由于面对的是亲朋故交，可以毫无顾忌地让自己的感情得到充分的表达和宣泄。于是，在浩瀚的书信海洋中，经过历朝历代大浪淘沙的筛选，自然而然就留下了千古传诵的书信名篇。我经常会想，现如今散文的兴盛，溯其源，那没名没利、没题没裁的书信应是这些美文的前身。不能说全部，但一定也起着推动和影响的重要作用。我认为，散文最重要的一点应是随心、随意、随性，来不得半点虚伪、做作和矫情。把自己最需要表达的、阐述的，顺其自然地流露出来，即便文字上有瑕疵，也遮不住一片赤诚所带来的光芒。

“信”是短的，它不可能成为“巨著”。然而就像传世之作的绘画那样，“大的不精，精的不大”。往往一些巨匠手下不经意的小斗方、小扇面能够耐人寻味、流芳千古，就在于这种“随意”恰恰少却了功利，没有了世俗的“刻意”雕琢，也就让人们品读、把玩出了寥寥数笔的无限意境。“信”就属于文学领域中的“小品”，犹如绘画界的小斗方、小扇面。它面积不大，却经得住人们反复地阅读、欣赏、回味，而且能从这反复阅读中体会到作者的脾性、心态和情绪，吊起读者的胃口，让两者一同喜怒哀乐。特别当岁月无情逝去，这些陈年旧笺所记述的那个年代、那种风情，都能勾起你对以往岁月的重新思考。因为那稍纵即逝的时光，通过作者的笔，已定格在这信纸上，它既是历史，也像镜子，让你通过它来总结你的经验与教训。

所以说，“信”是多么好的一种体裁啊！在流传了数千年后，到了我们这一代子孙，咋就变得如此不景气了呢？满面灰尘、无人问津的绿色邮筒，寂寞地站立街头，无奈地注视着喧嚣的人群与车流。要知道在二十世纪，邮递员一打开它，那雪片般的信笺奔涌而出，当年的大学校园中的邮筒经常为塞不进信笺而犯愁，而如今，它只能这么灰头土脸、孤零零地站在道边，让人看得不禁有几分黯然心酸。

这样的现状，使得门厅冷落的邮政行业只能跻身于储蓄，与银行去分一杯羹。过去人们小心翼翼剪下信封上的盖销票，重新洗泡，兴致勃勃地加入到集邮的行列。从总统到乞儿，从老者到孩童，这种世界性占地最广、拥有人数最多、群众性最强的收藏，是任何一种收藏都难以与之抗衡的。这就是“信”带来的效应！人们通过互换、索要，丰富着自己的藏品。可如今呢？信封仅限于传递广告、送达公文的用途，而邮票成了购而藏之、束之高阁的玩意。盖戳票被现如今的收藏家嗤之以鼻，因为玩使用过的票，已被视做登不得大雅之堂的小儿科了。邮票犹如财产一样，只能变做藏者炫耀财富的一种实物，失却了流通的实用价值，不再是人与人之间联络感情的桥梁，使它原本具有的文化内涵和社会互通的纽带功能基本丧失殆尽。这就是由“信”的落寞而引发的一个行业的转型与无奈。

如今的电脑、手机确实便捷了许多。在提倡“高速发展”的同时，也加速了“书信”这种文体的衰亡。人们要说的话都通过手机、电脑快速传递着，管理者也大呼要进入“无纸化办公”的时代。那谁还会执笔用笺？写字日后也只能归入艺术之行，被少数人当做艺术来对待？每逢年关，你抄我、我转你的短信不断打入，多是千篇一律的套话、废话，同一条短信会从全国各地发过来，让人不胜其烦。没有了那种只属于两人之间的殷殷问候、深深牵挂。属于私人之谊的那种风情、怀念与爱恋，皆在“快速传递”中荡然无存！

我阻止不了时代潮流，也无意扭转下一代的好恶与习惯，只能在闲暇之余去诵读几篇回肠荡气、千古流芳的书信名篇，捡出留存不多的、昔日友人们泛黄了的书笺，去回味那已逝的岁月留给我的这份思念。每逢此时，仿佛看到了友人那依稀可辨的音容，或含情脉脉的缠绵之态，或慷慨激昂、振振有词的豪迈之情均跃然纸上！那份发自肺腑的关爱、那困顿中无私的相扶相助，都栩栩如生地展现在眼前。每逢此时，让你掂着这份沉重的友谊，会有一种弥足珍贵的感受。

这就是“信”带给我的回味无穷、价值无边的认知。我劝一切可以提笔的朋友，不妨再重捡这一传递友谊的方式，将“信”这样一种既娱己、也娱人的文体延续下去。把你想告诉亲朋的事件、感悟通过大脑，经手、经笔由衷地落到纸上，寄给你远方的亲朋旧友，让他们和你一起分享你的快乐和感叹，分担你的伤感和愤怒。那些实在不再写信的人们，也不妨在清理旧物时，把那些陈年旧笺清理出来，品茗小憩时再重温一下这昔日的友谊。它一定会带给你一份怀旧的感触，对人生的重新品读，同时也会升华你的情感，使其变得更加纯真、更加善良、更加深刻。你会因此而感到你并不孤独，活着是多么惬意、美好！

婚姻手记（小说）

引 子

进入二十世纪八十年代，我们这几届被耽搁了十几年青春年华的老同学个个摩拳擦掌，都想趁着这年富力强的时节，把逝去的青春夺回来。我在同学中多少有几分自惭形秽，这十几年，虽未上贼船，可奉命文章还是写了不少，谁让咱是学政治又是干记者这一行的？拨乱反正后，虽未入审查一列，也确是灰溜溜的日子不大好过，活得十分消沉，这被同学中的机灵鬼——光耍嘴皮子不干实事的小罗所觉察，没事总爱找我瞎聊天。说到前程，实在难以为继，想换个行当干干，可咱这年过半百之人，除了有支笔，还有什么呢？小罗对我这个念头却不以为然：

“都这把年纪了，人家三十不学艺，你还能干什么？我劝你啥也别想了，还是在这支笔上做文章吧！”

“还能做出什么文章来？”

“当然能。过去是奉命文章，如今得拿出点自个儿的真东西。这些年经验不多，教训总不少吧。那么一大堆社会问题，百废待兴，就找不出点儿能写的？”

“写怕了！当初专业就选错了。”

“你比别人混得有头有脸的时节，咋没见你抱怨专业选错了？人家倒了二十年霉，你才憋屈几天就受不了啦？”也是，我咋这么经不起挫折呢？

“那我从何处下手呢？”

“满世界都是啊。对喽，前些日子有个老干部还对解放知识分子心怀不满，说什么这群酸秀才是‘三天不打，上房揭瓦’，才器重了他们几天，休妻、扔老婆的就海去了，简直不知他们自己是吃几碗干饭的。”

“有这事么？”

“有啊，还不少，特别是咱这几届为最多，可谓又赶上了时代潮流。”

“这个题材好写么，全都是些个人隐私。从哪儿下手呢？”

“亏你还是个记者，出去采访啊。光咱们这几届我就能给你列出七八个名单，凭老同学的面子，还能敲不出点隐私来？对了，在写作的同时，不妨对现行《婚姻法》提出些质疑。”

“让我和《婚姻法》叫板，如今的我还敢么？”

“有什么不敢？老同学别‘一朝被蛇咬，十年怕井绳’了，依我的观点，这《婚姻法》迟早得改。”

“还是有点无从下手。”

“万事起头难，向那些卷入商业大潮的小摊小贩学习，先练练摊。当下正是报告文学吃香的时代，敏感的政治、社会问题你不敢涉及，那这婚姻爱情问题你还不敢写么？故事虽然陈旧，但爱情永不过时，放心写去吧。”我被他煽得有点动心了，于是问：“从哪根线头上拽起呢？”

“回咱们母校，你那个老朋友——书呆子老孜就把老婆给甩了。对了，还有那嫁了三嫁的莉莉，准保有戏，而且这两个都比较好说话，不至于让你吃闭门羹。”

“那我就试试。”

“权当练摊，如今百废俱兴，都在找新的出路，我预祝你此行成功，等着读你的好故事！”

我只有抖擞精神，收拾行装南下了。

唯一不曾谈恋爱的书呆子，在八十年代，甩掉了他“五好家庭”的招牌

当我向当年的这位老同学采访时，他愣了，木讷了好一会儿，才抬起那忠厚得近乎于“愚”的面孔，流露出一种难以名状的局促，瓶盖底儿般的镜片后面，有双呆滞的眼睛，此刻似乎湿润了。我怎么也想不到当年这位在学校里最本分、最老实、唯一没有谈过恋爱、只会啃书本的他，竟会走入这风流阵营的先进行列。会不会如小罗所猜，是因为有学术成就、社会地位了；客座美国几年，腰里有几个美金了；又受了西方性观念的影响？总之，我和这位老同学，虽不同系，

但都是当年校学生会的委员，“反右”时，他强行扣押了我一份言辞激烈的稿件，使我后来免受“右派”之苦，而我也多次为他的白专路线做过种种辩护。所以我们之间，堪称患难、莫逆之交，用不着躲躲闪闪。也没外人，就直截了当地阐明要采访他的隐私——他离婚的原因和再婚的罗曼史。

三十年后的他，一点学者架子都没有，竟然还像当年在学校时，用交代思想那样的口吻，很诚恳地向我叙述起来：

“你知道我很笨，笨到连怎样讨女人喜欢都不会。在学校的时候，看着你们一个个出双入对，在舞场上拼命地旋转，我很羡慕，我也想和你们那样有个异性伙伴。也许我从小家中除了母亲再无女性的缘故，也许我的生理和心理还处在幼稚阶段，我一见女孩子就脸红，就口讷。你们结伙出去爬山、游泳、跳舞、骑摩托，夜不归宿，而我，尤其到了周末，宿舍中就只剩下孤零零我一个人。有时我会捂在被中嚎啕一阵，发泄完了，把多余的时间去啃书本，从物理啃到数学，从化学涉足生物，我涉及了四个系的课程，听了很多学术权威的报告，为今天小有造诣打下了比较扎实的基本功。可几年大学生涯里，没有一个女生喜欢过我，甚至于没有一位女性怜悯过我，就连年年补考、留级的学生都能交上个把女朋友，我这个学生会的学习委员却没有一次奇遇，一直到今天我还困惑不解，我究竟是哪里出现了问题。

“孤独和冷落只能促使我去拼命读书，所以大学毕业时，我除了以优异的成绩留校当助教外，就是有了这样一副八百度的近视镜。只有图书馆、实验室才是我经常光顾的地方。

“助教一当三四年，尽管我上学比别人早，这时也接近而立之年了，按今天的眼光，一个品学兼优、留校当老师的大学生是个热门货，一出校门就会被名门闺秀拎走的，可咱那个时节，生不逢时啊！刚刚经历了‘反右’，父亲又被圈进‘右派’阵营，我那时一月几十块，连个女工都不待见咱。是自卑也是自尊，我闭口不提终身大事，一直到家中出面干预了我的婚事。

“按说我的条件，能说上媳妇就不错了，没承想妻子的条件，就是用今天的标准来衡量，也是很不低的：医学院毕业，从事法医工作。当年就是因为个性强，是个标准的‘三好生’，认为学生在学校谈恋爱是不正之风，等到了社会上，工作中接触的又都是些没多少文化的司法干部，自己又不肯屈就，于是很快也就到了而立之年。正好两家大人有过交往，经过撮合，我们就成了夫妻。在她和我的理论概念上，我们是非常般配、非常合适的一对，都本分、都诚实、都正派，我是业务尖子，她年年都是单位上的先进、标兵。六十年代她就入了党，而我是到了八十年代随大流加入了民盟。从我们结婚到分手，暖水瓶、洗脸盆、毛巾、笔记本从没买过，光她的奖品就够用了，所以我至今不了解市场上这些商品的价格经历过什么样的变化，这也说明我们两个都不太重视家庭生活，没有什么感情、生活上的交流。她感兴趣的是恶性案件、尸体解剖，我关心的是大自然的变化。我喜欢生机勃勃的大自然，有生命的东西都是我的所爱，而她，偏偏和罪恶、死亡纠葛在一起。她的职业要求严格保密，所以她回家从来不提自己的工作，于是我们这对夫妻从六十年代就保持了人格独立，互不干扰，绝不过问对方的一切。

“有孩子了，真头疼。可能是家族的遗传，我先后有了两个儿子，相差三岁。我真想有一个女儿，有个温柔、怯弱、感情丰富的小女儿陪着我，能和我温存地聊一会儿家常，诉说一些内心的感受。可我的妻子不具备女性的素质，她像个男人，严格、严谨、严肃，在家里也像个法官。她很会指挥，也善于指挥，于是在‘文革’期间，我充当了家庭妇男的角色。教员不必坐班，我又不惹是生非，长年的逍遥派，几乎什么‘运动’都与我无关，我确实成了一个被遗忘的人。我待在家中给孩子喂奶、换尿布，干起家务事来和做实验一样认真，这就更使她没了后顾之忧，人家五十六天产假，她不满月就上了班。人家的孩子先学会叫妈妈，我家的儿子都是先学会喊爸爸，所以我们离婚时，让孩子们自己选择是跟妈妈还是跟爸爸，两个儿子一致要跟爸爸，这在当时对她的触动很大。她流泪了，这是我唯一一次见她落泪，这说明她也很爱她身上掉下来的这两块肉。

“说实在话，过去她研究生进修一走两年，我去美国客座也是两年时间，平时一桩桩的案件让她往来奔波，洗漱工具一备两套，单位上就有，说不回来就不回来。近几年，自然保护成了热门，而我经常要到异地开会、讲学、实地考察，一年也没几天能在家。我们分开没有遗憾，聚首也无欢欣，我走到哪儿都很少思念她，顶多要回家了，该给她和孩子买点东西时想到她，我也未曾从她的口中听到，她在外地出差时惦念我们。有时问她想不想家，她总是以‘我实在顾不上’来堵我，久而久之，我们也就不再牵挂她。这次分手了，不知为啥我经常想起她，想她的那份孤独，想她的那份伤感。

“这就是我的那个‘五好家庭’，人人羡慕的‘五好家庭’，从不吵架、不打仗、不摔盆子砸碗，夫妻平和，孩子规矩。所以每次评‘五好家庭’，都是一哄而过，非我家莫属。后来简化到群众评议都不需要，就把‘五好家庭’的牌子挂在我家门上了。我一看到那个红牌牌，就有一种不祥之感，我的孤苦有谁知晓？我一听‘相敬如宾’的誉词就反感，就厌恶，‘宾’是客，‘夫妻’是亲人，两码子事，搅和到一起，像待客一样的夫妻生活是什么味啊？可我就客客气气、相敬如宾地生活了二十多年。

“从‘文革’时，我就萌发了要扭转或结束这种生活的念头。‘文革’中，不能做学问，不能搞实验，只有泡泡图书馆，我是那里的常客，管理人员知道我很规矩，就任我在书库中胡窜、乱翻，结果尽翻出些遭封杀的世界名著，我怀着好奇借回来读读，补上了我社会知识贫乏的一面。我从那些文学巨匠的笔下开始剖析自己的感情、自己的生活，看到那些相濡以沫、生死与共的爱情片断，我有时会失眠。活到了不惑之年，有了两个孩子，在爱情领域竟是那样贫乏、枯燥，缺乏激情，没有快感。

“可我又觉得她太累太忙，一边忙那层出不穷的恶性案件，一边还得抓紧业务进修，她要晋升高级职位，得拿出相当水平的论文。这些年，她干得多，补得少，实践丰富，理论不足，需要迎头赶上。总之，她有种种理由不能和我们过一个周末，度两天法定假日。而我也是一闻到她身上福尔马林的味道，就知道她刚刚又解剖过尸体，于是就主动回避。多年来，她有她的卧室，我有我的卧室，住房紧张只有一间时，她睡小床，我领着托儿所的大儿子，搂着吃奶的小儿子睡大铺，不敢说这是绝无仅有，也可以说很罕见的吧。二十多年的夫妻，同床共眠的时间算下来，比分居夫妻一年十二天探亲假还要少。不怕你笑话，这对一个生理、心理都健全的男人，是不是太残忍了呢？

“随着改革开放，随着人们的婚姻观、伦理观的急剧变化，我进入了不惑之年。那几年，按同学们的说法，我这个书呆子时来运转，居然有出人头地的一天。我承认我的机遇比同学们好了一些，我抓住了刚刚兴起的边沿科学，利用我几方面打下的基础，正式由物理系转到了自然保护这个领域，攻下了目前国际上还解决不了的一些项目，在美国打响了。他们当即聘我为客座教授出国讲学，我也就捷足先登，从讲师直接提到了教授的位置，比咱们同学先行了一步。其实我心中也明白，我并不聪明，也没多大才干，主要是把生活上的那份精力，投入到事业上罢了。当然你也不必介绍和宣传这个秘密。那二十多年，我是怎样熬过来的呀！我不希望别人重踏我这条无法表白、无处倾诉的成功之路，我不重虚名。如果让我在生活和事业之间做出选择，我会毫不犹豫地选择生活。

“可我也从未越轨，绝不违背道德，我毕竟顽强地接受了中国的传统道德理念，我自认为自控能力极强。比如在美国，我和一位三十岁左右的美国女郎共同租用一套房子，彼此相处得很好，互教本国语言。她很欣赏我做的中国菜，我也很喜欢她，到现在有时还会想起她。大约在我们相处半年左右，有一次她很放肆地坐到了我的怀里，我吓坏了，赶紧把她推开：

‘对不起。我们中国有句话叫非礼勿动。’她惊讶地挑起眉毛，瞪着那双美丽的蓝眼睛望着我：

‘怎么？八十年代了，中国男人还兴坐怀不乱的美德么？’她对运用中国成语典故倒也有点水平，我很尴尬，只能解释：

‘不，我是一个结了婚的男人，我有妻子，我要对你负责。’

‘对我负责？对我负什么责？’

‘我不能伤害你，欺负你。’

‘亲热一会儿，这是互爱啊！怎么能说是侮辱呢？是我喜欢你呀！’

‘不，在我们中国，有了妻子的男人是不兴和其他女人再

胡来的。'

'那你就要这样一个人待两年，受得了么？'

'当然受得了。'她哪里知道，我早就练就了独处的基本功。她带着一丝怜悯、几分敬意离开了我的房间，临出门还低声赞道：

'君子！君子！中国男人多么有情操，多么守信义，你的妻子一定很想你，她真幸福！我真羡慕她！'我只能抱歉地点点头和人家告别。天知道我的孤苦！天知道我的情无所寄托！天知道我心灵上的人为压抑！在这异国他乡，我多么需要一点温存，需要一点爱抚啊！等了近五十年，唯一一次送上门来的爱，又因为我突破不了传统观念，我解放不了我自己，我恨自己胆小、懦弱、迂腐、无能，可我又无力挣脱。"

说完这些话，他沮丧地垂下了头。

"那你是怎么下决心挣脱了这个传统婚姻的枷锁的呢？"我不能让老孜停留在遥远的回忆里，我要追寻他们婚姻裂变的线索，所以我又把话题给扯了回来，继续和他谈眼下。

他抬起了头，舒展了他那一脸的苦相，笑了：

"这段隐私，说实话，我不打算告诉你。你们这些情场老手会耻笑我的浅薄、幼稚，甚至会歪曲我的本意，斥我搞婚外恋。"他在笑的时候，显露出几分狡黠，几分机智。看来人在快乐时，精神会自然亢奋，面容会自然舒展，显现出他的本色。

我了解这位老同学，虽懦弱，却倔犟，封了口的东西，很难启封，越逼就越沉默。我只有转换话题，迂回作战了：

“请问你的夫人们漂亮么？”

“不清楚，反正都比我顺眼。话又说过来，我要漂亮干什么？我需要的是实实在在的夫妻情分。她们就是漂亮，对我这个八百度的近视眼来讲，只能有个模糊印象。不过应该说小俞比老陈要美一些。”

“该不是喜新厌旧吧？”

“不，小俞具备女性的温柔、善良。可老陈个性太强，让人望而生畏。”

“没那么玄吧！二十年来就没有值得你怀念的地方？”

“当然有。她业务很棒，我在自然保护这个领域里，生、化部分一有难点就去请教她，她讲内分泌循环一类的知识很简练，很扼要，没有扎实的基本功是讲不到那个水平的。我的英语得助于她的监督才没丢，拉丁文她比我强，这些出国教学都派得上用场。

“每逢政治运动，我都魂不守舍，坐卧不宁。她一到这个时节，一般都要赶回来，她怕我心眼死，撑不住，犯糊涂。

“我们害病从来没去过医院，她就处理了。不过我们爷仨也从不害大病。

“她对我的亲属很冷漠，以至于兄弟间没多大来往，可每当家族遇婚丧大事，我是长子，她会毫不犹豫地掏头一份——摊最多的一份，所以我们家的人都不亲她，但都很敬畏她。”我开始诱敌深入：

“这么说每到有难的时候，遇挫折的时候，倒霉生病的时候，她待你格外好一些，是不是？”

“是这样。”他果然老老实实地朝里钻。

“你有没有认识到这就是患难夫妻的本色？有没有认识到你自己感情上的自私？在你功成名就的时候离开了她，让她在行将暮年的时候去独吞那份孤独，你有没有觉得你的行为对她是多么地残忍？”我步步为营，他又口讷了。好久才抬起头来，又是那一脸的苦相：

“谁说不是呢？我怎么能不内疚呢？之所以过去不想她，那是我觉得她欠我，她没有尽妻的义务，离异后我反而常常想起她，总觉得半道上分手太过分了，其实离婚的念头在脑子里转悠了大半年，这才鼓足勇气提了出来，当时那个狼狈就别提了，颠颠倒倒，结结巴巴，语无伦次，说完后大汗淋漓，真像做了什么缺德的事。那时，只要她兴师问罪一番，让我列举她哪里不对，我会立马偃旗息鼓，永不再提。哪知她格外平静，只说了句：‘别再讲下去了，我听明白了。既然我不能给你幸福，那我就还你自由。’说完转身就走了。我关起门来大哭一场，痛苦极了，我们毕竟是二十多年的夫妻啊！”

“你们之间还有来往么？”

“有啊，她一个月总能来个一半次，她的很多东西还撇在我们家。我们至今没涉及财产分割，我让她随便拿，她说没地方搁，就几千块的存款，让儿子全部给她送去，她又送了回来，说没处用，给儿子们留着。”

“小俞对这种状态持何种态度呢？”

“也很好，经常让儿子们去看他们的妈妈，节假日都要去请，请不来就将换洗的衣物带回来清洗，家中有全自动洗衣机，比单位上省心，老陈也不作假，让儿子们拎回来洗。只要她来，小俞总是好吃好喝地待着，有时领着儿子们出去转转，让我们单独谈一会儿。真正离婚了，话比以前还多了一些，彼此之间反而不再那么拘谨，那么客气了。”

竟然如此，那我倒要采访一下二位夫人，看她们对这场婚变持何种看法。

我在省保育院里见到她，听我们的校友们评议，这个女人小有姿色，矫揉造作，故作天真，比较浅薄。我尽可能不带偏见，可也谅老孜的审美、识人观也找不到太高水平的女人。保育员，不就是哄孩子的阿姨么！

小俞正领着一群幼儿在跳健美操。白白的大脸盘如满月一般，但腰肢还犹如青年妇女那样苗条、柔美、富有弹性，恐怕是常年做健美操的缘故。我旁观了一阵，首先推翻了“矫揉造作，故作天真”的判词。大学教师和幼儿教员不能是一个水准，一个天天和儿童生活在一起的幼儿教育工作者，怎能不带几分天真，几分娇柔呢？这里应该清除“故作”“造作”等贬词。

在这个三角婚姻中，她认为谁也没有错。并不一定非要找出哪一方的罪恶来，方能允许一桩婚姻的破裂，她举了一个非常简单的例证：

“我过去有一位同事离了婚，又结了婚。第一个妻子最无法容忍丈夫睡觉打鼾，她说鼾声如雷，简直没法睡觉。而第二个妻子呢？反而觉得丈夫的鼾声可以壮胆，如催眠曲，能使她安然入梦，没有倒觉寂静得吓人，反而要失眠。同一种生理现象，有人能适应，有人就不能适应，所以我主张在不伤害他人利益的前提下，按自己的意志自由结合。

“老孜和老陈，他们应该是朋友，而不应做夫妻，他们都是事业型的，缺乏互补条件，生活枯燥、单调，缺乏色彩，分开对双方都是一种解脱。当然陈大姐目前的状况，难度大一些，这个岁数，这种性情、文化水平，社会地位又高，很难马上寻到合适的伴侣，所以在她没有组合新的家庭之前，我们家的大门永远向她敞开着。她和老孜是结发夫妻，有两个连接他们血缘的孩子，这是无法割断的骨肉关系。婚姻解体，不等于感情的破裂，而是爱的方式的改变，非要感情破裂才离婚，并不完全对。人是相当复杂的高级动物，不适应调整一下，有何不可呢？”没想到她竟是这般思想开放，立论新颖。这时，外界讲她浅薄的评价，又被推翻了。

“那你知道不知道社会上对你们的一些评论？”

“当然知道。这次离婚，前后三个月，十分神速，得助于陈大姐在司法部门工作，可就这么离了，社会舆论也没放过我们。首当其冲的是老孜，‘喜新厌旧’‘陈世美’，过去不该评给他的奖，硬往头上套，硬往怀里塞，如今该给他的荣誉，包括科研成果奖，都以处理不好家庭关系、群众影响不好给取掉。他到底妨害了谁的利益呢？我头上自然是一顶‘第三者’的帽子，我才不管它呢，照样和老孜亲亲热热，挽着他出去散步，我把这个家庭维系在一起，好好过日子，用事实和时间来抵御那些流言蜚语。中国有个怪现象，明明不幸的家庭，非要给你挂上‘五好家庭’的招牌；明明幸福的家庭，他却要怀疑、猜测，甚至造谣、挑拨，把幸福的家庭搅和成不幸的家庭才善罢甘休。”还挺泼辣。这是群众舆论和老孜评价中都未曾提到的特点。

“你们继续和老陈生活在一起，不方便吧？老孜和她在一起，你不嫉妒么？”

“嫉妒？笑话！如果陈大姐和老孜还有爱情成分，他们就不会离婚，他们都是年过半百的人了，处理生活问题都很严肃，绝不儿戏，何况陈大姐的心中没小事，人又不狭隘，我们一直相处得很好。嫉妒是一种缺乏自信的表现。有人说爱是自私的，我认为爱是博大的、无私的，陈大姐和老孜像一对老朋友，有情无欲。老孜与我，那可是地道的夫妻，有情有欲。这就是我们之间本质上的区别。”既然她涉及了情和欲的问题，我和她又探讨了一个禁区：

“能不能认为他们的离异是性生活不协调呢？”

“基本如此。按说他俩都是大知识分子，陈大姐还是学医的，不会不了解性的知识。可我和老孜结婚后，惊奇地发现，他在这个领域还处在幼稚阶段。他兴奋地告诉我，早知道夫妻间有这么美的境界，恐怕他还要更早地提出离婚，他为他荒废了二十年大好年华悔恨不已，可从他叙述的和陈大姐的私生活中，我又觉得不像是生理障碍。一个受过高等教育、品位上乘的女性，无法去和她不爱的人做爱，我一直想探究一下她的内心世界，都因为她太严肃了，我怕她误解我，鄙视我，一直未能贸然开口，只是多方观察罢了。”

“你怀疑她另有外遇？”

“不敢胡说，凭女人的直觉，她心灵深处一定也有隐私，情另有寄托，如若不然，女人的本性是善良的，无论多硬的女人，二十年的感化，还暖不热一颗冰冷的心么？难道她不渴望被人爱么？除非她心理变态。”

“你观察得倒很仔细啊！”

“我是业余心理学家哩！”她自诩地一笑。

“我的工作要求我爱每一个孩子，那我就要掌握人的性格、心理，于是我自修了各种心理学。之所以我人缘好，有天生的素质，也与注重后天修养有关啊。你们这些大知识分子，老是妄自菲薄小看人。”说着，送给我娇媚的一笑。

老孜真是艳福不浅啊！我思忖着……

如今只剩下去拜访老夫人了。

我一路为她勾画形象：五十开外，冷若冰霜，孤言寡语，一副苦相。我估计她不会给我提供什么内容。果然如此，出师不利，首先是门难进。守门的人瞥了一眼我的记者证，爱答不理，听我说采访陈洁，方肃然起敬：

“请稍候，我先请示一下陈副院长，看有时间没有。”

“陈副院长？她啥时候当的院长？”

“去年调整班子的时候。”电话不通，这时正好进来一个拿着一团油纱的小伙，便问他：

“陈副院长来了么？”又冲我说：“小李是陈副院长的司机。”还有专车，派头不小。

“刚进门，上楼了，你这会儿打电话正合适。”电话接通了，听说是记者采访，又是那句话：“我很忙，实在顾不上，请原谅。”我缠着她，不得已在电话里打出了老孜的招牌，她大约忌讳我在电话这边胡说八道，影响不好，通知警卫放人，我这才得以走进门卫森严的法院大门。

开门处，一位着司法制服的女军官模样的人物站了起来，面孔白皙，身材挺拔、修长，两目英气逼人，真是英姿飒爽，气宇轩昂，有点让人望而生畏的味道。难怪同学们私下里议论，老孜给她拾鞋都不够条件，确切地说，提出离婚的应该是她。

寒暄以后，报上来意，院长大人冷冷地说：

“记者先生，法律保护个人隐私，我无可奉告我对这次离婚的看法。你要调查，可到我们的民事厅去看档案，那里有案可查，不过我个人希望你们不要误会，老孜不是陈世美，我也不是秦香莲。老孜有选择配偶的权利，小俞也确实更适合做他的妻子。对不起，十分钟后，我要为一个案子签证，没有时间奉陪，敬请原谅。”好一副“官办”的面孔，连虚伪地周旋一下的余地都没有，就摆出了逐客的架势。难怪人们会对女人执政有看法，真是不食人间烟火的样板人物。我的屁股又挪回到老孜那一边。可干我们这一行的，有几个是让官腔给吓退了的？我掏出这几天整理出来的文稿，不无威胁地向她说：

“陈副院长，可是老孜和小俞都谈了对这次离婚的看法，很多地方涉及到您的性格和您的作风，您不打算放弃申辩的机会吧？”有点效应，她注视着我的那本稿件：

“谅他们也找不到我多大的错处，你不必要挟，不经我同意，乱发有关我私生活的文章，我可是要行使法律手段。你把稿件留下，拜读之后，如有异议，我们再谈。”她伸出手来，我不能白给她：

“我们都是知识分子，前后同学，都走了这么漫长的一段弯路，我绝无披露别人隐私的癖好，也不至于庸俗、无聊到那种地步，您是搞法律的，我们共同探索一下中国婚姻制度中的弊端，为改革婚姻制度提供一点内容、依据，说说我们对婚姻变革的看法，有何不可呢？”我尽可能说得诚恳些，她沉吟半晌，方边说边站了起来：

“这样吧，你留下你的电话号码，等我看完你的稿件，和你在外面预约采访地点，我绝无在办公时间谈论家务的习惯。”回身从架上取下并披上了一件白大褂，几乎同时开门了，一个相当英武的小伙子进来了，“啪”地一个立正，行举手礼：

“报告陈副院长，一切准备就绪，车在楼下。”

“你先去，我就来。”看来真的赖不住了，只好与她握别。她连陪我下楼的念头都没有，急匆匆地先走了。我望着过道飘起的白色衣裾，那潇洒矫健的身影，不禁和众人一样，流露出敬畏之情。

没想到第二天早晨八点，电话铃响了，知道是我以后，还是那不容协商的口气：

“大作拜读，基本属实，傍晚七点，我请您在您所在的宾馆酒吧吃夜宵，敬请光临，届时回答记者问。这会儿我很忙，顾不上其他，晚上见。”不容回答就放下了电话。这么专断，这么干脆利落的一个女强人。小俞说她和老孜是同类型的人，恐怕判断有误吧，看来这心理学家到底不是科班出身而是业余的。可她对老陈的猜测却不无道理，陈洁没有一丝悲凉的弃妇情调，没有显现出孤苦的气息，莫不是异变在她？我思前想后，谋划着晚上由她主请的夜宵宴上，施展我的攻心、外交手段。

她准时到达，着一身质地考究的黑毛料西装，比穿制服多了几分文静、清雅，大波浪压在鬓角，面容不再那么刻板，微笑时，两颊间浅长的酒窝显露出来，颇有几分动人，用“徐娘半老，风韵犹存”来形容，恐不过分。

到底在大单位，见过大场面。分宾主入座，传唤侍者，送上菜单，她稍一客气就当仁不让地点了几样菜肴，既实惠又地道，不经常出入这样的地方，是没有她那娴熟自如的风度的。略微闲扯一会儿，她开始自报家门：

“你恐怕不知道，我入学比你们还早一年，毕业比你们迟两年，医学院整整读了八年，成了六十年代初毕业的大学生。你恐怕不知道，我比老孜还大两岁，离退休不远了，干不了几年了。”她长长地叹了一口气。

“一点也看不出您的岁数，比我们显得精干多了。”我善拍女士的马屁，也是上大学时练就的功夫。随后话锋一转：“您准备怎样安度晚年呢？”

“晚年？”她惊诧地一挑眉毛，“怎么能这么早就提安度晚年呢？事业、生活都和我开了一个大玩笑，如今才理出个头绪来，在这解脱、自由的时节，一切才刚刚开始，还没有老之将至的感觉。”我洗耳恭听，任其抒发内心的感慨——

“我不是学法医的，是学外科的，毕业分配有一个法医名额，男生们认为非他们莫属，还说这行当天生不是娘儿们干的，我是班上的班长，妇女解放的倡导者，我不服，一赌气就填了这个志愿，学校当然就优先给了我。男生们起哄，说用不了半年，我一准会哭鼻子打退堂鼓。为了不丢人现眼，也就一赌气硬撑着干了二十来年，自己和自己开了个大玩笑，结果是一事无成啊！”

“怎么能说是一事无成呢？你在这一行干得很出色啊！”

“是啊，按世俗观念我也算功成名就了，厅局级干部，高级职称，年年嘉奖，可这些都是虚名啊！”

她一叹气，引用了《红楼梦》中的两句曲子：“问古来将相可还存？也只是虚名儿后人钦敬。”

“那您还想追求什么呢？”

“苦读八年，为得是克难关、攻尖端，在我的专业上有所造诣，可命运却把我推到了这个位置上，离我当年的追求越来越远。在这一点上，我倒有几分妒羡老孜，事业上他比我成功。”她的眉宇间呈现出忧郁，眼角的鱼尾纹清晰可见，自然规律终究是不可抗拒的。

“二十多年来，我得到过无数的嘉奖，那都是针对我的品德、工作能力的，而不是我的专业才干。比如，‘文革’中，任凭多大压力，我没有在一份迫害致死的尸单上签注过我的大名，还私底下保存了很多无辜被害致死者的真凭实据，为后来拨乱反正、惩办凶手提供了法律依据，为此受到公安部的嘉奖。”

“真了不起！”我由衷地竖起大拇指。

“可我的理想、我的生活却弄得一败涂地，惨不忍睹。”理想咱不感兴趣，只能试着把话题往生活上引：

“其实您和老孜是蛮般配的一对，都干得很棒，干吗一定要分开呢？”她一听这话，像被烙铁烙了似的，差点跳了起来：

“般配？你也这样认为？”她瞪着一双质疑的眼睛，“谁都这么说，连老孜、小俞也这样认为，说我们是一对事业型的成功伴侣。你到我们单位、我的同学中再去调查一下，你就会得出相反的结论，谁不为我嫁了个书呆子，受了二十多年的禁锢抱屈。”

“那您为什么不早点离婚呢？”

“所以说是自误终身么。刚开始有了孩子，不应放弃母亲的责任，不忍让儿子幼年缺父少母。再后来，‘文革’来临，十几年的政治风浪，让人防不胜防，为生活上的过失招来政治上的灾难又觉得不值，这也是‘文革’后知识分子离婚率高的主要原因，全让‘文革’给耽搁了。老孜生性懦弱，难以经受打击，万一毁了他的人生，良心上也过不去，于是就这样活生生地把我给拖老了。”

“可离婚是老孜提出来的呀！”

“是啊，我提他受得了么？我只有等，等他创造条件，可这个死心眼就是宁忍着也不越雷池一步，真是愁死人了。”

“那他是咋找上小俞的？”

“还是我替他们创造的条件。”我大惊，因为老孜、小俞都没提到这个情节。

“这件事你也不必再给他们挑明，我认识小俞比老孜早好多年，别说他不知道，小俞也不知道。我是在办一个案子的过程中认识小俞的。有一个为保国防安全和歹徒扭在一起，避免了一场大灾难而献身的部队干部，他的妻子就是小俞。当时是按烈士家属对待，可毕竟小俞年纪轻轻，孤苦无助啊。当时只想提请把她调到省保育院工作，离开原地，换个环境，后来我们法院同事的孩子都是送省保育院，他们经常带回有关小俞的消息，讲她很是孤苦，没有亲人，还想再走一步，这使我想起了我们的老孜。”

“你咋给他们捏合到一起的？”

“没捏合，也算是他们有缘分。有个亲戚是单亲，出国考察一年半载，把个孩子寄养到了我们家，天天送托儿所的是老孜，孩子又在小俞的班上，这样就先有了老孜和小俞的交往，才有了我的推波助澜。”

“他俩谁主动？”

“当然是小俞，我们那个书呆子绝不会想入非非。正好那孩子害了场不小的病住院了，陪床的是他们两人，还经常是守夜班，于是发生点故事，也只有他俩心里最清楚。我有时会去看一眼，一看到他俩的那种神情，我知道有门道了，于是使使劲，逼了逼老孜，这次他总算动真格的了。于是我解脱了，社会舆论、坏名声还得他俩背，真有点冤。”

“您这样做，有损公德么？”

“这怎么谈得上有损公德呢？这样的日子再熬下去对谁都没有好处，我们这二十年夫妻之间的语言交流始终在单字、单词间，‘好’‘知道’‘行’‘我来’，从未有超过十分钟以上的谈话。夫妻生活没有一个温存的过程，一上来就直奔主题，他甚至没有亲吻过我，我又不是个泄欲的工具，所以一进门就绷个脸，给他一副凛然的神情，让他不敢造次。可你到我们单位打听一下，看我是个一天到晚绷着脸的人么？单位上组织的活动我都参加，合唱团、排球队，大家外出野游、会餐，哪次也少不了我。当然对家里我的借口总是‘单位上忙’，忙也是事实，可起码有一半是为我不愿回家找的借口。单位上有我的宿舍，我的私人物件也从不往家里拿，我个人的影集、日记、信件，甚至额外发的奖金都放在单位上，他连知道都不知道。”

“您不觉得这对老孜很不公平么？”

“命运对我更不公平，老孜起码得到了适合于他的妻子，可我兢兢业业、苦打苦拼多半辈子，落得个无家可归，谁又为我想过呢？如今人们经常说，每个成功的男人后面都站着一个伟大的女性，我还要补充的是，每个成功女性的身后都有一段不堪回首、惨不忍睹的往事。”

“那您就不准备再寻找一个你的另一半？”

“基本无望。但我并没有关门，因为我清醒地知道，到了我这个年纪，要想有个称心如意的伴侣，机遇几乎是零。我已经凑合了二十多年，所以也绝不再凑合，宁缺毋滥。”

“也不必过于悲观。”

“绝不悲观，而是理智，并且我也习惯了这种独身生活。”

“就算不牵挂老孜，也还有两个儿子啊！”

“儿子基本上是老孜带大的，所以跟他过也是正常的。他们马上就自立了，我相信他们会理解我这个做母亲的，我只希望他们在学业上像他们的父亲那样认真、刻苦，生活上可千万别随了他们的爹。”

“希望您能调节好您今后的生活。”

“会调节好的，而且只会越来越好，因为我是个不愿回头、一直朝前走的人。”

“那就预祝您一路走好。”

“谢谢，我相信今后我会走得更好。”

没见过这么自信的女人。

等她寻到旧时的恋人，却发现破镜已无法重圆

采访这当年在人前怯生生、两眼毛茸茸、甩两条漆黑长辫的莉莉时，她已经是一个雍容华贵、腰粗臀圆的阔太太了。记得校话剧团排《雷雨》时，团长鲍昆曾说过，要不是她那一口难改的黄县腔，他一定把她调弄成一个活生生的四凤，于是中文系的学生送她一个“四凤”的绰号。她浑然不觉，在化学系混一个勉强及格的局面，可舞场上经常有她那动人的倩影，情场上似乎屡出差错。“大驴”就曾在四川妞和黄县嫚之间徘徊多时，莉莉以貌美占天时，经常摆摆架子，糟害一下“大驴”来显示自己的优越感。而四川妞以本系占地利，又帮着“大驴”抄笔记、做作业、打夹带，出手敏捷地将“大驴”拢进了自己的怀。当莉莉后悔了，想牵回这头莽撞的“大驴”时，据说两位女士在女生楼的过道里展开过一次殊死的争斗，以莉莉失败告终。两系团委分别让她们在各小组会议上做了检查。检查完毕，莉莉就病休了一年，她是

受不了群众舆论和组织压力回家的。等再次返校，留了一级，可影响尚存，她只有默默地、可怜兮兮地为一张毕业证书而奋斗了。

人是同情弱者的。固然有好事者在公共场所羞辱一下可怜的莉莉，以取得那种庸俗心理的满足；可也有仗义之士，那就是学校的杰出人物、化学系的业务尖子高振亚，这位男士可谓当年的风流人物，清瘦、文弱、俊美，一头自然大波浪给他平添许多风采。他或着长衫或穿西服，架副金丝镜，更显儒雅。女生们说他穿长衫像个斯文学者，着西装像个洋博士，人也很聪明，小有才气，不仅专业成绩在系上名列前茅，不时校报上有他发表的几首小诗，质量还挺不错。化学系的壁报办得很精彩，有赖于此公的好文章、好书法，也能画两笔，略俗一点。能唱抒情男高音，每年文艺汇演，化学系的导演总是他。他立志要拱掉鲍昆在学校文艺领袖的地位，奈何终究不是科班出身，属小家碧玉之流，缺少鲍昆的大将风度，加之鲍昆坦荡、豪爽，深得人心，颠覆之举终未实现。“反右”时，一个以“右派”加流氓下了大狱，一个属资产阶级品质恶劣划进了“右派”阵营，以充军大西北告终。两强俱伤，此乃后话，现在只提他是怎样扮演一个抑强扶弱的英雄好汉的……

本来高振亚的屁股后头早有一溜小妞，他衣裳换得勤，哪次也不是自己洗，好多女生打着互助的招牌来献殷勤，可一个个都看见我们这些人的脏褂子、臭袜子视而不见，绝不互助，为此“大驴”曾送他一个“骚孔雀”的雅号，他本人又是上海一家小业主的少爷，囊资充足，虽不像鲍昆那样豪爽大方，还是很会小恩小惠，送姑娘们点小玩意儿，既赢得女性的欢心，又不至于折大本；对男生就不一样了，谁借他本书弄皱了点，都能嘟囔好几天。“好高人欲妒，过洁世同嫌”么，他的男女有别和洁癖让男生很厌恶，这样愈发把他推向了女流世界，也为后来政治上的重挫埋下了隐患。

原来他根本看不上一个山东半岛上来的，虽有姿色但难免土气的小嫚，可男生们越是在宿舍里编排诋毁这个女孩子，他就越发义愤填膺，于是他主动向莉莉表示了他的同情、他的关心，同系且同班，莉莉留级留到了他的班上，又比他大一岁，学业是个困难户，所以他做实验带着她，上自习帮着她，连打饭也护着她，像保镖，而且坐在显眼的餐桌上，一荤一素，他买荤，她买素，两人相互调剂，比各吃各实惠。有时近旁传来骚摊子的讥笑声、口哨声，莉莉满眼含泪，站起来要走，高振亚按下莉莉，给她打气：

“走什么？理他呢！吃你的。”又给她夹一个卤鸡蛋：

“吃！注意营养，保重身体！”回头还恶狠狠瞪两眼起哄的无聊之士。每逢此时，莉莉总是抬起她那湿漉漉、毛茸茸的大眼睛，感激地注视着他。更是每逢集体场合，紧紧相随，寸步不离了。

这样三弄两弄，孤男寡女，自然而然就滋生出爱来。半年后，不知是莉莉接受了上次的教训，不能坐失良机以柔克刚了呢，还是高振亚被那双总是含情脉脉的毛眼睛给迷住了呢，总之两人终于明确了关系，订了终身。于是男生不再诽谤莉莉，反认为高振亚的这种行为是义举，可女生又开始鄙夷高的乘虚而入，语调间实难掩饰那股酸溜溜的醋劲。这两人出足了风头以后，开始脚踏实地，向现实挺进，高不再那么热衷公共事业，而莉莉也安心她的化学专业，有这么个高材生辅导功课并带着她，成绩明显好转，从及格迈入了良好的范围。

一九五七年高振亚被整得够呛，他没太多的言论，可他孤芳自赏的性格和有点小资色彩的生活作风使他比较孤立，于是墙倒众人推，材料越滚越多，漫画越画越丑，甚至在批判会上，明里暗里有些个小武斗，就是下大狱的鲍昆都没受过他那么多的罪。听说鲍昆在单人禁闭室里，喝两口酒，有下酒菜，不知哪儿弄来的，边吃边饮边唱几段小曲，显得优哉游哉。团委派了多少人监督，都找不到是谁这样划不清界限，可高振亚只要有一举一动，就有夸大其词的揭发材料送上去，这里也确实体现出一个群众关系的重要性。

经过痛心疾首的检查交代，也拼凑不出像鲍昆那么多上纲上线的材料。鲍昆这次吃的是科班的亏，而高振亚的材料在经过反复整理落实后，也只是戴了帽子，在校监督劳动改造，毕业后分配到西北一个小化工厂就业，当然也是戴帽监督。莉莉在运动中还算顶得住，在大家都糟践高的岁月里，还是悄悄地给他送点吃的，洗洗衣物，人家是明确了关系的，虽然系里一再叫莉莉划清界限，站稳立场，也没太干预他们的来往。分配时，莉莉放弃回山东老家的机会，和高振亚双宿双飞一起到了大西北，“右派”家属只能干个化验员。他们结婚后，不敢要孩子，相安无事地过了一段日子。

困难时期，西北饿死了人，小两口回上海的时节，高振亚以为脱离了组织，嘴巴可以松一些，渲染了一些大西北的境况，于是揭发材料到厂，定性为恶攻、屡教不改，送进了以劳改知识分子著称的柴达木盆地。这次莉莉顶不住了，在领导的动员下离婚了。

莉莉借回娘家之机，到母校逗留。正好系里的一位老教授刚死了夫人，饿怕了，也穷怕了，同时也想从西北调回来，脱离那无形的政治压力，莉莉没考虑两人二十多岁的差距，急匆匆地结了婚，紧跟着顺利调入省科研所，婚后感情如何，就无从考证了。

粉碎“四人帮”，这古稀之年的老教授一高兴，竟一命呜呼了。前妻所留五个子女，如狼似虎，哪是懦弱的莉莉应付得了的？亏得学校通过法院，她方得到一半的遗产。为了消除影响，科研所给了她一套三居室的单元（她居然混上了副研究员的职称），领养了弟弟的一个小女儿，相依为命地过日子。大约在这个时候，她萌发了找回高振亚的念头。

很快地找到了，也很快地落实了政策，很快地调了回来，很快地复婚了。破镜重圆，她大约认为这下子可圆满了，可以安度晚年了。

哪知复婚不久两人就打得不可开交，不但动口，而且动手。当年两人的缠绵之情、君子之风都不知到哪里去了。不出两年，只有再离。离婚后的莉莉过了一年多一点，就又嫁了个名医，妻以夫贵，她又恢复了一个阔太太的风貌。于是同学中对她“水性杨花，积习难改”的评价时有耳闻，这一次我可要领教一下她对离婚的看法，用小罗的话来讲，她属于嫁了三嫁的范畴，确切地讲是四嫁、两离、三个人。

她探明来意，悲叹一声：

“我有什么好讲的？让老高那个神经病搅和得我声名狼藉、身败名裂，到这行将暮年的时候，还背着个烂货的名声，咱们有些校友路上遇见，佯装不识，好像和我打个招呼，会降低了他们的身份。唉，总算老天有眼，给了我一个老林，让我暮年有靠，不至于受老来凄凉的苦楚，我也就知足了！”我只有安慰她：

“没那么严重吧？我也是老同学，这不专程前来拜访！”

“别卖乖了，不是为你那大作里添碟小菜，恐怕请还不来呢。我明白同学们鄙视我学业差，又是小地方来的，当初学校里的那场风波，就让我始终抬不起头来。可话又说回来，我影响了谁攀登高峰、成名成家、出国考察？我在同学中自认矮一截还不行么？人各有志，不能勉强啊！我就是一个平庸的弱女子，无才补天，也抵御不住天灾人祸的冲击，干吗一定要勉为其难呢？我渴望有一个温馨、幸福的家庭，这又何罪之有？我虽然嫁了三个男人，可没有破坏过任何人的家庭，没有插足，没当第三者，没有乱搞男女关系，没有妨害过任何人的利益，何必视我为芒刺，同仇敌忾呢？”

“据我了解，主要是对你两次抛弃高振亚有点看法。”我将她引入实质性的话题。

“家家有一本难念的经，让那些贞女烈妇去过一下我过的日子，恐怕她们跑得比我还快，离得还利索！”

“那就谈谈么，倒出来要比攒在肚子里舒畅些么！”于是她开始娓娓叙来：

“老高被划成‘右派’的时候，让人糟践得不像个人样儿，组织上让我回头是岸，划清界限，我不敢不依，只能用怕他自杀、良心上过不去来应付组织，这才免划‘右派’，可在我的档案里却留下了‘丧失立场，作风不正派’的评语。一毕业，我和他急匆匆结婚，急匆匆离校，到了大西北我才领悟到什么是发配，什么是冷酷，什么是残忍！比在学校的那种局面还胜三分。在那寸草不生的盐碱地上，大家都住干打垒的房舍，我们只能住季节性、基建民工的席棚。用席子搭个棚，外糊一层稀泥，冬天里四处透风，屋里生着火，盆里水还结着冰，没有门，冬天挂个草帘，夏天挂个被单，房中泥一个土炕土灶，硫质很重的煤砖呛得人要死。他是戴帽监督的‘五类分子’，只发二十几元的生活费，当小工用，我虽有五十几元，给黄县寄过钱后，也就没有多少了，倒是他家不时寄点钱款衣物，经济上也就算没啥大问题了。所以刚开始，我们还有点学生气，晚上经常悄悄地说一阵、哭一阵、搂一阵，我给他唱一曲‘半间草屋做新房’，他给我哼一曲俄罗斯民歌，不管外面有天大的压力，我们俩还是相亲相爱、相濡以沫的。

“可渐渐地他呈现出烦躁，开始莫名其妙地发脾气，有时还打我。刚开始发脾气，打了我以后，会跪在我面前痛哭流涕，扯着我的手去抽他的脸，我可怜他无处发泄，也就默默地承受他那种折磨。

“困难时期到了，那寸草不生的戈壁滩可是饿死人的地方啊！人人都拼命寻找一点可以塞进嘴里的东西，老高受不了这物质、精神上的双重摧残，变得益发可怕了，蒸几个菜窝窝，他一定要比出大小来，盛两碗面条，他一定要分出稠稀来，他在外面干的活重，我尽可能饿着，多匀出来点给他，他不但不领情，反而把我浮肿得明晃晃的脸和腿，硬说成是偷着吃得那么胖。找不到偷吃的证据，就怀疑我卖身换吃的，又不敢明目张胆地追查跟踪，就夜夜糟践我，把我身上掐得青一块、紫一块的。

“没办法，我只有给他父母去信，让他们救救振亚。很快上海拍来了‘丧母速归’的加急电报，我们才得以回上海将养了一个多月。哪知这一个多月给他酿成了更大的灾难。他们家和他这个人一样，处理不好群众关系，里弄里眼热他家有点家私，而他一回上海就又变了副面孔，又抖开大少爷的派头，忘了夹着尾巴做人的训诫。大概憋得太久了，嘴巴管不住，渲染了一下西北饿死人的惨状，于是揭发信到厂，厂里派人来上海调查，发现母亲健在，于是把我们押解回厂。没过多久，就被送进去了。

“本来我还想不离婚，可‘五类分子’的老婆不好当啊！房子本来就没有门，草帘上别一个扣，也没啥值钱的东西，那点工资粮票随身掖着，就这三天两头丢件布衫，让人拽走双鞋，这还犹可。一个入另册的女人，别说是当大学生了，能把你当个人就不错了，那些个专案人员以调查为名，坐下来不走，动手动脚，摸你一把，捏你一下，你一声张，他说你腐蚀、拉拢他下水，是化成美女的毒蛇。一天半夜，草帘让人掀开，一条人影就摸上炕来，我拼死呼救，民工就在附近，大约我的叫喊声过于恐怖，那人吓得溜掉了。第二天，还是一个民工老大爷给我牵来了一条狗，是这条狗保护住了我，我至今怀念、感激它。我和它同吃一锅饭，下了班搂在怀里，为它梳理那一身的黄毛，狗通人性，它知道我家贫，定量低，养不住它，白天它窜出去好远找食吃。有一次临过元旦，不知从哪儿叼了只鸡回来，放在我的脚下，看着我，似乎在说：你该补补了。就这样我每月还给老高寄十元钱。可在那举目无亲的戈壁滩上，哪有我这弱女子的活路？我终于抵不住社会的歧视、组织的压力，老高的行为也让我万念俱灰，我终于起诉离婚了。一离婚，立马享受探亲假，我像出笼的鸟儿，东返了……

“我怀念我的学生时代，我怀念咱们的母校，中途换车我回到校园里转了转。当时正值寒假，树木凋零，我徘徊在那寂静、萧瑟的校园，心中有几分凄楚，也有一丝恬静。也许是天意，我和张老在小径上相遇了，他已经认不出我来了，毕业时，还是他指导我做的毕业论文呢，我给他鞠了一躬，报上姓名，他才惊讶地问我：‘你遇到什么事了么？怎么这样苍老、这样憔悴？我记得你是个漂漂亮亮的小姑娘呀！’我抑制不住内心的悲苦，把一腔苦水向这位长者倾诉了出来。他问我今后的打算，我说想调回来，不知他能不能帮帮忙，他说：‘这样吧，你先住下，让我想想办法、想想办法。’他把我安排在假期未回家的女生宿舍里，两天后他来找我，说难度很大，支援大西北的人，国家有规定不能东返。我表示麻烦了他，很对不起。我要回家过年时，他很抱歉地送我上了火车，从窗口塞进了两盒糕点、一兜水果，并嘱我返回时，再来看看，他争取再想想办法。

“受人滴水之恩，当涌泉相报，何况这些年再没有人这样关心过我，体贴过我。再次返校，我背了许多家乡的土特产，新碾出的小米，绿豆、花生之类，他很高兴，说大城市吃不到这么新鲜的粮食，这时我才发现房中高悬着披了黑纱的、他那已逝夫人的遗像，淑雅、端庄，一派大家风度。他看我望着照片，不无感慨地说：‘这是我夫人，过世半年了。唉，我如今是不思量，自难忘啊！’

“我突然拘谨起来，他似乎觉察出了我的不便，就匆匆申明了他的办法：‘你走了之后，我利用了一切可以利用的社会关系，基本无望。可是照你说的那样，一个女孩子回到那种恶劣环境中，只有死路一条啊！我是你的老师，一个长者，你和我的女儿差不多，现在只有一个唯一的办法，那就是你先屈就嫁给我。’我震惊了！他摇摇手，阻止我不要说话，径直说下去：‘你先别急，如今只有利用我的社会地位先调回来，住在我家，慢慢找对象，也可以耐心等等高振亚，等有了着落，我和你再办一次离婚手续不就成了么？你放心，我堂堂读书人，绝不乘人之危，而且亡妻音容历历在目，年把之内，我无从考虑其他。’望着这慈父一般的长者，我应允了，领了结婚证。张老告诉领导，要调回来才举行婚礼，于是学校、政协都出面了，很快从科研所办来了调令，我匆匆返回西北迁移了户口，扔掉了那堆破烂，赶回学校，寄居在张老家中。

“学校好事者太多，对张老又纳新妻颇多微词，登门贺喜之人，络绎不绝。什么‘金屋藏娇’啊，艳福不小啊，戏谑之词不绝于耳，非让张老大宴宾客。张老无奈，只有假戏真唱，给我缝制了一件很华丽的丝绒旗袍，让我烫了发，浓妆淡抹，在悦宾楼摆下了盛宴。

“婚后我们一直分居两室，我承担了全部的家务活，他还有两个上中学的孩子，其余的均已自立，不在此地了。张老也不客气，经常使唤我干这干那，但绝不收取我的伙食费，他说我的劳动本身就有价值，何况他也看不上我那点只有他零头的工资呢。我除了给老家和振亚每月寄点钱外，就开始置办点行头打扮一下自己，我是个女人，我有虚荣心，我爱美！

“科研所因我是张老的夫人，对我也就格外关照，不安排重要项目，只让我敲敲边鼓，我那点底子就是敲边鼓也够不上，大学时功课就吃力，几年的化验员工作，又让我荒废掉一半，我只有夜里翻翻书。张老也有熬夜的习惯，他又要吃夜宵，那么九点以后，孩子们睡了，这是我们加深了解的时光。

“我请教张老几个科研课题，他一遍遍地给我讲解，我反应不过来，他还斥我是个榆木脑袋，翻出好多大部头著作让我从头精读，还不断地考察我。我也总在午夜给他做一份精致的夜宵。他不断指导我怎么做，有哪些讲究，我觉得在他的熏陶下，我不仅恢复了以往的风姿，也加深了修养。

“这样过了好长一段后的一个午夜，我坐在他的身旁，看他有滋有味地品着燕窝粥，那眉宇之间的聪慧，那爽朗坦诚的笑声，深深地触动了我。在这段朝夕相处的日子里，我们不知不觉跨越了年龄的界限，缩短了我们之间的代沟，这个已临暮年的男人，给了我一种成熟、充实的感受，我不禁向他表达了我的感情，扑向了他的怀抱，陈述了我已爱上他的欲念。

“他不震惊，也不厌恶，只是抚摸着我的头发，感叹地说：‘是啊！我们都寂寞，我们都孤单，我也不否认，我很喜欢你，不过你毕竟刚过而立之年，而我却向花甲靠近了，你再好好考虑考虑，要知道我再身体健康，也逃脱不了自然规律，拖你个十年八载，把你孤零零甩在人间，这中年丧偶的日子不是好过的啊！’我执拗地表示要伺候他的晚年，他轻轻地推开了我：‘你再想想，也容我有一段思考，给我一个月的时间，好吗？’我知道他要等妻子的周年忌日。一个月后，祭日的那天，他让我准备了许多菜肴，点上几烛香火，在亡妻的像前久久伫立，不断地吟诵：‘夜来幽梦忽还乡，小轩窗，正梳妆，相顾无言，惟有泪千行……’就在那一天夜里，他给我讲述了前妻的一生，一个女子大学的高材生，为他奉献终生，当了一辈子家庭妇女的历程。

“又过了几天，家中来了一位阿姨，他说我上班已经够累的了，让我把家务移交给这位早来晚走的保姆。又过了几天，那是个周末，阿姨走了，孩子们睡了，我给他端上夜宵，他说：‘你先放下。’让我坐在了他身边：‘我想好了，不知你还有什么变化，如无异议，我正式在今晚向你求婚。’我哭了，哭得好厉害，一句话也没有，偎进了他的怀抱。他深情地吻着我，并给我戴上了一枚求婚的钻戒，然后抱起了我，走进他的卧房……

“是他让我懂得了生活，是他让我知道了爱的真谛，他是那样温柔，小心翼翼地爱抚我，既像一个强有力的丈夫，又如一位慈祥的父亲，我陶醉了，我太幸福了……

“这一次婚姻让我知道了什么是夫妻，什么是朋友！过去我敬重他，他爱护我，我一味地服从，他也很严厉，新婚之夜把一切都扭转了。第二天清晨，他吻着我：‘小宝贝，你累了，好好歇着，别起来，我来侍候你。’他出去安顿了保姆和孩子，并声称我病了，不要打扰，又折回卧房将我搂入怀中，那份缠绵，那份情意，真让人销魂荡魄，难以忘怀啊！起床时，他为我扣好每一个衣扣，将我扶起来，还开玩笑，说什么‘侍儿扶起娇无力’，我不禁滋生出千般娇柔，万种妩媚，一下子就把我惯坏了……

“可做一个生活各方面都很讲究的教授夫人也并非易事。当天他就交给我家中的大小钥匙，打开了他那庞大的德式衣柜，里面有大量的亡妻衣物，他深情地抚摸着那些衣服，真有点‘衣裳已施行看尽，针线犹存未忍开’的味儿。他给我一一交代，让我好生保管。他经常给我讲一些待人接物方面的礼仪，坚持让我上淡妆，还亲自为我描眉，让我分辨各式香水及使用方法，并告诉我：‘记住，你现在是我的夫人！如果我有把握和你白头到老，我会让你立即退职，回来做我的贤内助，我们有干不完的活儿。我一向认为，一个男人养育不了妻子，那他就不配做一个丈夫。可我们年龄差距太大了，既然我不能给你的终身保险，那就得给你留条自立的道路。但是，从现在起，你必须把重点转移到我身上，不能有丝毫的懈怠。’说完，又把我拢入怀中：‘小乖乖，是不是觉得我太专制了呢？你放心，我不会给你添太多的麻烦，我的身体也还棒着呢！我争取活他个八十多岁，那时小莉莉已是花甲之年，到那时，我可以放心地走了。’

“结果他没能活到八十多，刚刚进入古稀就走了。我们十四载夫妻，可以说过得充实、美满。即使在‘文革’中，由于张老是搞理工的，在知识分子成堆的大专院校够不上顶尖权威，住了几天‘牛棚’就回来了，这就算是很幸运的了。经过几次‘运动’，我生怕节外生枝，给这个家带来多余的麻烦，愧对张老。自从和张老同居后，我停止了给高振亚寄钱，我也只字不提高振亚，因为我心里明白，他希望我把他忘掉，我也就绝不再提先前的事。

“粉碎‘四人帮’后，张老十分兴奋，连续设宴请客，也出席、参加各类社会活动，好像一下子年轻了许多。我怎么也没想到，那么健康的身体，会断送在杯盏交错的宴席间。等我赶到病房，他已经呼吸急促，显得十分吃力。我把耳朵贴到他嘴边，才断断续续地听他说：‘对不起，真，对不起！我，太大意了！要保重，要保重，去找高、高……’他临终为我安排了这么一条归宿。这就是豁达、宽容、仁慈的张老啊！”她的眼角湿润了。思路把她带回逝去的岁月，她继续说下去，没有停顿：

“我找到了高振亚，复了婚，张老留给我一批书籍、一笔积蓄，我领养了弟弟一个上初中的女儿。振亚由学校落实政策，回到系上教书，按说这破镜重圆，该很知足了。

“也不知是我适应了张老那种温馨、恬静、舒适的家庭生活，还是高振亚积习难改呢？一复婚，我马上就感觉到我已很难适应他了，卑贱、下作、恶心，而且是个虐待狂，连眼神都贼溜溜的，从不用好心眼去衡量他人。他好像要把这二十几年的苦难，从我身上全部讨回去似的，天天找事，尤其是夫妻生活，像个畜牲，强我所难，不让我睡觉，咬我，掐我，我又回到了伤痕累累的岁月。我是四十多岁的人了，养尊处优了那么多年，实在难以承受眼下的这种生活。开始还好好协商，心想要么和他离婚，要么分居，三间房一人一间，他不但不干，骂我，还跑到我们单位、他们学校、老同学家，四处臭摆我，说我是个破鞋、婊子，说他的一生就毁在我的手里。那时候，我简直成了个十恶不赦，戴了红字的女人。万般无奈，我只有再次起诉了。

“在中国离一次婚，得剥三层皮，精神、肉体都要承受强大的压力。一次次调查，一次次调解，单位上说和教育，群众中说长道短，马拉松似的没完没了。好容易等到开庭审判，来了多少看热闹的好事之徒。当我一听继续调解的判词，我傻了，我疯了，我再也顾不得脸面了，我一下子就把外衣全脱了，只留下胸罩和裤头，全场哗然。一位女记者举起照相机，拍下了我身上的块块伤疤。一个月后，终于拿到了离婚证，他搬到了学校。

“毕竟是同学，毕竟是结发夫妻，我为他置办了全套生活用品，把张老的部分书籍转赠给他，希望他在业务上还能有所造诣。真到走时，他哭了，我也很是伤感……

“我让这次婚姻折腾的得了严重的神经衰弱，失眠、健忘，还有点神经质，就经常去医院看病。有一天，我正在向一位内科大夫陈述我的病情，忽然感觉到旁边有一个人盯着我，扭头一看，是一位五十岁左右的医生，正两目炯炯地望着我。我感到奇怪，也就看着他，他不回避，还是死盯盯地看着我。那目光并不邪恶，还很锐利，弄得我不好意思，赶忙掉开了视线。诊病的女大夫收起器械，提笔要开处方，这时那位男大夫冲她说：'慢，你先别开处方。'又回头冲我说：'你再去挂一个神经科的号，到我那儿来一下。'说完转身就出去了，步履很是潇洒。女大夫冲我一伸大拇指：'你运气不错啊，林大夫是我们神经科的权威，一个礼拜只上两个半天门诊，快去吧，他肯定有绝招。'等再见到老林，他已是大口罩遮脸，大白帽压在眉际，只有那双逼人的目光呈现在外面。他听完我的叙述，随便问了几句，按摩了有关穴位，开了一服中药，说：'你正值更年期，又遇上这么些烦心事，尤其要注意自我调养，听听轻音乐，打打太极拳，很快就会好的。'又问了我的住址，我告诉他是隔壁的科研所，他一听就知道是几栋几号，看样子他很熟悉我们单位。

"三服药吃完，刚想再找他下方子，他自己来了，还带了几盘轻音乐磁带，号脉、按摩、开方，不似在医院那么严肃，目光也柔和了许多，像是来叙家常的老朋友，言辞、气质都和十几年前的张老有类似之处，不过更潇洒、更干练一些。他们是两个时代的知识分子，张老不免带着些旧时代的色彩，而老林属于我们这一代人的范畴。他像是在自己家里，为我们煮了一壶咖啡，我们愉快地度过了一个寂寥的黄昏。临走，我邀他再次来玩，他调皮地冲我眨眨眼：'那当然，三天后，保证来。'以后就是三天一处方，三天一聚首。我了解到他也是个孑然一身的光棍汉，妻子因受不了‘文革’的冲击，精神失常跳楼自杀了。他终于没能治好她的病，也没能看住她，他对我说，就是因为愧对夫人，所以他特别了解女人的心理，理解妇女的苦衷。他发誓在他手中再不要出现类似的悲剧，这也就是他惦着我的病情上门问诊的缘故。听了这番话，我们的距离拉近了。

“不出半年我们就结婚了，婚后他很得意地告诉我，他的两位夫人都受了高等教育，且都是他的病人，也都是一见钟情，第一眼就看上了。我问他有那么玄？他告诉我，他相信自己的直觉，他的第六神经。在这一点上，一点也不比女人的灵敏度低，而且判断准确，绝无失误。他告诉我：‘大学毕业，门诊接触到的第一个病人就是我的妻子，她医学院毕业，分配到麻风病院，男朋友就把她给甩了。她太痴情，一下子就得了癔症，家里人领她来门诊，我也是一下子就为她那天生丽质所倾倒。我的心告诉我，这就是我的妻。两个月内就治好了她的病，根本就没吃什么药。’我问他咋治好的，他还笑话我笨蛋一个：‘结婚呗！’而我呢？他告诉我，有关我的风波，他早就听说了，只是对不上号。那天听我跟大夫絮絮叨叨，就立即判断出我是谁，而且我当时的精神状态已呈现出病状，再这样下去，不会很好，于是接过了我的病历。他说我有中年妇女特有的魅力，一见面就使他难以忘怀，直觉告诉他，第二任夫人出现了。这不，速战速决，我自己钻进了情网。

“婚后他不让我计较老高的事，他说老高也是个病人，有自身个性、品质的因素，也确实与生理、心理变态有关。他主动把老高请到家中，两人在客厅里神里神气，吞云吐雾地神聊，完了他还兴奋地告诉我，又是一个非常典型的病例。他让老高住了一阵医院，还经常和他扯淡，为他开方，如今老高对老林佩服得简直是五体投地，屁大个伤风感冒都要来找老林，对我倒是淡极了。我烦他，老林还说我是鼠肚鸡肠，女流之辈。”

她的故事讲完了，还问我再有什么要征询的。送我出科研所时，正值老林下班归来，一面之交，只能以“风度翩翩，神采奕奕”形容之。

路边临握别时，随便问问老同学间还有什么来往，她摇摇头，忽然又不大情愿、含含混混地说：“去年‘大驴’来学校搜集鲍昆的素材，到我家来看过我。”我一下子又来了兴趣：“哦，‘大驴’居然还旧情难忘啊！”她娇嗔地给了我一拳：“他也是听到那些流言蜚语，专程来宽慰我的。一见他，我憋不住，就哭了，他也挺难受，拍拍我的肩膀，安慰我：‘老同学，别难过，光阴如梭，时不再来，咱们还有几天折腾头呢，及时行乐吧。人难得风流，把那些屁话都当耳旁风，他待咋地？天要下雨，娘要嫁人，他管得着么？’我还问了他夫人的情况，他告诉我：‘夫人至今后悔不迭那场格斗，说她早知道给你造成了那么大的压力，她就绝不会那么泼。我们家庭比起你们来平淡无奇，我们是妇唱夫随，是动荡岁月中风雨飘摇的一叶小舟，没有倾覆，侥幸而已。有时两个人也觉得拴在一起不死不活，缺乏生气，可又觉得重搭台重唱戏力不从心，因而也就自甘寂寞，互谅互助、同舟共济地过了三十年。老夫老妻喽，反而比以前热络了许多。’到了路口，他紧紧地握着我的手，昏暗的路灯下，我分明看见了那似曾相识的目光。

‘莉莉，我想你！我真的爱你！只是今世无缘，咱们来世再见吧！’说完，他头也不回地走了。再也没有来过。”

他结了四次婚，离了四次婚，

到头来，灵前却没有未亡人

在东边沿海的一个省份，我刚踏进省文联的门，就和一个冒冒失失的大汉撞了个满怀，他赶忙低头致歉：“实在对不起！”一抬头，我们俩同时惊呼起来，这不是中文系搞戏剧评论的大李么！因肤黑、块大、音粗、鲁莽的缘故，也因夫人乃四川籍“李”“驴”不分，我们就以川腔呼他为“大驴”。他绝无不快，坦然受之。他也算当年校园里的风云人物。我俩寒暄之后，他把我让进了他的戏剧创作室。

“还在搞你的老专业，有什么新作么？”我望着那一床一桌铺满的稿件，随便问问。他不无感慨地说：“你这搞政治的，焉能不知戏剧的沉沦与变迁呢？早就不干喽，吃粉笔灰去了。这是鲍昆的遗稿，我和他高中、大学同窗八载，都是搞戏剧的。这不，文联就把我借调来整理他的这些稿件。”

“遗稿？鲍昆死啦？”我惊呼起来。他抬起头，用审视的目光注视着我：

“怎么？快一年了，你还不知道么？”

“怎么会死了呢？在北京还听说他要出任下一届省文联主席，好像戏剧家协会还准备给他个什么理事。”

“没那回子事吧。他哪有当官的命，不过，他的组织能力倒是很强的，很有凝聚力，很能感染人，这正是他发挥才干的大好时节，自个儿却不争气，得了个胰腺癌，四十八天里就烟消云散了！”他点了支烟，狠狠地抽了一口喷了出去，在那烟雾缭绕处，我看见了‘大驴’那副忧郁、伤感的面容，仿佛一下子老了半截，和刚才撞我时那股生龙活虎的劲头形成了鲜明的对比。他叹息道：

“苦啊！人生若梦，中国这片大地为什么就容不下一点幽默、讽刺，容不下一点诙谐与夸张呢？也容不下坦诚和爽朗。多愉快、多达观的一个人，在舞台上有本事塑造、扮演各式各样的人物，给人们留下了那么生动、深刻的印象，可就是演不好他自己。喜剧性格，悲剧人物，临终前一天在床头上还试图轻松、幽默一下，说什么‘我的四位夫人均有代表，灵前虽无未亡人，可我还有一个庞大的家庭体系么……’，人都到了这个份上，还冲我调皮地眨眨眼，我只能勉强回他一笑，我那笑可比哭还难看啊！出了门，我躲进厕所就大哭一场。当天深夜他就吞下了大量安眠药，也好，省得疼，最后又赶了一次时髦，求了个善始善终的安乐死……”

“四个夫人？开玩笑。”这触着了我的调查范围，得赶紧揪住这个话题。

“是啊，四个夫人。而且都离了婚，用他自己的话讲，到头来，灵前却没有未亡人……”

“你们搞戏剧的就是风流，换起夫人来跟走马灯似的。”我没考虑一下，就顺嘴溜出了这么句不知是褒还是贬的话。

“风流？”这下可触怒了“大驴”，“在你们这群伪君子的眼中，我们搞文艺的都是下三滥，都是些流氓、破鞋，什么样的流言蜚语、污泥浊水都朝我们身上泼，可今天我问你这个当年政宣组的委员，你们抓住过我们哪些伤风败俗的证据？我们有什么不道德的行为有碍他人？我们不过敢于向世界展示我们的青春、我们的才华、我们的美，你们就今天教育，明天批判，后天改造，直到把我们的灵魂扭曲了，形象变丑了，你们才心安理得地认为我们改造好了。只有鲍昆不愿意按你们的模式改变自己，这才蹲了十几年大狱，四次离异，落得个孑然一身、抱恨九泉的下场。咱们都是马上走完人生的过来人，今天倒要讨教，您还有什么训词呢？”

我哑然了。是啊！当年我受校团委委托，给校话剧团办过一个学习班，振振有词地批评过这伙风流人物不守纪律、夜不归宿、有伤风化的问题，没承想三十年后，得着了这么一场报应。我试着缓和气氛：“对不起，当年我们都太幼稚、太轻信了，我可能伤害了你们，请你原谅。”他抬头看了我一眼，宽释地笑了，把手中的烟蒂准确地甩进了门旁的痰盂中。

“原谅我的冲动，我就是这么个人，这几天翻着鲍昆的遗稿，越翻越伤心，正想找个发泄的地方。这不，见着了你，就气不打一处来。其实你们那会儿也够幼稚、够简单的，你们不过是充当了整人的御用工具罢了。”他渐渐冷静下来。等他情绪稳定，我开始讲此行的目的，以及当前人们对知识界，特别是我们这一代人婚姻破裂原因的看法。我想用事实说话，请他给我谈谈鲍昆的婚变。他答应了，又点上一支烟，很快活地笑了：

“说起鲍昆的第一次婚姻，那是相当有趣的一场喜剧。我和他高中三年，都不知道他有这么一段婚史，和剧团的人一样。还是在排《孔雀东南飞》的时节，他自己披露的。

“我们话剧团不大排古装戏，可一位老师在课堂上讲到《孔雀东南飞》时，痛斥了封建包办婚姻的罪恶，当堂问鲍昆能不能结合《婚姻法》的宣传，配合一下形势，排场古装戏？你是知道鲍昆这个人好逞能，爱出风头，当堂应允。那时离‘五四’也不过二十几天，他连课也不上，四处借戏装，连夜改本子，东拼西凑，一个多星期就开排了。我的焦仲卿那年不足二十岁，体会不了人物的思想感受，尤其儿子在母亲、妻子之间，两头为难吃夹饼的情节老是演不好，鲍昆就一次次启发，一次次示范，他对人物可真是揣摩到家了，表演得惟妙惟肖，他把人物形象的懦弱，表现得那么贴切、准确，令人叹服。

“一天，排到半夜休息，大家又累又饿，你们学生会连点油彩钱都抠着舍不得出，还嫌我们蛊惑人心，弄得学校的晚自习都不能保证了。我们吃力不讨好，当然向总导演、总编剧、剧团团长鲍昆去发牢骚，人人吵着撂挑子。鲍昆不急不忙，从化妆室的后门变戏法似的接进来一盆热腾腾的煮地瓜，大家一下子沸腾了，饥不择食地抢着吃。饰焦母的阿兰捅了鲍昆一下：‘没你办不成的事，老实交代，这地瓜哪儿偷的？’

“他用食指压住嘴唇：‘悄悄地，是值夜班的大师傅送来的。’

‘你给了他什么好处？’

‘到时候多塞几张戏票不就结了么，这就叫官不办民办，嘿嘿。’他还挺得意的。

‘坏种，有你的！’大家边吃边乐，边学着他刻画焦仲卿时的那副憋屈相。

‘唉，看你演焦仲卿时的那德行，还真像给人家当过这么个窝囊女婿似的。’

‘那个自然，没有实践哪来真知。咱家不满十岁就娶过一房媳妇，吃过这份夹饼，体会得着焦某的难处。’大家乐了，以为他又在胡吹。

‘那你媳妇咧？又吹牛皮。’‘吹牛皮吹烂了鼻子，还一个劲地吹。’他正伤风感冒，害着鼻炎。

‘这次倒一点也没有掺假，鄙人是名正言顺地拜过花堂，进过新房，在我媳妇怀里睡过两年觉，离婚后还旧情不忘，

怀抱着首饰盒子去看前妻，结果让人家的汉子踹了一脚，又让我妈抽了一顿屁股，那可比焦某的遭遇生动多了。’

‘说说，说说。’大家怂恿着他，他也就清清嗓子，像说书一样一板一眼地从头道来：

‘说说就说说。我的原配夫人（他一直尊称她为原配夫人）是我家的童养媳，还没有我，就有了她。等我一下地，就归她侍候，那时她已十岁开外，侍候月子，端屎盆子，倒尿罐子，洗尿片子，总之她拉扯了我有一半多。等我上了小学，俺妈嫌我上学要早起，侍候着麻烦，于是把我就甩给了她，这样我们就非正式同居了。起先还分被窝，等冬天到了，我们都怕冷，她也怕半夜给我拎尿壶，不如就两人钻进一个被筒。男孩子火气大，她搂着我像个暖水袋。而我这傻小子是妈妈怀里长大的，晚上要摸着奶睡，于是我就老拱到她怀里要奶吃，只好一个喂嘴里，一个让我捏着，同舟共济地度过了严冬。夏天我是光着屁股，赤着脚，四野里胡窜，晚上进屋窜炕上，撩开她的大褂子吮几口奶就四仰八叉地睡去了。当时她的心理状态如何我无从考证，但我确是把她当成了半个娘、半个姐姐，冲她乱撒娇。她也宠着我，挺疼我，用今天的话讲，就是小两口蛮对劲。

‘话说解放区婚姻制度改革，我妈怕收不住人，我刚上小学就张罗着圆了房，给我媳妇开了脸，穿了身花衣裳，插上满头的花，热热闹闹拜了堂，于是我们由同居变为合法夫妻。小地方的观念，认为把姑娘变成媳妇她就跑不了啦，好女不嫁二夫么。我妈还给她个首饰盒子，一堆旧玩意，无非玉手镯、银耳环之类，最值钱不过一枚金戒指，我的那副长命锁也放在里头。婚前婚后没有变化，还是冬天搂着睡，夏天又分开，奶照吃不误。这已成恶习，也是维系夫妻感情的唯一举止。

‘那年春天宣传《婚姻法》,《小女婿》的演出走村串户，我妈开始防着媳妇，出去串个门就审贼一样地审，审的结果，婆媳关系恶化，发展到我妈用扫帚疙瘩抽了她一顿。于是她跑了，几天后她和乡干部一起来了，由政府做主自由嫁人了，我和她的婚姻就此解体。我妈黑着脸扔给她一副被盖卷，就在政府和家长协商的当口，她进我们的房来话别，把我拦进怀中亲了几口，挟上被盖卷就要走，我还拉着人家，让她别走，说以后妈打她有我哩。再说，在我家日子好天天能吃饱。她哭着扯开了我，我还要赶上去拉她，让我妈几巴掌给扇回了家，这不气就全撒在了我头上？

‘后来听说她嫁给了邻村一户农民，日子过得艰辛。一提起她我妈还说：“报应！身在福中不知福。”快过年了，在家闲着无聊，我不知怎么就瞅见了那个首饰盒子，灵机一动，就冒出了绿林好汉劫富济贫的念头，于是趁我妈不注意，偷了就走，踩着大雪，戴着猴帽，愣头青似的闯进了她的家。她两口儿正坐在炕沿上，一见我这个雪人，她惊呼起来：“哎呀！我的小祖宗，这么大的雪你咋来了？！”扫雪，摘帽，拔下我那双湿透了的虎头鞋（还是她做的呢！），然后一提溜就提溜到了炕上。我把首饰盒子往她怀里一塞："给你，这是你的。""小祖宗，你胡闹什么，看回去你妈不打折你那双腿。""不咋地，是我给你问她要来的，她让我给你送过来。"我撒了个弥天大谎，也想弥合一下恶化的婆媳关系。"妈她还惦着我，她老人家心还是好的啊！唉，就是对不住你了，我那小兄弟。"她泪眼麻花地看着我，抚摸着我的脖颈。分别半年，她的脸黄黄的，不如在我家时那么滋润，我习惯地偎进了她的怀里，又去拽她的大衣襟，没承想被一只大手提溜着扔下了炕，还狠狠踹了我一脚。我还没反应过来，只见我那原配夫人母老虎一样地扑了上去，那汉子脸上登时几道血印，两口子撕扭了起来，吓坏了我，赶忙蹬上我的虎鞋，扣上我那猴帽，一溜烟地抱头鼠窜。跑出去老远，旷野里传来她凄楚的喊声："兄弟，兄弟，你回来！"等我一到家，好么，我妈早拿扫帚疙瘩等着我，不由分说，把我按在炕沿上一顿好抽，屁股紫了好几天。'他讲完了还捅捅我：'"大驴"，咱这个夹饼吃得怎么样？这样的罗曼史你们哪个有？'他不无自豪地问大家。

'后来呢？后来呢？'姑娘们总爱刨根问底。

'后来？后来就算了呗。等我进城上了洋学堂，开始知道羞臊，也明白了男女授受不亲，就是在回家的路上碰见了也佯装不识，她总是怯怯地闪到路边，叫声"兄弟"，看我不搭理，就一直看着我走过去。那眼神让我想起了祥林嫂，再也找不到小两口儿炕头打闹的那种欢愉神情。我每次都像个罪犯，好像干了什么见不得人的事情，生怕别人发现这段隐私，所以中学同学们都不知道我有过这么一桩罗曼史。'”

“大驴”讲完了鲍昆的第一次婚姻，又叹息道：

“他那时还不知道，就是这位原配夫人，在他的历次厄运中，都分担了他的苦难，一直把他送了终。那时他也不知道，只有这次婚姻具有喜剧色彩，剩下的三次，都带有浓重的政治色彩，打下了时代的烙印。”他沉默了。我给他捡起话头，轻轻地问：

“第二次，就是和咱们娴梅老师的那次婚姻吧？”

“是的。”“大驴”肯定地说，“不过我至今对这段婚姻有许多不解，两人相差六岁，又是大媳妇，师生恋，两人性格差异也非常大，一个高雅而冷峻，一个生动又诙谐；一个是江南世家的名门闺秀，一个是北方乡间小财主的少爷；一个是沉浸在古典诗词中的文弱女性，一个是搞戏剧喜欢热闹的粗旷野汉，他俩居然走到了一起，在高压下结了婚，这只能考虑鲍昆本人是不是有恋母情结。”

“亏你还是个文人，连互补、缘分都不清楚么？”

“可这前后一年多的婚姻带给他的究竟是什么？‘作风败坏’‘品质恶劣’‘大流氓’，直到送进监狱才算了结。”“大驴”依然愤愤不平。

“这个内幕我倒知道一二，当年咱们那位赫赫有名的康校长是娴梅女士的监护人，他受女方家人的拜托，另眼看待这位名门闺秀，专门让她开了经典诗词解读这门课，还给了她副教授的头衔。鲍昆在人家眼皮子底下拐走了人家世交的女儿，岁数又这样悬殊，康校长焉能不动肝火。”

“原来如此。”三十年后的“大驴”此时才恍然大悟。

“年龄的差异、师生角色的错位、出身的不同，这些都是社会、家庭所不能容忍的。为了斩断他们的情丝，各方都使出很大力量，最后不惜牵动司法，让鲍昆锒铛入狱。”

“明白了！”“大驴”点了点头，可他还是想不通，又说，“可结果呢？鲍昆一生对这次婚姻难以忘怀，多次给我讲，任何一个女人都难以取代娴梅在他心中的位置，他也不曾见过比这位女士更高雅、更柔美的女人了。”

“那倒是，我就选修了她的课，我倒没记住她讲了些什么，不是睁大眼睛欣赏她那典雅的江南女子的秀丽，就是闭目聆听由她嘴里流出的朗朗上口的诗词佳句，那吴侬软语悦耳动听，可算得上是一种让人身心放松的高雅享受。”

“看不出你们那窝道貌岸然的伪君子，居然个个都奔色而去。”

“彼此彼此，你没发现选她课的几乎全是男同学？”

“那倒是，不然鲍昆就栽进去了。”

“他们俩是怎么勾扯到一起的？”我问“大驴”。

“不是诗词，而是音乐，娴梅的房中全是古典乐器，什么长箫、古筝、古琴、琵琶，你也知道，世俗班子中的吹打乐器鲍昆是样样玩得，他是慕名到娴梅老师家去求教的，触类旁通，略一点拨，鲍昆就能入门，悟性极佳。他也把他玩家伙的各种技巧和心得拿出来和娴梅交流、探讨。有一段时间，一下晚自习就再难寻鲍昆，有时候凌晨才溜回来，可着娴梅老师的窗外可以听半宿的音乐会，什么梅花三弄、十面埋伏……那段时间也是他们热恋的阶段。

“鲍昆说过，起先什么也没有，只是师生关系，是先有了流言，有了组织的干预，才发展成了婚姻。他们领了结婚证后，才有了正式的夫妻关系。而这种关系仅仅维系了一周，学校就关了他的禁闭，直到送进大狱，他再没有贴近过娴梅。而这一周，用鲍昆的话讲，刻骨铭心，死也值得。他在禁闭室中，几乎每至深夜，娴梅总来探视，送来吃喝、换洗衣物。学校试图阻止，娴梅以死抗争。校方捂住不让声张。”

“难怪我们调查多次都找不到送吃喝的人，原来根子还在学校上层领导。”我也解开了多年的一个谜。

“鲍昆入狱后的故事也很多。他送去劳改的监狱恰恰在他老家的地界内，他娘本来有病，独子判刑，促使了她的早亡。老太太很有主意，临终前没找任何亲戚，而是把当年的童养媳——那位原配夫人找了回来，郑重拜托，说：‘你不是我家的媳妇，也是我养大的闺女吧。我把这个家交给你，日后我昆儿的事你要负责到底，不然我死不瞑目。’原配夫人跪在老太太榻前起了誓，老太太这才咽了气。

“从此，就有一个以姐姐身份来探监的人。两任夫人相识在监门，因学校压力太大，娴梅一怒辞职，住进了鲍昆的老宅。学校通知了女方的家人，他们赶来先在学校开了证明，盖上娴梅的印章，然后威逼鲍昆签字。鲍昆也觉得不要拖累了对方，既然娴梅已经同意了，他也就签了字。等娴梅一见离婚证明，立即昏了过去，腹中的孩子提前来到人间。她家人无奈，只能让她在鲍宅坐了月子，也是原配夫人侍候的。月子一满，家人强行带走了她们母女，连最后一面都没让鲍昆见，说起来也够残忍的。

“在这种高压刺激下，娴梅郁郁而亡，死时未足三十，而当时女儿还不满一岁。这一周的婚史，落得个妻离子散，家破人亡。鲍昆六十年代出狱，三下江南，徘徊在娴梅他们家附近，买通了周家的保姆，得以一睹他那可怜的无父无母的女儿，他说女儿活剥了他娘的一张皮，性格也像，女儿不知他是谁，对他冷冷的。后来‘文革’中，娴梅家也给弄得家破人亡，他才设法将女儿接出，寄养在原配夫人处。恢复高考，到底是舅家养大的，又回到江南，考入上海的一所艺术学院，专搞乐器。嫁人后，似不称心，又离了，一个人过着非常冷清的单身贵族生活，对鲍昆也比较冷淡。

“鲍昆的第二次婚姻就这样轰轰烈烈一场后以悲剧告终。咱们一直打着‘反封建’‘反包办’的幌子，可真要和世俗观念宣战，个人的力量显得是多么渺小、多么脆弱、多么不堪一击啊！我觉得为这样一次婚姻断送了人一生的前程实在不值，可鲍昆却一再声明，他至死不悔。”

“第三次婚姻又是个什么样的人呢？”我得把故事听完。

“说实在的，我认为他真正过正常的家庭生活应该算是第三次婚姻，虽然短短两三年时间，可是这一次被社会认可，他们过得也还不错。但咱们的鲍昆不这样认为，他认为只有和娴梅的那次，他倾注了一生的情感，他是这样评价第三位夫人的：如果原配夫人是半个姐姐半个娘的话，这第三个妻就是半个妹妹半个女儿而已。

“六十年代，鲍昆刑满释放，安顿他到家乡县上的梆子剧团，做编剧导演工作。鲍昆走哪儿都有人缘，就是在劳改队，人家也没吃大苦。因为他是劳改剧团的团长，还在干他的老本行，劳改剧团人才济济，演出的节目压倒省专业剧团，这可算鲍昆的头功。劳改队对他也是另眼看待，比如在那饿死人的年代，他在监狱中居然没饿着，还享受干部待遇。当地的梆子剧团也是慕名等他刑满立马去要人，劳改队还真舍不得这根台柱子。

“梆子剧团有个唱红了的小丫头，身世很可怜，是在监狱里生下的，被班主领出养大唱的戏。人家也没瞒这段身世，取名狱兰，后简化为玉兰，粗通文字，算半个文盲，但极聪明、机灵、泼辣，能吃苦，在那一带是知名度挺高的角儿。鲍昆来后，也看出这小丫头是演戏的料，一点就通，经常给她讲些戏理，教她点文化，哪知这位小丫头就死死盯上了他，非他不嫁。那时政治空气相对松缓，剧团也觉得鲍昆是个人物，而玉兰又是团里的台柱，挺般配的，就积极为二人撮合，正儿八经地办了喜事。原配夫人把老宅料理得非常像个家，他们给母亲上了坟，一年多，二女儿出世，也是在老宅坐的月子，还是原配侍候了的。二人因经常赶场唱戏，那时的现代剧已是政治任务，两口子忙不过来，二女儿就由原配夫人拉扯大。好日子没过多久，‘文革’来了，军宣队进驻，阶级斗争顺藤摸瓜，最大的阶级敌人莫过于‘右派分子’、劳改释放犯了。于是鲍昆就过上了被揪斗、被监禁的日子，据他自己讲，是最遭罪的一段经历。这军宣队的头头，可不是个善主，一眼就看上了玉兰，为达目的，就得清除障碍，于是给鲍昆罗织了更可怕的罪名——现行反革命，送进了监狱。其实，那会儿在‘牛棚’还不抵监狱里舒服呢，鲍昆也是为了不受这千人唾、万人打的欺凌，早早画押认罪又逃回老巢去了。而撇下的娇妻就让人家硬逼软骗地离了婚。那个头头告诉她，早早离婚鲍昆还得活命，如若不从，上纲上线，‘十种人’，判他个死刑。这孤寡娘儿们怎能逃出他的掌心？玉兰思前想后，咬咬牙离了，最后探监，跪在鲍昆面前行了大礼，泪流满面地说：‘我生是鲍家人，死是鲍家鬼，我这辈子真心实意地爱你一个，不是怕判你个死刑，我这会儿立马死在你面前，可我不能，只有就此拜别。’小女子毅然走了，跟着那个当官的，也不再登台唱戏了。

“那个玉兰，我有过交往。每年回家探亲，都去鲍昆那儿坐坐，我是很喜欢这任夫人，爽快、义气、机灵、聪明，也颇有姿色，像野地里的山菊，生机勃勃，和鲍昆应属一个类型。鲍昆和她在一起，两人的嘴都不闲着，不是说，就是唱，热闹极了，显得十分和谐。我为鲍昆在困境中有如此艳遇而高兴，可鲍昆总有几分不屑，动不动就说人家是个傻妞。

"'文革'后，玉兰曾试图回来，可鲍昆听说人家又生了两个孩子，回复人家，为了孩子，算了罢，结果伤了人家的心，以后就再也没了下落。他俩的那个女儿可是鲍昆的翻版，没心没肺，上房揭瓦，硬是让原配给惯坏了，她也只把原配当亲娘，对鲍昆也一般。后来人家就嫁了原配的儿子，亲上加亲，而鲍昆也对原配讲，你给俺家当了一场童养媳，如今我还你一个童养媳。"

"还有最后一次婚姻呢？"我得听完啊。

"快别提了，那是最没提头，也很没意思，纯属多余的一次婚姻，弄得鲍昆焦头烂额，苦不堪言。按说此女士乃咱们同学、校友，中年丧夫，拖仨孩子，一直当个中学教员，听鲍昆孑然一身，就托老同学们帮忙撮合成了家。五十来岁，本想有个家就算了，没多接触就住到了一块，倒是这次婚姻被社会上的同学、亲友一致认可，大家认为他俩是最般配的，就热情撮合，可好不到一年还是分手了。"

"咋就搁不到一块呢？"我问"大驴"。

"鲍昆受不了那份管束和苛待。干不完的家务活，不让交友，不让写文章，不准在家唱小曲，还把鲍昆的工资死死扣住，买包烟都算计，来几个演员谈谈戏剧，就大吃其醋，鲍昆受得了么？说她'一天到晚把我当成个中学生教训'。如今鲍昆就剩下他的专业、他的戏剧了，不让他搞那咋行呢？于是再离。连他自己都讲，他成了离婚专业户了。

“你别说，这个女人的仨孩子都喜欢鲍昆，特别是最小的儿子，是个机灵鬼，很崇拜鲍昆，比对他亲爹还亲。鲍昆看出他是块料，就不断调教他，教他乐器、乐理，给他讲戏剧知识，这孩子执意要和鲍昆在一块儿，白天到他妈那儿蹭饭，晚上陪鲍昆睡觉，气得他妈大骂儿子是个吃里扒外的家伙。就是这个孩子在四十八天里没黑没白地和原配的儿子、女儿一起，轮流着侍候鲍昆，尽了一个做子女的义务。

“热闹吧！”讲完了故事，“大驴”又发了一通感慨，“婚姻这玩意不是给人看的，就像这脚上的鞋，合适不合适，得问脚的感觉。被大家认可的婚姻，可脚在鞋里夹得难受，活受罪；被大家瞧着不对劲、不顺眼、不般配的，可人家两个人对劲，别人就不要乱掺合，所谓臭味相投，一个‘爱’字，你有什么办法？”

“大驴”告诉我，鲍昆一生坎坷不堪，可丧礼办得体面而热闹。子婿四人，两男两女，可谓金童玉女，全着重孝，原配夫人坚持不准火葬，早就准备下了柏木棺，拉回老家，入了祖坟，没请乐班，四个着重孝的子女，一路吹吹打打迎回老家。老同学不多，可戏班子里来了许多故人，让我深感艺人比读书人通人情、知义气。老宅举办了隆重的丧礼，娴梅的骨灰被安放在鲍昆棺侧，给原配夫人也留了一穴。原配的丈夫已逝多年，原配对子女们讲：“我不算鲍家的媳妇，也是鲍家的女儿，我这辈子欠了鲍家的，所以我入鲍家的墓地。百年之后，你们千万别违了我这点意愿。”众儿女齐声答应。

多好的一个女人，难怪鲍昆在临死前两天还拉着原配夫人那双苍老的手说："拖累了你一辈子，真对不起！如果我不是得了这不治之症，我一定正儿八经和老姐姐重拜花堂，再做一次你的小女婿！"

说得原配泪流满面。

尾 声

退休了，翻检旧物，一沓"调查记录"摆在了眼前。面对尘封了二十多年的"练摊"笔记，我又拨通了小罗的电话，和他重拾当年的那个话头。我对当初的这个始作俑者表示，这份"调查记录"留在手头有点屈了我当年几个月的奔波，甩出去又觉得是不是有些过时？小罗却很不以为然：

"爱情这个题目永远不会过时。当年人们的观念有些僵化和保守，一些事情今天看来也有点儿陈旧，首先《婚姻法》就修改了么，可咱们说的是咱们那个时节的苦啊！再说，如今咱们这拨人年过古稀，退下来之后一天到晚就不时地打听老同学中哪个死了、哪个离了、哪个再婚了、哪个又嫁人了，这份材料首先他们会感兴趣的。别再压了，赶紧抛出去吧。"

"要不要再润色一下？"

"别再画蛇添足了，要的就是当事人自己的叙述、自己的感受，你一加工，那不就成你的了么？别再动了，材料虽草率了些，却没雕琢之气，这样就好。"我不禁感叹：

“也不知这些当事人如今都怎么样了？”结果小罗这个“包打听”没他不知道的事：

“都挺好，最好的当然还是老孜那一家，陈洁调进北京一直坐到了司局级，退下来进了政协，好像现在是单身女子俱乐部的成员，这说明她没再嫁人。唉，这么个才貌双全的好女人，硬是让老孜这个蠢货给白糟蹋了。”

“那老孜呢？”

“学部委员，博士生导师，一副大学者的派头，比过去体面多了，人也胖了，腆着个将军肚颇为自负，你再去采访，他可就换一副面孔了。”

“不会吧，难道跟咱们还会摆架子？”

“那没准儿，老同学今非昔比了，记住，人是会变的。”

“夫人还是那个小俞？”

“还能是谁？他学问再大，爱情上却是个侏儒，有个幼儿园的阿姨和他搅和着，就很对得起他喽。不过人家的两个儿子都挺精彩，先后考上了哈佛大学，一个子承父业，搞了科研，一个子承母业，学了法律，这在老同学中，是境况最佳者，可谓是名利双收啊！”

“那莉莉呢？”

“一个副高能干什么？早退了，当了高级家庭妇女呗。你别说人家高振亚可又重振雄风了，也是学校的学术带头人，博士生导师。”

“没再娶个女人？”

“能剩下么？娶了个比他小三十岁的女研究生，你还别不信，人人讲这个女学生是莉莉当年的翻版，两个人长得可像了。”

“看样子大家过得都还不错么！”

“那是，都比咱俩混得体面，不过还有个比咱们命不济的。”

“谁？”

“‘大驴’！还没巴着七十的边，六十九岁上就走人了。”

“啥病？”

“肝癌。莉莉确实够义气，一听这信儿，马上上了火车赶了过去，据说灵堂上两位女士抱头痛哭，莉莉哭了个昏天黑地，比人家正牌子夫人还伤心。那位夫人搂着她，拍着她，一个劲地道歉：对不起，对不起……”

“这样的结局让人觉得也还挺有人情味的。”

“是挺有人情味的。”

愿咱们后来人的生活能多几分人情，少几分苦涩。

但愿如此！

起笔于八十年代末，终笔于二〇〇七年秋，历时二十年。

后 记

当这本小册子准备付梓时，我要感谢鼓励我动笔以及在写作、成书过程中给予我关心支持的朋友们。

自独居以来，我一直沉湎于临帖、画画之中，没有动过写作的念头。时任甘肃省美协副主席的画家杨立强先生对我不从事写作深表遗憾:“你有那么多的素材，叙述得又很生动，为什么不记录下来呢？”同时他还表示，他们成县办了一个《同谷》期刊，文章写出来可以在那上面发表。我就开始动笔，写了几篇千字文，放在这偏远小县城的杂志上试试水。那是二〇〇六年，母亲刚刚去世，一年后父亲也走了。难舍二老带我六十年的亲情，一篇篇的怀念文章就在孤灯下写了出来。承蒙《老照片》的编辑冯克力先生将这些文章陆续发表在《老照片》和《温故》之上。近十年的光景，也积攒了二十几万字，在山西人民出版社的关注下，愿将其汇集成册。这样终于可以在父母百年诞辰之期，将其呈在父母灵前，以为迟交的作业。

在近十年的写作过程中，我有一个不小的“监督团”，由父母五十年代、六十年代以及八十年代的学生组成，加上赵氏门中的小叔子赵一中、堂姐赵申、大姐赵绛等，也都热衷于给我提意见。他们不允许我的文章中出现对他们的先生、长辈的大不敬，如有语气不当的言辞就责令我修正。在他们面前，我自然得放规矩点，不得过于放肆。久而久之，自己也就生成了一种约束力，终于博得“越写越精炼了，想挑个茬也不容易了”的褒奖。

我是新世纪的文盲，不会电脑、不懂外语、不能开车，写文章还是老一套——爬格子，写出来要麻烦别人给我打字、发邮件。于是远近的友人、学生就成了我经常求助的对象，像罗江、任建民、王建东、潘荣、折瑞兵、杨海泉、刘存举、曾祥坡、何玫，他们不厌其烦地替我打印、修改，特别是罗江、潘荣、折瑞兵，他们每次接稿都乐此不疲地为我服务。不然就凭我自个儿的这点能耐，在当下只能用寸步难行来形容了。虽友人们不断谴责这种不能“与时俱进”的写作方式，可我还是顽固地以爬格子为乐趣，因为已习惯享受行笔过程中线条的流动和修改过程中留下的痕迹，效率虽低，但可以反复比较改动前后的得失，慢慢琢磨，细细品味，反复把玩。如今已退了休的我，二十四小时全部属于自己，我还急什么？于是这不求上进的顽疾依旧，只能乞请众友人谅我拙笨。

还有救过父亲现已去世的严华医生、文豪缪钺之孙缪元朗教授、画坛巨匠陈大羽之子陈显铭先生、常熟作家沈潜教授、军旅作家张际会先生，他们都在第一时间读到我的文章，而且第一时间提出他们的宝贵意见。画家张兴武先生既是父亲六十年代的学生，也是我相交半个世纪的画友，拖着病体为我这本小书题签，令我不胜感激。在此一并谢过。

在本书即将出版之际，大师姐乔幼梅教授身患眼疾，以耄耋之年愿为这本册子作序，令我十分感念。乔女士是父亲五十年代的学生，她虽对我一直按师姐妹相待，但在我心目中始终将她尊为师长。有她作序，给本书增色不少，同样要表示由衷的感谢。

有人问此书是阶段性小结还是封笔之作，我茫然，一生从未做过计划，也不曾立过奋斗目标。对人生、社会从无过多的期待，对自己也就不必苛求。我行我素，顺其自然吧……